국제항공체제의 변화와 전망

국제레짐 변화요인을 중심으로

국제항공체제의 변화와 전망

이 종 식 지음

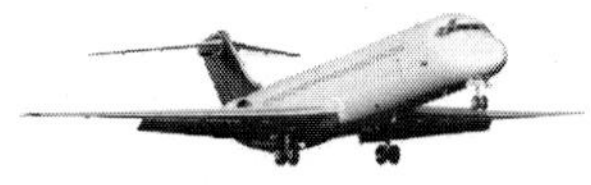

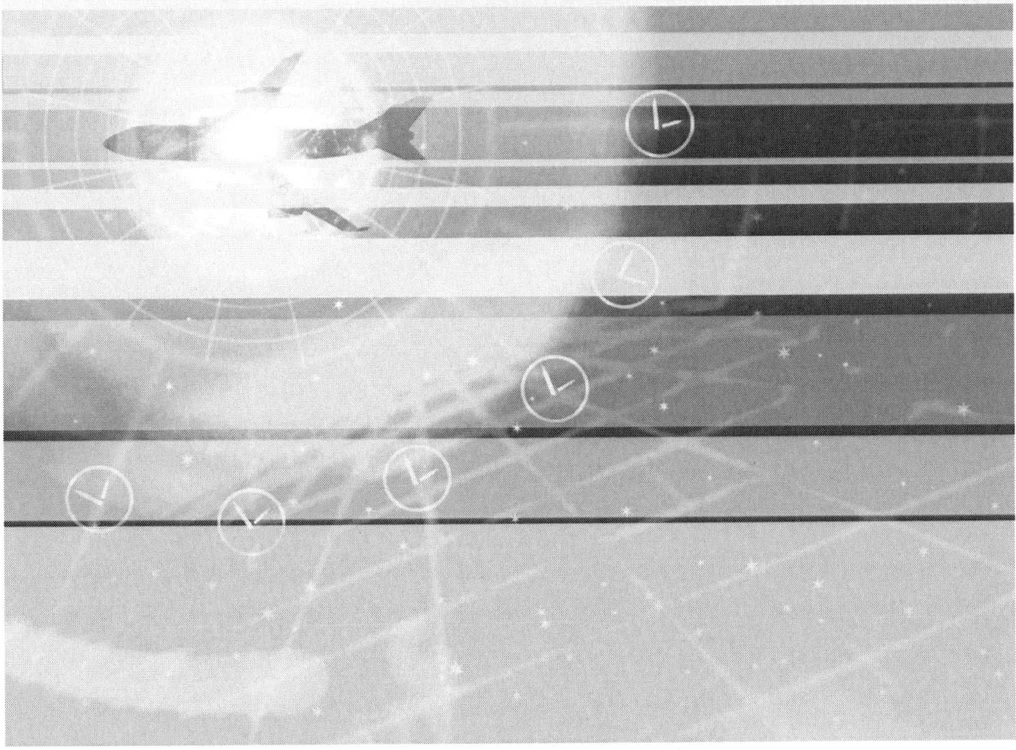

KSI 한국학술정보[주]

나의 영원한 정신적 지주이신
아버님과 어머님의 영전에 이 책을 바칩니다.

책머리에

　국제사회가 다양하게 변화하고 있는 21세기 초반, 그 세계화 현상은 더욱 발전할 것으로 전망되고 있다. 그와 같은 국제사회의 변화는 국제정치적 질서의 변화가 주도하고, 이의 정치경제적 현상이 우리의 생활을 세계적인 삶으로 변모시키고 있다. 이러한 하나의 세계적인 생활 단면으로서 국제항공사회를 설정해 볼 수 있다. 국제항공 분야는 전 지구적인 이동수단으로서 우리가 이제 떼려야 뗄 수 없는 우리의 세계적이고 지구적인 삶에 필수불가분의 관계를 갖게 되었다.

　이러한 오늘날의 국제항공사회는 제2차 세계대전이 끝날 무렵인 전쟁기에 미국의 시카고에서 전후 세계항공질서를 걱정하면서 주권국가의 영공의 보존 차원에서 개최한 시카고회의로부터 시작되었다. 이 회의에서는 향후 세계대전 종결 이후 국제항공의 질서를 정립하기 위해 52개국의 대표들이 모여 수립한 것이 오늘날에 민간항공에 관한 국제표준과 기준으로 제시되고 있는 시카고협약(Chicago convention)이다. 이 협약에서는 영공에 대한 자유를 설정하여 항공질서와 규칙을 설정하게 되었다. 다자간의 이 시카고협약은 일반적인 국제항공질서는 설정할 수 있었으나 국가 간 직접적인 항공운항에 관한 질서는 양국 간의 협정에 유보할 수밖에 없었다. 양국 간 항공협정에 의해 구체적인 항공운항이 정해지게 되어 국가 간에 협약이 체결되는 양자항공협정에 의해 국가 간의 실질적인 운항이 이루어질 수 있었다.

그러나 이러한 원칙, 규칙, 규범, 질서는 국제항공 지배질서의 국가 간 규제로 일관되어 왔다. 1970년대 후반부터 국제경제사회에서는 신자유주의의 물결을 타고 국제항공 분야 역시 국가규제 일변도에서 항공사의 자율적인 운영과 질서체제를 편성하기에 이르자 국제항공질서는 국가규제에서 항공기업의 편의제공에 주력하게 되었다. 따라서 국제항공질서는 미국을 비롯하여 정부의 규제를 대폭 민간항공기업으로 이관하는 규제완화정책(Deregulation policy)과 민영화정책(Privatization policy) 혹은 자유화정책(Liberalization policy)이란 이름으로 재편성되어 왔다. 이러한 국제항공질서는 1990년대부터는 세계화의 정치경제적 질서의 새로운 형성의 기류에 따라서 국제항공사회도 일정한 국가규제에서 벗어남은 말할 것도 없지만 세계적인 인류의 삶의 질의 변화에 맞추어서 전 지구적인 질서의 형성을 위해 세계무역기구(WTO)가 등장하면서 서비스 업무의 개선을 추진하려고 하고 있다.

이러한 세계적인 규모의 국제항공질서는 일정한 질서와 규칙으로 재편성되고 있다. 이러한 국제항공에 관한 질서는 국가, 항공기업, 그리고 그 이외에 이제는 항공 서비스를 이용하는 이용자 중심으로 또 다른 질서의 편성을 추진할 수밖에 없는 시대에 돌입하고 있다. 이러한 시대적 소명에 따라 세계항공질서, 즉 국제항공레짐의 변화를 시대별로 지금까지의 변화해 온 양상과 향후의 국제항공질서의 변화를 예견하는 차원에서 이 책을 편성하였다. 본 저자의 이 같은 연구서인 이 책은 국제정치학의 학문적인 차원에서뿐만 아니라 국제항공실무에 종사하는 이들의 좋은 길잡이가 될 것으로 생각하여 이 책을 출판하게 되었다.

이 책의 제1부는 국제항공체제의 변화에 관한 연구를 국제정치학의 주요 이론인 국제레짐의 변화요인을 중심으로 1919~2003에 걸쳐 펼친 본 저자의 박사학위논문을 중심으로 하여 구성되었다. 제2부는 전편 제1부에서의 이론을 각론적인 차원에서 구체화하기 위해 저자의 논문 두 편을 다루고 있다. 한 편은 한미항공협정의 그간의 발전과 변화를, 그리고 또 다른 한 편은 유럽통합에 따른 유럽지역의 항공질서의 재편성을 다루는 논문으로 구성하고 있다. 전자는 국제항공레짐의 변화 사례를 한미항공협정의 변화에서 찾아보았던 『한국정치학회보』(제40집 2호, 2006)에 게재한 논문을 중심으로 하였다. 후자는 유럽이 통합하면서 그들의 국제항공질서의 변화를 찾아보고, 유럽연합과 미국 간의 항공질서의 변화와 '하늘의 자유'의 확대 가능성에 대한 연구논문으로 『항공우주법학회지』(제21권 제1호, 2006)에 게재하였던 논문을 중심으로 구성하였다. 이렇게 하다 보니 각 부 간에 그리고 각 장 간에 국제정치의 일반 이론 부분에 해당하는 내용이 동어반복적 현상, 심지어는 같은 표현으로 나타나는 부분이 있음을 미리 지적해 둔다.

아울러 이 책이 출판되기까지에는 음양으로 지금까지 나를 도와주신 박사학위 지도교수님이신 김영래 교수님! 항공 분야에 길을 열어주신 한국항공대학교 홍순길 교수님! 이 두 분 교수님과 출판 관계자 여러분들에게 깊은 감사를 드린다. 그리고 어려운 살림살이를 불평 없이 꾸리면서 나를 도와준 나의 아내와 두 아들에게도 감사를 보낸다.

차 례

제 1 부

국제항공체제의 변화와 전망:

국제레짐 변화요인을 중심으로

제1장 서 론

오늘날 다원화된 국제사회는 과거와 달리 다양한 분야에서 상호협력의 필요성이 요구되고 있다. 현재 국제레짐에 관한 연구가 국제관계의 여러 쟁점영역에서 진행되고 있는 것도 이러한 상호협력의 필요성에서 비롯한 결과이다.[1] 특히 국제항공 분야에서 상호협력의 필요성이 제기되고 있는 것은 최근 들어 예를 들면 9·11 테러, 급성호흡곤란증후군(SARS), 이라크전쟁, 고유가 등 항공산업 외부에서 발생하고 있는 다양한 요인에 의해 불확실성이 증폭되고 있기 때문이다. 항공정책 결정자들은 이러한 항공 외적 분야에서 발생하는 불확실성에 대해 무엇보다도 국제항공질서의 틀과 제도를 보강함으로써 대응하고 있다. 따라서 국제항공레짐에 관한 연구는 어느 때보다도 더욱 절실하게 요청되고 있다.

국제사회의 쟁점은 전간기(戰間期)와 냉전기에는 정치, 군사, 안보 문제들을 중심으로 확산되었다. 그러나 1970년대에 발생한 두 차례의 석유위기 이후부터 국제사회의 쟁점은 무역, 금융, 자원, 환경, 생태, 평화, 인권, 빈곤 등 다양한 영역으로 확대되어 왔다. 그 결과, 환경레짐, 인권레짐, 평화레짐 등 국제사회에서 상호협력체제를 구축하려는 다양한 국제레짐이 등장하고 있다. 국제항공 분야에서도 최근 관광객

---

1) Keohane, Robert O. and Joseph S. Nye, *Power and Interdependence*, Second Edition(Cambridge, NY: Harper Collins Publishers, 1989), pp.1-22.

이 연간 약 7억 명 이상이 이동하고 있으며,[2] 이와 같은 인적, 물적 이동의 증가에 부응하기 위하여 국제항공에 관한 협약, 협정, 규칙, 절차 등의 제도가 보강될 필요성이 증대되고 있다. 따라서 새로운 변화에 부응하기 위해서는 구체적인 적용기준이 마련되어야 할 것이다.

1990년대 이후 국제항공에서 많은 변화가 발생하고 있다. 항공사들은 인터넷을 이용하여 항공기의 출발시간 직전까지 상용(常用)고객에게 서비스가 가능한 좌석의 상황을 알려주는 등 서비스 정보화 시스템을 구축해 가고 있다. 예를 들면, 미국의 아메리칸항공(American Airlines)은 상용고객이나 특정 기업고객에게 매주 수요일 전자우편을 통해 특별최종요금을 알려주고 이를 선택하게 함으로써 고객이 직접 항공권을 구매할 수 있도록 하는 제도를 실행하고 있다.[3]

특히 최근 들어 유행하고 있는 것은 항공사 간 제휴동맹이다. 이들 항공사는 전 세계를 몇 개의 권역으로 나누어 지역별로 연계서비스를 제공하고 있다. 이는 노선망의 확충을 통해서 이용고객들에게 보다 편리하게 여행일정을 설정할 수 있도록 한 것이다.[4] 예컨대, 한국 국적 항공사 대한항공이 주축이 되고 있는 스카이팀(Sky Team)이나, 아시아나항공이 참여하고 있는 스타 얼라언스(Star Alliance)와 같은 제휴동맹의 의미와 목적도 서비스 선택의 폭을 넓혀 소비자들에게 편의를 제공하는 데 있다.

또한 국제항공산업은 첨단과학기술에 힘입어 전 지구적으로 항공시

---

2) World Tourism Organization(WTO), "World Tourism in 2002: Better than Expected", *News Releases* (27 January 2003):
   http://www.world-tourism.org/newsroom/Releases/2003/jan/numbers
3) Rigas Doganis, *The Airline Business in the 21st Century*(London and New York: Routledge, 2001), p.170.
4) *Ibid.*, pp.218–221.

간을 단축시켰다.[5] 항공기술의 발달은 항공산업의 특징인 신속성, 안정성, 쾌적성을 한 차원 더 높은 수준으로 발전시켰다. 더구나 정보기술(Information Technology: 이하 'IT'로 약함) 혁명, 특히 인터넷의 도입으로 항공산업은 이제 항공 전자상거래(e-commerce)를 통해 소비자의 편의를 획기적으로 개선하려는 야심 찬 계획을 세우고 있다. 항공산업은 고객과의 관계에서 종래의 전통적인 방법을 탈피하여 새로운 관계정립을 서두르고 있는 것이다. 따라서 예약, 항공권 판매방식 등에서 항공사가 소비자들로 구성된 시민사회와 어떠한 관계를 정립할 것인가 하는 문제가 대두되고 있다.

이와 같은 국제항공산업의 다양한 변화에 대응하기 위하여 국제항공레짐의 변화에 대한 연구의 필요성이 증대되고 있다. 그러나 이에 대한 연구는 초보적 수준에 머물러 있으며, 다소의 기존 연구도 법학, 경제학, 경영학, 무역학 분야에 집중되어 있다. 특히 정치학에서는 국제항공레짐의 시대별 변화와 영공주권에 대한 몇 편의 연구만이 발표되었을 뿐이다.[6]

이에 본서에서는 기존 연구가 현재의 국제항공레짐 변화를 설명할 수 있는가를 검토하는 한편, 항공레짐에 대한 이론적 개념을 정립하

---

5) Anthony Giddens, *The Consequences of Modernity: Time-Space Distanciation*(Standford CA: Standford University Press, 1990), p.14.
6) 국제항공레짐에 관한 대표적인 연구는 Christer Jönsson, "Sphere of Flying: the Politics of International Aviation", *International Organization*, Vol.35(2)(Spring 1981), pp.273-302 & *International Aviation and the Politics of Regime Change*(New York, NY: St. Martin's Press, Inc., 1987): Baldev Raj Nayar, "Regimes, Power and International Aviation", *International Organization*, Vol.49(1)(Winter 1995), pp.139-170: Mark W. Zacher, *Governing Global Network: International Regimes for Transportation and Communications*(New York, NY: Cambridge University Press, 1996), pp.81-126 등이 있다.

고, 또한 이에 기초하여 국제항공레짐의 시대별 특성의 변화를 연구하
고자 한다.

이 책의 연구목적은 구체적으로 다음과 같다. 첫째, 국제항공레짐의
변화요인을 설명한다. 이를 통해서 각 시대별로 국제항공레짐의 변화
를 일관성 있게 설명하고자 한다.[7] 둘째, 국제항공레짐의 변화를 가르
는 시대별 분기점의 성격을 분석하고자 한다. 국제항공레짐에는 시대
를 관통하여 공통적 요인들이 작용하고 있지만, 동시에 시대별로 특수
한 요인들이 존재하기도 한다.[8] 이 책에서는 국제항공레짐의 이러한
시대별 편차를 분석, 비교하고자 한다. 셋째, 국제항공레짐의 시대별 편
차를 비교하고 이를 설명할 수 있는 이론적 틀을 제시하고자 한다.

<그림 1> 국제항공레짐의 변화 모델

변화요인
권력구조 ↔ 경제력 변화 ↔ 쟁점구조 ↔ 국제기구

1단계 (1919~1978)	→	2단계 (1978~1992)	→	3단계 (1992~2003)

국제항공레짐의 각 시대별 변화

이 연구에 사용하기 위해 국제항공레짐의 시대적 구분과 변화요인
을 다룰 분석 틀을 설정해 보았다. 이 분석 틀은 동일한 변화요인들이

---

7) Robert O. Keohane and Joseph S. Nye, *op.cit.*, pp.8-9.
8) Gerry Stoker, "Regime Theory and Urban Politics", *Theories of Urban Politics* edited by David Judge, Gerry Stoker and Harold Wolman (London: SAGE Publication Ltd., 1995), p.67.

시대별로 국제항공레짐의 변화에 어떻게 작동했는지에 초점을 맞추고 있다〈그림 1〉.

이러한 시대적 구분에 따라 연구된 국제항공레짐의 변화추이와 특성을 요약해 보면 다음과 같다.

첫째, 국제항공레짐의 변화의 특징을 권력구조 측면에서 고찰하면, 항공 외적, 내적 측면에서 모든 주체가 변화하였다. 특히 외적으로는 국가와 항공사 이외에 다양한 행위주체가 등장하고, 내적으로는 새로운 회원국이 등장하여 그들의 세력을 새롭게 형성하고 있다.

경제적인 변화과정은 국민소득의 향상과 기술발전에 힘입어 관광객의 수적 증가와 지역별 관광 실적의 변화는 관광지도를 전체적으로 변형시키고 있다. 항공기술의 발전은 항공기의 속도와 안정성에 있어서 상당한 수준에 이르기까지 향상되었으며, 정보화 기술의 발전에 의한 인터넷의 활용은 서비스 제공자인 항공사와 이용자인 항공고객과의 관계를 재설정하고 있다.

쟁점구조의 변화는 하위 변화요인으로 정치경제적인 변화를 가져왔으며, 이는 쟁점영역이 정치, 군사, 경제, 금융 등에서뿐만 아니라 더욱 다양한 영역, 즉 항공을 비롯한 환경, 자원, 평화와 같은 비정치적인 문제에 이르기까지 확대되고 있다. 항공시장 역시 제2차 세계대전 직후 시장원리에 따른 시장실패에서부터 제2단계에서의 국가에 의한 항공사 운영에서 온 경영의 한계로까지 전개되어 왔으며, 이와 같은 국가규제에 의한 정부의 실패로 다시 민간자본으로 이양하게 됨으로써, 이제 국제항공에 관한 운영은 민간 전문경영인의 능력에 의존하고 있다.

국제기구의 변화는 그동안 국제민간항공기구(ICAO)의 역할이었던 서비스 분야를 새로이 세계무역기구(WTO)가 주관하게 됨으로써 역할의 변화를 예고하고 있다. 국제항공운송협회(IATA)의 기능도 요율결정기능의 중요성에서 유지하고 있던 가입의무조항을 철회하고, 그 대신 자금조달기능으로 변형되고 있다. 새로운 제3의 국제항공 주변기구들의 등장, 특히 유럽의 교통환경연합(T&E)과 같은 항공 관련 비정부기구단체(NGO)의 등장은 그들의 영향력을 증대하고 있다.

둘째, 시대별 국제항공레짐의 변화결과를 정리해 보면 그 모형은 다음과 같다. 제1단계 모델은 국가 중심의 국제항공레짐 모델로서 국가는 타국의 항공기가 자국의 영공을 비행하는 것을 통제하고, 국가 간에 엄격한 영공주권주의에 의해 대외적 독립성과 대내적 절대성의 쟁점 서열상의 최상위의 정점에 위치하고 있는 특징을 가지고 있다. 이러한 시대적 특징은 항공기업의 이익추구의 목적이나 시민사회에 서비스 제공을 특징으로 하는 점은 찾아보기 힘든 양상을 보인다. 양국 간 항공협정(bilateral agreement)에서 시장에 대한 접근은 국가 간 구체적으로 합의한 지점 간에 제3, 제4의 자유만을 주로 하는 노선운영이었으며, 부정기편 운항을 강하게 제한하고 있었다. 지정항공사제는 항공협정에 명시되었는데, 이는 1국가 1항공사 지정을 원칙으로 하고 있었다. 공급좌석이나 화물공급 스페이스(space)는 양측이 균등하게 공급하는 것이 원칙이었고, 요율은 양국 정부당국의 승인을 얻도록 하는 등 엄격한 제한규정을 두는 조개껍질(hard shell)이나 당구공(billiard ball) 같은 외부에서 침투가 불가능한 특성을 지니고 있었다.

제2단계 모델은 기업 중심의 국제항공레짐 모델로 항공기업에 경쟁촉진과 민영화, 자유화의 물결을 불어넣어 국가가 통제와 규제를 목적으로 하던 제1단계의 패러다임에서 벗어나 항공기업에 자유재량이 주어진 시대로 특징지어진다. 항공기업이 영업이익을 목적으로 기업 간의 항공제휴를 활발하게 전개하는 특징을 보이고 있으나, 이는 시민사회 중심의 전략적 단계에까지는 이르지 못하고 있는 실정이다. 국가 간 항공협정은 합의된 운항노선별 제5의 자유와 부정기 운항의 제한을 완화, 이를 다소 허용하는 형태를 보이고 있다. 지정항공사 운영은 미국을 비롯한 대부분의 국가들이 복수항공사(multiple carriers)제도를 지정할 수 있도록 하였다. 한국은 1985년 아시아나항공의 설립에 따라 한일노선에 제2민항이 운항하면서 복수항공사제도가 시행되었다. 공급 측면에서는 운항횟수와 공급기종에 제한이 없었고, 요율(tariffs)도 항공 당국이 승인하면 사용되도록 하고 있었다. 또한 항공사 간의 영업 목적의 편명공유(code sharing) 등이 실질적으로 협정상 규정되지 않은 상태에서 기업 간 제휴로 실행되는 특징을 보인다.

제3단계 모델은 소비자 시민사회를 중심으로 하는 국제항공레짐 모델로서 최근 서비스 이용 대상인 일반 시민을 위한 국제항공레짐이 전개되는 특징을 가진다. 이런 추세는 향후 특별한 국제항공레짐의 변화 요인이 발생하지 않을 경우, 지속될 것으로 예상된다. 이와 같은 국제항공레짐의 발전은 제3섹터(third sector)인 시민사회와 그를 대표하는 일반 항공 서비스 소비자가 국가와 항공기업에 대한 신뢰와 협조를 바탕으로 견제와 협조의 이중구조하에 갈등적 협력관계로 발전할 것이다. 양국 간 항공협정은 시장접근에는 제한이 없으며, 제5의 자유제한도 완화되고, 부정기편 운항제한도 사라지고 있다. 제7의 자유와 카보타지(cabotage)는 허용을 제한하고 있으나 유럽연합(EU)의 역내 항공사에 허용되고 있는 것과 같이 점차 개방하자는 주장이 강하다. 지정항공사는 통상 복수제로 하고 있고, 운항횟수에 제한이 없으며, 기종공급과 가격, 편명공유를 자유롭게 결정할 수 있게 개방하고 있다.

이와 같은 연구결과를 바탕으로 하는 이 책은 국제항공레짐의 발전적인 연구를 위해 이론적인 틀을 제시하고, 또한 실질적인 국제항공정책 결정자들을 위한 국제항공레짐의 변화를 분석할 수 있는 방안을 제시하고 있다. 이 책에서 주장하는 이론들은 앞으로 국제항공레짐이 세계화 시대를 맞이하여 항공 서비스 이용자를 위한 시민사회 중심 모델로서 국제항공레짐을 발전시켜 나갈 것으로 확신한다.

국제항공레짐의 변화에 관한 본서의 내용은 모두 여섯 개의 장으로 구성한다. 제1장은 연구목적, 연구방법과 범위 그리고 분석 틀을 기술하였다. 제2장은 국제항공레짐이론을 비판적으로 검토한다. 국제항공레짐의 개념, 이론적 배경 등이 논의되며, 이를 바탕으로 국제항공레짐의 변화요인을 설명할 수 있는 이론적 개념들을 제시한다.

제3장에서 제5장까지는 국제항공레짐의 시대별 변화를 분석한다. 제3장은 전통적 국제항공레짐인 국가 중심 모델을 다룬다. 각종 협약과 협정 등을 서술하고, 앞장에서 설명한 국제항공레짐의 이론적 개념에 비추어 국가 중심의 국제항공레짐의 특성을 분석한다. 제4장은 전통적인 국제항공레짐의 또 다른 유형인 항공기업 모델을 논의한다. 각종 법률, 협정 등을 서술하고, 이를 바탕으로 국가 중심 모델에서 기업 중심 모델의 변화요인을 분석하고 또한 항공기업 중심의 국제항공레짐의 특성을 논의한다. 제5장은 시민사회 중심으로 현재 형성되고 있는 국제항공레짐의 변화를 다루고, 그 요인 및 특성을 분석한다.

제6장 결론에서는 국제항공레짐의 시기별 분석모델을 제시한다. 또한 시기별 변화에 대한 분석을 기초로 하여 국가와 기업과 시민사회 간의 관계를 논의한다. 이러한 노력은 현재 진행되고 있는 시민사회 중심의 국제항공레짐의 변화를 가늠할 수 있는 토대를 제공할 것으로 기대된다.

제2장 국제항공레짐의 이론적 고찰

제1절 국제항공레짐의 개념정의

1. 국제레짐의 개념

다수의 주권국가로 구성되어 있는 오늘날의 국제체제에서 국가 간의 마찰 및 갈등해소, 그리고 전 지구적 차원에서 대두되는 공동문제의 해결을 위해 국가 간에는 상호협력과 정책조율이 필요하게 된다. 이때 특정 이슈영역별로 문제제기와 문제해결을 위한 논의의 장을 제공하고, 나아가 관련 행위자들의 행위를 규제하고 선도하기 위해 형성된 공식, 비공식 통치체계를 통틀어 일반적으로 국제레짐이라고 일컫는다.

원래 레짐(regime)이란 낱말은 라틴어 'regere'의 한 형태인 'regimen' 이라는 단어에서 파생된 것으로9) 불어로는 'régime'로 표현되며 하나의 법규체계(a system of legal rules)라는 의미를 가진다. 이 레짐이라는 개념은 주로 국제법 분야에서 널리 사용되어 왔고, 국내정치에서 정부가 개인의 행위를 규제하는 것처럼 국제사회에서 국가들 간의 행위

---

9) Vinod K. Aggarwal, *Liberal Protectionism: The International Politics of Organized Textile Trade*(Berkeley CA: University of California Press, 1985), p.17: 김유은, "국제레짐(International Regimes)의 변천에 관한 이론적 고찰: GATT를 중심으로", 박사학위논문(한양대학교 대학원, 1991), 11쪽에서 재인용.

를 규제하는 일종의 국제적 규율장치를 지칭해 왔다. 불어에서 온 레짐의 의미를 어의론(semantics)적으로 좀더 자세히 살펴보면 두 가지의 의미를 가지고 있다. 하나는 일상생활 용어로 소화(diet), 즉 먹고(eating), 운동하고(exercising), 생활하는(living) 데에 필요한 질서와 합목적적인 계획을 의미한다고 한다.[10] 그래서 레짐은 통상적으로 건강회복을 위해 의학계나 유사한 권위를 가진 기관이 환자에게 제시하는 규칙적인 식이요법을 지칭하는 경우가 많다. 다른 하나는 정치적인 의미로 규칙성, 규율, 권위 등과 연결된 통치에 관한 몇 가지 개념으로 사용된다. 첫째는, 한 국가 내에서 개인, 왕가, 정당, 이익집단 등에 의해 행사되는 권력의 통치양식을 통칭하는 것으로, 앙상레짐(ancien régime), 프랑코레짐(Franco regime), 스탈린레짐(Stalin regime)과 같이 사용된다. 이때 레짐은 경멸적인 의미를 띠는 경우가 더 많다. 둘째는, 어떤 국가의 정부형태를 지칭하는 것으로 권위주의 체제(authoritarian regime), 민주주의 체제(democractic regime) 등으로 사용된다. 이 경우는 부정적인 의미보다는 중립적인 의미를 띤다. 셋째로는 국내정치처럼 통일된 하나의 중앙정부가 존재하지는 않지만 국제정치가 그렇다고 완전히 무질서의 상태는 아니며, 나름대로 구조화된 규칙성, 제도, 기구, 관례 등이 존재한다는 점을 지적하며 그러한 질서와 제도를 지칭하는 말로 국제레짐이라는 표현을 사용한다. 본 논문에서 사용하는 레짐의 개념 역시, 바로 이러한 의미에서 사용된다고 할 수 있다.

국제정치학 분야에서 국제레짐이라는 용어를 처음으로 도입한 것은 존 러기(John Gerard Ruggie)로 알려져 있는데,[11] 그는 레짐을 "일단의 국가들에 의해 받아들여지는 일련의 상호기대, 법률과 규칙, 계획, 조직

---

10) Christer Jönsson, op.cit., 1987, pp.12−13.
11) 김유은, 전게서, 13쪽.

적인 힘 그리고 재정적인 약속"(sets of mutual expectations, rules and regulations, plans, organizational energies and financial commitments)으로 규정하였다.12)

이와 같은 국제레짐의 개념은 커헤인과 나이(Robert O. Keohane and Joseph S. Nye)가 『권력과 상호의존』(Power and Interdependence)이라는 그들의 저서에서 국제정치의 핵심적인 분석 틀로 사용함에 따라 점차 보편화되었다.13) 유형화된 행위의 형성과 내재화, 그리고 행위자들의 관계패턴을 중요시한 커헤인과 나이는 국제레짐의 개념을 "특정 패턴의 행위를 하기 위한 절차, 규칙, 제도를 정부가 창조하거나 수용함으로써 초국가적 관계와 국가 간의 관계를 규제하고 통제하려는 통치체제"라고 정의하였다.14)

그래도 국제정치학 분야에서 가장 일반적으로 널리 사용되고 있는 국제레짐에 대한 정의는 역시 크라즈너(Stephen D. Krasner) 일행이 1978년 6월에 미국국립과학재단의 후원으로 미네소타주 미니아폴리스에서 개최한 '국제정치와 국제경제에 관한 회의'에서 제시한 것이라고 할 수 있다. 이는 원래 연구에 참가한 이들이 공통의 준거로 사용하기 위해 내린 개념정의였는데, 1980년대 이래 국제레짐 연구에 있어서 가장 많이 인용되는 개념이 된 것이다.

이때 정의된 국제레짐의 개념은 "국제관계의 특정 이슈영역에서 행위자들의 기대가 수렴되는, 명시적 혹은 묵시적인 일련의 원칙, 규범, 규칙 그리고 의사결정절차"였다.15) 세부적으로 여기서 원칙(principle)이란

---

12) John Gerard Ruggie, "International Responses to Technology: Concepts and Trends", *International Organization*, Vol.29(3)(Summer 1975), p.570.
13) Jack Donnelly, "International Human Rights: A Regime Analysis", *International Organization*, Vol.40(3)(Summer 1986), p.741.
14) Robert O. Keohane and Joseph S. Nye, *op.cit.*, p.5.
15) Stephen D. Krasner eds., *International Regimes*(Ithaca NY: Cornell

사실, 인과관계, 올바른 것(rectitude)에 대한 신념들을, 규범(norm)이란 권리와 의무로 정의되는 행위의 기준들을, 규칙(rule)이란 행동을 위한 특정한 행위규정(prescription) 또는 행위금지규정(proscription)들을, 그리고 의사결정절차(decision-making procedure)는 집합적 선택과 이의 이행을 위한 일반적인 관행들을 가리킨다.16)

그러나 이와 같은 크라즈너(Krasner) 일행의 기획연구에서 사용된 국제레짐의 개념은 비록 널리 사용되기는 하지만, 이에 대한 구성요소에 관한 해석과 구별에 있어서 지나치게 추상적인 용어의 표현으로 인해 정확한 의미전달이 어렵다는 지적도 있다.17)

크라즈너의 개념정의를 좀더 세련화한 것이 오쉐렌코(Gail Oshrenko)와 오란 영(Oran Young)이 제시한 것인데, 이들은 국제레짐을 "일정한 이슈영역에 대한 행위자들의 행동과 기대를 규율하는 합의된 원칙, 규범, 규칙 및 의사결정절차"(social institutions composed of agreed-upon principles, norms, rules and decision-making procedures that govern the interactions of actors in specific issue areas)로 규정하였다.18)

이러한 다양한 개념정의를 종합해 보면, 결국 국제레짐이란 좁게는 어떤 쟁점영역에서 국가들의 행위를 규제할 것을 목적으로 하는 국가간다자협정(multilateral agreement)을 의미하고,19) 넓게는 국제관계의

University Press, 1983), p.2. "as sets of implicit or explicit principles, norms, rules and decision-making procedures around which actors' expectations converge in a given issues-area of international relations."

16) Ibid.

17) Stephan Haggard and Beth A. Simmons, "Theories of International Regimes", *International Organization*, Vol.41(3)(Summer 1987), p.493.

18) Gail Osherenko and Oran R. Young, "The Formation of International Regimes: Hypotheses and Cases", *Polar Politics: Creating International Environmental Regimes* edited by Gail Osherenko and Oran R. Young (Ithaca NY: Cornell University Press, 1993), pp.1-21.

모든 실질적인 쟁점영역에 존재하는 정형화된 행위형태(patterned behavior)를 뜻한다.[20] 그리고 대부분의 학자들은 이런 두 극단적인 협의의 개념과 광의의 개념을 절충하여 각자의 연구목적에 맞게 다소 다른 개념규정을 하고 있다.

2. 국제항공레짐의 개념과 구성

위에서 논의한 국제레짐의 개념을 국제항공 분야에 적용하면, 국제항공레짐이란 국제항공 이슈영역에 관여하는 여러 행위자들의 행동과 상호작용을 규율하고 선도하는 공식, 비공식적 원칙, 규범, 규칙 등을 의미한다. 이러한 국제항공레짐의 유래는 항공 분야의 이슈에 대한 논의와 협의를 위해 체결된 시카고협약과 국제민간항공기구(ICAO)의 창설에서 시작되었다고 할 수 있다.

제2차 세계대전을 겪으면서 군수물자의 신속한 장거리 수송이라는 필요성 때문에 급속히 진전된 항공기의 개발은 전후 민간항공기의 발전으로 이어졌다. 이에 급성장하게 된 항공산업으로 인해 각국의 공항시설이 확충되고 보다 많은 국제항로가 개설되었으며, 그 결과 항공운송인의 책임, 비행정보구역의 관리, 항공관제 등과 같은 제반 이슈에 대해 국가 간의 협의와 협력이 절실하게 되었다.

따라서 각종 국제항공에 관한 이슈의 해결과 상호협력증진을 위해 국가 간에 시카고협약이 체결되었고, 뒤이어 국제민간항공기구가 출범하게 된 것이다. 그 후 국제민간항공기구를 중심으로 국제항공 분야에

---

19) Stephan Haggard and Beth A. Simmons, *op.cit.*, p.495.

20) Donald Puchala and Raymond Hopkins, "International Regimes: Lessons from Inductive Analysis", *International Regimes* edited by Stephen D. Krasner(Ithaca, NY: Cornell University Press, 1983), pp.61-91.

서는 여러 다자간의 조약, 규율, 합의 등을 통해 국제항공에 관한 규범체계와 기본 질서를 구축해 왔고, 이것이 바로 국제항공레짐의 발전 과정이라고 할 수 있다.

시카고협약을 기점으로 출범하게 된 국제항공레짐의 기본 원칙은 국제항공운송협정에서 명시한 다섯 가지 유형의 하늘의 자유에서 찾을 수 있다. 시카고협약에서는 종래의 여러 협약의 내용을 종합하여 영공주권에 관한 기본 원칙을 부속 협정인 국제항공운송협정과 국제항공업무통과협정에서 규정하고 있다. 이들 부속 협정에서 다섯 가지 유형의 하늘의 자유에 대한 원칙과 규범이 설정된 것이다.

이들 자유에 대한 구체적 내용은, 제1의 자유(first freedom)는 상대 체약국의 영역을 무착륙으로 횡단하는 특권(the right to fly over the territory of the grantor state), 제2의 자유(second freedom)는 상대 체약국의 영역 내에 운수 이외의 목적(non-traffic purposes)으로 급유(refueling), 또는 정비 등 단순 기술적 목적(technical purposes)으로 착륙하는 자유, 제3의 자유(third freedom)는 자국에서 상대 체약국으로 향하는 여객, 우편물 및 화물을 수송할 수 있는 자유, 제4의 자유(fourth freedom)는 상대 체약국으로부터 자국으로 향하는 여객, 우편물 및 화물을 수송할 수 있는 자유, 제5의 자유(fifth freedom)는 제3국과 상대 체약국 간 여객, 우편물 및 화물을 수송할 수 있는 자유를 설정하고 있다. 제3국의 지리적 위치는 원칙적으로 노선구조상 상대 체약국으로부터 이전에 위치하는 중간지점(intermediate point)이나 또는 이후에 위치하는 이원지점(beyond point)이나 관계하지 않는다.[21]

이러한 원칙과 규범을 바탕으로 발전되어 온 국제항공레짐은 여러

---

21) Bin Cheng, *The Law of International Air Transport*(London: Stevens & Sons Ltd., 1962), p.11.

종류의 행위자들에 의해 유지와 변화가 이루어져 왔는데, 국제항공레짐에 관여하고 있는 주요 행위자는 크게 3가지 부류로 나눌 수 있다.

첫 번째는 국제적 수준에서 국제항공에 관한 기본 원칙과 규범을 제정하는 행위자로서 국제항공레짐의 명실상부한 가장 상위의 국제항공기구들을 들 수 있다. 여기에는 국제민간항공기구(ICAO)와 국제항공운송협회(IATA)를 대표적 2개 기관으로 들 수 있다. 시카고협약에 근거하여 설립된 국제민간항공기구(ICAO)는 국제항공운송의 건전한 발전을 도모함을 목적으로 하면서, 구체적으로는 국제민간항공의 발달 및 안전확립, 능률적이며 경제적인 항공운송의 실현과 항공기술의 증진, 체약국가의 권리존중, 항공기업의 기회균등 보장 등을 추구하고 있다. 국제항공 분야의 또 다른 대표적 국제행위자인 국제항공운송협회(IATA)는 항공여객운임(prices)과 항공화물요율(fares)의 결정, 항공기의 안전운항, 요금, 요율의 정산절차, 항공사 간 협조 등에 관한 협의기능을 수행해 왔으며, 최근에는 국제항공 자금결정기구로서도 공인을 받고 있다.[22]

국제항공레짐의 두 번째 주요 행위자는 항공업무와 서비스를 직접 담당하고 제공하는 개별 항공사이다. 이들은 국제항공의 운항 당사자로서 스스로의 행위를 결정할 권한을 갖고 있음으로써 국제항공 분야의 변화와 발전에 가장 직접적으로 영향을 미칠 수 있는 중요한 행위자이다. 특히 국제항공운송협회가 담당해 오던 요율결정기능이 와해되면서부터는 항공사들의 자율성과 영향력은 보다 증대되었다고 할 수 있다. 또한 최근에는 이익극대화, 비용절감, 소비자이익보호 등을 위해 지역별로 대표적인 항공사들이 협정을 통해 운항제휴를 추진하면서

---

22) 홍순길, 신홍균 공저, 『신국제항공우주법강의』(서울: 항공대학 출판부, 1996), 14~15쪽.

국제항공레짐에서 항공사들의 역할과 영향력은 보다 커질 수 있는 기반이 마련되었다고 할 수 있다.

국제항공레짐의 세 번째 주요 행위자로는 항공 서비스의 수요자들 단체라고 할 수 있다. 항공대리점, 여행알선업, 항공화물화주협회 등이 이에 속하는데, 이들은 항공산업의 건전한 발전과 아울러 항공 서비스 이용자들의 편의도모에도 항공 서비스 공급자, 즉 항공사들이 소홀함이 없는지를 감시하는 기능을 담당한다. 특히 최근에는 항공 이용자들은 관련 비정부기구(Non-Governmental Organizations: 이하 'NGO'로 약함)와 항공 분야 제3의 단체들과도 제휴함으로써 자신들의 권익 보호에 보다 적극적으로 나서는 경향이 강해지고 있다. 따라서 앞으로는 기존의 국제항공 행위자 이외에 좀더 다양한 행위자들이 항공레짐 분야에서 새롭게 출현할 가능성이 있으며, 이미 노동과 환경 등의 분야에서는 이러한 조짐이 현실화되고 있는 실정이다.

마지막으로 본 논문에서 연구와 분석을 위해서 자주 사용되는 몇 가지 용어들을 이해의 편의를 위해 간략히 개념규정을 하고자 한다. '정부간기구(International Governmental Organization: IGO)'란 유엔의 분류기준이 되고 있는 국가 또는 국가에 의해 설치, 운영되고 있는 국제기구를 지칭한다. '국제비정부기구(International Non-Governmental Organization: 이하 'INGO'로 약함)'란 개별 항공사들의 모임인 국제항공운송협회와 기타 항공과 관련된 자발적 기구들을 말한다. '시민사회(civil society)'는 소비자단체, 항공 종사자들의 노동조합 및 항공에 관한 환경단체 등을 지칭하며, 항공에 관련된 시민사회단체들을 통틀어 의미한다. 그리고 '국제항공사회'는 항공을 이용하거나 운영하는 인적, 물적 이동공간으로 이해하고 사용할 것이다.

제2절 국제레짐의 형성과 변화에 관한 이론

국제항공레짐의 구체적 변천과정을 분석하기에 앞서, 이를 위한 이론적 바탕으로 국제레짐의 형성과 변화에 관한 기존 연구들에 대해 알아보기로 한다. 즉, 상호의존의 증대 속에서 대표적인 국가 간의 협력이론으로서 대두된 국제레짐이론에 대해 살펴보려고 한다. 본 연구에서 국제레짐에 대한 기존 이론들은 국제레짐의 형성과 변화라는 2개 부분으로 나누어 정리해 볼 수 있다. 우선 국제레짐의 형성에 관한 이론들부터 알아보고 나서 국제레짐의 변화요인에 관한 논의를 정리해 보기로 한다.

1. 국제레짐의 형성요인

국제레짐의 형성 혹은 대두에 관한 대표적 이론으로는 (1) 신현실주의 시각에 의해 제시된 패권안정이론, (2) 신제도주의 시각에 입각한 기능주의이론과 게임이론, 그리고 (3) 인식공동체이론 등이 있다.[23]

(1) 패권안정이론(theory of hegemonic stability)

패권안정이론은 국가 간의 힘의 균형상태에 따라 국제협력의 가능성이 결정된다는 논리이다. 국가 간의 협력과 국제레짐의 형성은 한 국가가 절대적인 힘을 보유하는 패권적 구조에서 가능하다는 주장이다. 특정 이슈영역에서의 국제레짐은 이 패권적 국가들의 힘에 의해서, 그리고 그 국가의 이익을 위해서 형성된다는 것이다.[24]

---

23) 박재영, 『국제정치 패러다임』(서울: 법문사, 2000), 413~446쪽.
24) Robert Gilpin, *Global Political Economy: Understanding the International*

즉, 패권국은 자신의 항공에 관한 국가이익의 증진을 위해 공공재(public goods)를 제공하는데, 국제레짐도 이러한 맥락에서 하나의 공공재로서 패권적 국가의 힘에 의해 형성된다.[25] 따라서 이렇게 형성된 국제레짐의 목적과 방향은 패권적 국가가 선호(preference)하는 바에 따라 결정된다. 이와 같은 패권적 구조에서 특정 분야에 관한 국제레짐이 형성되며, 이렇게 형성된 국제레짐의 규칙들 역시 잘 지켜지게 된다는 논리이다.

이러한 패권적 힘을 바탕으로 하는 국제레짐의 유지는 패권국가의 힘의 변화에 따라 결정된다. 패권국가의 힘이 쇠퇴할 경우에는 그 기구의 영향력도 쇠퇴하게 된다고 본다.[26] 커헤인(Robert O. Keohane)은 패권국가의 힘이 여타 다른 강대국의 힘과 균등한 상태에 이르게 될수록 패권국가는 국제레짐의 규칙과 제도를 다른 나라에 강요하기가 점점 어려워지게 되며, 결국 이 국제레짐의 영향력은 약화될 수밖에 없다고 주장한다.[27]

그리고 패권국가의 힘의 쇠퇴와 함께 다른 국가들의 국제레짐에 대한 이해관계도 변화하게 된다. 패권국가가 국제레짐의 유지를 위해 공공재를 제공할 능력이 약화되면 다른 국가들은 국제항공기구에 대한 지지를 줄이게 되며, 나아가 그 국제레짐을 자신의 이해관계를 위해 재조정하려고 한다. 이 같은 환경에서 국제레짐은 더욱 쇠퇴하며 마침내 해당 분야에서 국가 간의 협력이나 국제레짐의 안정을 성취하기가 어렵게 된다. 결론적으로 패권안정이론에서는 국제레짐의 생성, 유지,

---

    Economic Order(Princeton NJ: Princeton University Press, 2001), p.93.
25) Stephen D. Krasner, *op.cit.*, pp.13-16.
26) Robert O. Keohane, *After Hegemony: Cooperation and Discord in the World Political Economy*(Princeton NJ: Princeton University Press, 1984), p.31.
27) Robert O. Keohane and Joseph S. Nye, *op.cit.*, pp.42-46.

쇠퇴 모두가 패권국가의 힘의 변동에 따라서 결정된다는 것이다.

(2) 신제도주의이론(neo-institutionalism)

신제도주의이론은 국제연합(UN)과 국제민간항공기구(ICAO)와 같은 국제제도가 국제조약, 협약, 협정 등에 ─ 원칙, 규범, 규칙, 질서들에 ─ 의해 인간행동의 규칙성(regularity)을 지속시킬 수 있다는 논리이다.[28] 이러한 시각에 입각한 이론으로는 제도가 개인 또는 조직의 행동원칙을 규율하고 선도하기 위한 기능적 필요성 때문에 생겨났다는 기능주의적 설명(functional explanation)과, 게임이론(game theory)에 입각하여 제도는 개인의 이해타산에 근거한 선택의 결과가 낳는 불합리성을 극복하기 위해 생겨난다는 설명 등 2가지가 있다.

먼저 국제레짐 형성에 대한 기능주의적 설명은 커헤인에 의해 제시된 것으로 합리적 선택이론(rational choice theory)을 기저에 깔고 있다. 완전경쟁과 모든 정보의 보유를 전제로 하는 이상적 상황과 달리 현실에서는 시장의 자율적 기능에만 맡겨 놓으면 공공재의 공급이 어려워진다는 시장실패(market failure)이론과 기업을 창업하게 되는 기본적인 속성이 반복되는 거래비용을 줄일 수 있다는 코어스정의(Coase Theorem)에 입각하여 국제레짐의 형성을 설명한 것이다.[29] 코어스는 "개인이 시장에서 1:1로 거래할 때 수반되는 거래비용보다 기업을 조직하고 유지하는 데 부가되는 비용이 오히려 적게 들기 때문"이라

---

28) Kathleen Thelen and Sven Steinmo, "Historical Institutionalism in Comparatives", *Structuring Politics: Historical Institutionalism in Comparative Analysis* edited by Sven Steinmo, Kathleen Thelen and Frank Longstreth(New York, NY: Cambridge University Press, 1992), pp.1-32.
29) Robert O. Keohane, *op.cit.*, pp.85-98.

고 결론을 지었다. 이와 같은 거래행위에서 발생하는 비용을 줄이기 위해서 회사(firms)를 창업함으로써 반복되는 거래비용을 줄일 수 있다고 보았다.[30]

이와 같은 기능주의적 설명에 따르면, 중앙집권적 권위가 부재하는 국제체제의 구조적 특성, 협상에 연관된 정보의 불완전성과 높은 거래비용 등이 국제협력을 어렵게 만든다는 것이다. 따라서 이러한 방해요소를 제도나 기구가 해소해 줄 수 있다면 국제레짐의 형성은 가능해진다고 주장한다. 즉, 국제레짐이 제공해 줄 수 있는 혜택에 대한 기대나 필요성 때문에 합리적 인간이라면 레짐의 형성에 반대하지 않을 것이라는 말이다.

또한 기능주의적 설명은 거래비용의 절감과 정보불균형 해소에 대해서도 국제레짐은 커다란 역할을 할 수 있다고 주장한다. 우선 국제기구는 여러 가지의 사안들을 한곳에 모음으로써, 각 사안들을 분리하여 협력할 경우보다는 거래비용을 절감할 수 있게 하고,[31] 다자간 협의체구조는 수많은 양자 간 접촉에서 매번 발생하는 거래비용을 크게 절감할 수 있다. 그러므로 일단 국제기구가 성립되면 추가적 발생사안에 대해서는 논의의 비용이 줄어들 뿐만 아니라, 보다 더 많은 새로운 문제점에 대해서도 폭넓게 논의를 가능하게 해 준다는 것이다.

정보격차 해소에 대해서도 국제기구는 산발적이고 비대칭적으로 존재하는 정보들을 모아 참여국가에 제공함으로써, 국가 간의 정보불균형을 감소시켜 주고 상대방의 약속이행에 대한 불확실성을 낮추어서 결과적으로 국가 간의 협력을 증진시켜 준다고 한다. 상대방의 역량과 정책방향에 대한 정보와 지식을 공평하게 제공해 줌으로써, 이전에 존

---

30) Ronald H. Coase, 1960, "The Problem of the Social Cost", *Journal of Law and Economics*, Vol.3, pp.1－44.

31) *Ibid.*, p.89.

재했던 불확실성이 최소화되거나 해소되어 국가 간의 협력이 촉진된다는 것이다.[32]

국제기구 혹은 국제레짐의 긍정적 기능으로 인해 국제사회는 국제레짐을 필요로 하게 되며, 그 결과 합리적 행동을 하는 국가들이 당연히 국제레짐의 형성에 합의하게 된다는 기능주의적 설명은 패권국가의 존재 없이도 국제레짐 형성이 국가 간의 이익합일로 가능해질 수 있다는 주장이다. 이는 국제레짐의 공급 측면에 초점을 둔 패권안정이론에 비해, 국제레짐의 수요 측면에 보다 더 큰 비중을 둔다는 의미이기도 하다.

국제레짐의 형성에 관한 또 다른 입장으로 게임이론(game theory)에 입각한 설명이 있다. 이기적이고 합리적인 행위자인 국가들이 상대방의 합리성을 전제로 상대방의 행동을 예측하고, 이에 대응하여 자국에 최대 이익이 되는 환경을 선택하게 된다는 논리이다. 즉, 비용과 이익의 분명한 손익계산을 통해서 국제기구의 형성과 전개를 설명한다. 게임의 결과는 참여자 일방에 의해 결정되는 것이 아니고, 참여자 모두의 선택이 종합되어 결정되는 것이며, 이때 각각의 참여자들은 자신과 이해관계가 다른 상대방을 상대하여 자신의 이익을 극대화하여야 한다는 특성을 가지고 있다.

게임이론을 원용하여 국제레짐을 설명한 대표적 학자인 스타인(Arthur A. Stein)에 의하면, 국제레짐은 행위자들이 공동이익의 딜레마(dilemmas of common interests)와 공동혐오의 딜레마(dilemmas of common aversions)를 다루는 데 있어서 독자적 의사결정을 피하기 때문에 형성된다고 한다.[33] 국가들이 개별적이고 독자적인 결정으로

---

32) *Ibid.*, p.93.

33) Arthur A. Stein, "Coordination and Collaboration: Regimes in an Anarchic World", *International Regimes* edited by Stephen D. Krasner(Ithaca,

자국의 이익을 극대화할 수 있을 경우에는 국제항공기구와 같은 국제레짐 형성의 필요성을 느끼지 않을 것이며, 따라서 국제레짐은 형성되지도 않을 것이다.

그러나 대부분의 중요한 국가 간의 상호작용에서는 독자적 정책결정 자체가 어려울 뿐만 아니라 그를 통해 이익을 극대화하기도 어렵기 때문에, 합리적이고 이기적인 행위자들은 국제항공기구와 같은 레짐을 형성하여 최악의 경우를 피하고, 최대의 이익을 얻을 수 있는 공동의 결정을 하게 된다는 논리이다.[34] 국가 간의 협력에 필요한 조건을 국제레짐이 충족해 주기 때문에 협력을 통해 국가이익을 증대하려는 이기적인 생각에서 국제레짐을 유지하려는 동기를 갖게 된다. 이때 공동이익의 딜레마를 해결하고자 할 경우에는 협력(collaboration)을, 공동혐오의 딜레마를 해결하고자 할 경우에는 조정(coordination)을 요구하게 된다고 한다.

게임이론에서 말하는 것처럼 공동혐오의 딜레마를 피하기 위해 행위자들이 상호조정(coordination)을 하게 되는 예로 국제항공레짐에서 항공관제소의 사용언어를 영어로 통일한 것을 들 수 있다. 모든 비행관제소(flight control center)는 자국영공을 통과하는, 자국어를 모르는 조종사들에게 관제지시를 하기 위해 의무적으로 영어를 충분하게 구사하는 직원을 고용해야 한다. 지상관제소와 항공기의 조종사 간에

NY: Cornell University Press, 1983), pp.120－127. "Regimes arise because actors forgo independent decision making in order to deal with the dilemmas of common interests and common aversions. Regimes established to deal with the dilemmas of common interests differ from those created to solve the dilemmas of common aversions. The former requires collaboration, the latter coordination."

34) Robert Axelrod, "The Emergence of Cooperation among Egoists", *American Political Science Review*, Vol.75(1981), pp.306－318.

통신은 편리한 언어를 선택하여 사용할 수 있다. 그러나 양자 간에 언어의 소통이 가능해야 하며, 언어의 합치(match-up)를 우연에 맡겨 두어서는 안 된다. 그래서 항공관제소의 공식적 국제통용어는 영어로 규정되어 있다. 가령 대한민국의 영공을 벗어나지 않는 조종사라면 한국어만 구사하면 충분하다. 또 예를 들어 프랑스 국적 항공사의 조종사가 한국의 비행정보구역(FIR: Flight Information Region)을 비행하는 도중 한국어를 구사하면서 관제소에 교신을 해 올 경우 그것은 용납이 된다.

그러나 그 조종사가 한국어를 모르고, 우리 관제사가 불어를 이해하지 못하는 경우에는 의사소통을 위해 영어를 사용하여야 한다. 이는 상호간 의사소통이 불가능할 경우 발생할 수 있는 항공재난이라는 공동혐오의 대상이 되며, 이를 피해야만 안전한 운항을 보장할 수 있기 때문이다. 따라서 이는 항공기 조종사와 지상관제사 간의 공동혐오의 딜레마를 회피하기 위해 양자가 받아들일 수 있는 균형점(equilibrium)으로 선택이 이루어지게 된다는 협력과 조정의 원리를 보여주는 예라고 할 수 있다.[35]

(3) 인식공동체(epistemic community)이론

인식공동체이론은 사이버네틱스(cybernetics)와 심리학의 인지과정(cognitive process)에 기초를 두고 있는 이론이라고 하는데, 특히 인지과정에 더 많은 비중을 두고 있는 것으로 보인다. 인식론적 이론은 말초적 요인들(자극요인과 반응요인)보다는 중추적 과정(태도, 생각, 기대)을 더 강조하는 이론으로서 행동주의자들의 이론과 대비하여 사용되는 용어이다. 인식론적 이론이 말초적인 자극과 반응을 중시하는

---

35) Arthur A. Stein, *op.cit.*, 1983, pp.127-131.

행동주의와 대비되는 특징은 정책 결정자들의 이념, 신념체계, 지식 등과 같은 요인이 국제레짐의 형성과 변화에 중요한 역할을 한다는 것을 강조하는 점이다.

패권안정이론이 패권적 정치권력 추구에 의해 국제협력을 얻어내고, 기능주의이론과 게임이론이 경제적 이익추구라는 행위자의 동기에 대한 가정으로부터 협력을 얻어내려는 것과는 달리, 인식공동체이론은 인식과 지식의 변화와 발전에 역점을 두어 협력의 양상을 설명한다. 무정부적 속성의 국제정치 현실에서 협력을 얻어내려면 인식을 같이하는 집단공동체가 갖고 있는 지식, 학습, 신념체계와 같은 공통된 인식이 매우 중요하다는 것이다.

인식공동체이론의 핵심적인 가설로 협력이란 행위자의 이념, 가치, 신념 그리고 지식과 연관하지 않고는 완전하게 설명할 수 없다는 것을 제시한다. 옳은 인식과 그릇된 인식, 이미 존재하는 기존 지식과 새롭게 변화하는 지식, 역사와 이념, 지배적인 사회적 가치, 정보처리능력, 학습 등이 국제사회에서 행위자의 협력을 얻는 데 영향을 미친다고 보는 것이다. 이는 국제사회에서 행위자들 간에 인식을 같이할 때에야말로 진정한 협력을 얻어낼 수 있다는 생각에서 비롯되는 것이다.[36]

하센클레버, 메이어 그리고 리트버거는 국제사회에서 행위자들의 인식을 연성인식론(weak cognitivism)과 강성인식론(strong cognitivism)으로 크게 대별하고 있다. 연성인식론은 아이디어, 학습, 인식공동체 역할 등 합리적 행위자가 세상을 이해하는 기원에 초점을 두는 반면, 강성인식론은 사회적 행위자들이 세상을 이해하는 기원과 역동성을 추구

---

36) Andreas Hasenclever, Peter Mayer and Volker Rittberger, *Theories of International Regimes*(Cambridge, NY: Cambridge University Press, 1997), pp.136–139.

하는 새로운 대안을 찾는 근본적인 규칙의 변화에 초점을 두고 있다.[37]

하스(Haas)는 전략적 상호의존의 상황에서, 서로 깊은 관계에 있음을 깨닫게 될 때에 행위자들은 학습을 하게 된다고 본다. 이러한 학습의 결과, 새로운 지식이 국가나 행위자 자신의 이익의 내용을 새롭게 정의하는 데에 사용된다는 것이다. 그리고 이렇게 새로운 지식에 의해 자신의 이익을 재정의하는 과정에서 좋은 방향으로 제도화되는(institutionalized) 협력이 이루어지게 된다고 본다. 이와 같은 제도화된 협력(collaboration)이란, 변화하는 지식과 변화하는 사회적 가치 간의 상호작용의 관점에서 탐구할 수 있다. 그의 이론에서는 원리적 생각(principled ideas)과 공유된 이해(shared understanding)를 지니고 있는 전문적인 기술인의 역할이 중요하게 부각되고 있다.[38]

공동의 이해관계와 전문성을 가지고 국가라는 경계를 넘나들면서, 특정한 쟁점영역에 관한 공동이해를 얻어내어 하나로 통합된 인식공동체(epistemic community)를 형성하고 있는 항공조종사나 항공관제사 간의 운항관제소의 역할과 같은 것을 그 좋은 예로 들 수 있다. 이는 인권, 환경, 기후, 오염, 보건, 항공 등의 전 지구적 문제는, 개별적인 정부나 개인, 또는 항공사만으로는 해결할 수 없다는 생각에서 비롯된다. 상호 의존하지 않을 수 없는 복잡한 문제에 관해, 전문적인 지식을 갖춘 학자나 기술인만이 가지고 있는 합의된 지식(consensual knowledge)이 국제레짐 형성에 중요한 역할을 한다는 주장이다.[39]

---

37) *Ibid.*, pp.136-210.
38) Ernst B. Haas, "Is There a Hole in the Whole? Knowledge, Technology, Interdependence and the Construction of International Regimes: A Regime Analysis", *International Organization*, Vol.29(3)(Fall, 1975), pp.827-876.
39) Hasenclever, Mayer and Rittberger, *op.cit.*, p.150.

이들 국제레짐 형성에 관한 3가지 이론들은 각기 나름대로의 장단점을 지니고 있으며, 어느 한 가지 이론만으로 완벽하게 국제레짐의 형성을 모두 설명할 수는 없다고 하겠다. 패권안정이론은 단순함과 경제성이 있어 분석을 위한 출발점으로서 한 국가의 지도력을 행사하는 국제체제의 묘사에 유용하나, 기본적으로 힘의 모델에 의존하는 경우 불완전한 예측이 있을 수 있고, 힘의 활성화에 의존하는 경우는 사후적 성격을 띠기 때문에 비경제적이다. 또한 패권국가의 존재는 레짐 형성에 필수적 요소가 되지 않는다.

기능주의이론은 레짐의 강도, 관성, 참여동기 등의 설명에 유용하나, 본질적으로 사후적 성격을 갖고 있기 때문에 레짐의 형성시기나 형성방법을 제시하지 못하고, 자유주의적 편견이 작용할 가능성이 있으며 합리적 이기주의의 제한성의 한계가 있다. 게임이론은 레짐의 형성조건을 쉽고 단순하게 설명할 수 있는 점과 일반화할 수 있는 장점을 가지고 있으나, 선호도 결정, 레짐의 진화과정, 관할영역의 확장 등을 설명하기가 어려우며, 레짐 자체의 내용설명의 공허성, 과도한 단순화의 위험, 묘사적 도구로 사용되는 경향 등의 한계가 있다.

인식공동체이론은 레짐의 실질적인 내용형성과 변화, 즉 원칙과 규범을 잘 설명할 수 있는 강점을 가지고 있다.[40] 그러나 학습효과나 미래협력의 실질적인 내용파악이 어려우며 힘, 관념, 지식의 상호작용을 묘사하기가 어려운 한계가 있어 국제레짐이론은 어느 하나가 레짐의 형성, 유지, 쇠퇴의 전 과정을 설명하기가 쉽지 않으므로 상호보완적으로 활용할 필요가 있다.

---

40) Stephen D. Krasner, *op.cit.*, p.19.

2. 국제레짐의 변화요인

국제레짐의 변화에 대해서도 여러 가지의 이론이 있는데, 우선 대표적인 것으로 크라즈너가 제시한 요인을 들 수 있다. 즉, 이기적인 자기이익(egoistic self-interest) 추구, 패권적 정치권력(hegemonic political power)의 추구, 이념과 가치(idea and value)를 동시에 추구하는 규범과 원칙(norms and principles)의 강조, 공유된 기대를 동반하는 관례와 관습(usage and custom) 그리고 지식(knowledge) 등 다섯 가지 요인이 국제레짐의 변화를 야기하는 주된 변수라는 것이다.[41] 이들 요인들은 앞에서 말한 국제레짐의 형성요인에 대한 3가지 대표적 시각에 기초한 것으로 사례 연구에 직접적인 분석틀로 활용하기는 다소 한계가 있다고 할 수 있다.

국제레짐의 변화요인에 대해 보다 분석적인 설명을 제시하고 있는 것이 커헤인과 나이의 연구라고 할 수 있다. 이들은 국제레짐을 변화하게 만드는 주된 요인으로 경제적 과정, 전면적 권력구조, 쟁점구조, 국제기구 등을 지적하였다.[42]

커헤인과 나이에 의하면, 상호의존이란 국가 간 혹은 다른 국가에 속하는 행위자 사이에서 한 행위자가 거래의 내용에 변화를 시도할 경우 그 결과로 인해 당사자들이 모두 일정한 대가를 치르게 되는 상호영향에 의해 특징지어지는 상황으로 정의하고 있다. 이와 같은 상호간에 미치는 영향은 국경을 넘는 금융, 상품, 사람 및 정보의 교류라는 국제적 거래에 의해 야기된다고 하였다. 그들은 상호의존을 규율하

---

41) Stephen D. Krasner, "Structural Causes and Regimes Consequences: Regimes as Intervening Variables", *International Organization*, Vol.36(2) (Spring 1983), pp.10-20.

42) Robert O. Keohane and Joseph S. Nye, op.cit., pp.37-60.

는 레짐의 작동에는 상호의존이 미치는 국제정치의 권력관계의 변화에 대해서 민감성(sensitivity)과 취약성(vulnerability)의 개념을 제시하고 있다. 민감성은 정책영역 내에서의 대응의 정도, 즉 한 국가의 정책의 변화가 다른 국가에 얼마나 많은 비용 부담을 주게 되는가? 그 비용의 효과는 얼마나 되는가? 하는 것으로 보고 있다. 취약성은 각 행위자들이 가지고 있는 대안의 유무와 비용의 정도로 그 개념을 정의하고 있다.

<표 2-1> 현실주의와 복합 상호의존의 비교

	현실주의 (Realism)	복합 상호의존 (Complex Interdependence)
1. 행위목표	군사안보	초국적 행위자들 자신의 목표추구
2. 국가정책의 도구	군사력이 가장 효과적인 도구	쟁점영역에 특정한 권력자원, 행위자들의 조작
3. 의제형성	권력균형, 안보위협은 높은 정치의 의제를 설정하고, 강하게 타 의제에 영향을 미친다.	의제는 쟁점영역 내에서 권력자원 분배의 변화에 따라 영향을 받는다. 국제레짐의 상태, 즉 초국적 행위자들의 중요성의 변화에 따라 다른 쟁점과의 연계와 민감성의 결과로 정치화한다.
4. 쟁점연계	연계는 이슈영역 중에서 결과의 차이를 줄이고 국제위계를 재강화한다.	강한 국가들에 의한 연계는 힘이 비효율적이기 때문에 더욱 연계를 어렵게 할 것이다. 국제기구를 통한 약한 국가들의 연계는 위계를 재강화하기보다는 부침시키게 된다.
5. 국제기구의 역할	국제기구의 역할은 적게 되고 국가권력과 군사력의 중요성에 의해 제한을 받는다.	국제기구는 의제를 설정하고 연대형성을 줄이고, 약한 국가에 의한 정치행위를 하게 하는 영역으로서 활동을 하게 된다. 쟁점을 위한 기구포럼을 선택하고 투표를 동원하는 능력은 중요한 정치적 자원이 된다.

그리고 그들은 복합 상호의존 이론의 특징을 다음과 같은 세 가지로 가정하고 있다. 첫째, 종래의 국가 단일행위자에서 탈피하여 국가 이외의 행위자들(국제기구, 다국적기업 등)이 국제정치경제에 직접 참여하는 다중적 채널(multiple channels)의 양상. 둘째, 국가 간 쟁점사항들에는 현실주의의 군사안보(military security)를 중심으로 하는 서열이 존재하지 않는다는 점. 셋째, 군사적인 힘의 효율성이 낮아지고, 경제적인 이슈의 중요성이 증대하여 국제사회와 국내사회의 구별이 불명확해진 점 등이다. 거시국제정치학의 입장에서 전통적인 현실주의와 자유주의이론을 기반으로 하는 복합 상호의존과의 비교검토가 그들 연구의 핵심을 이루고 있다.

구체적 내용을 고찰하면, 우선 첫째, 경제적 과정이라는 요인은 국제레짐의 변화요인을 레짐에 참여하는 행위자들의 경제적 동기에서 찾는 것이다. 국제레짐의 형성과 변화는 행위자들이 경제적인 이득을 극대화하려는 시도에서 나타난다는 것이다. 예를 들어, 제2차 세계대전 이후의 급속한 확대일로의 무제한적 무역, 대규모 자본의 국제적인 급속한 이동현상, 그리고 다국적기업의 급속한 성장을 특징으로 하는 국제경제는 유럽연합(EU)이나 북미자유무역지대(NAFTA)와 같은 지역경제연합 등이 좋은 사례로 꼽힌다.

둘째, 체제의 권력구조 요인은 국가 간의 상대적 군사력과 이러한 군사력의 변화가 국제관계 모든 영역에서 협상의 결과는 물론 국제레짐의 변화도 결정한다는 권력론적 설명이다. 예를 들면, 냉전 시대의 미국과 소련의 관계와 같이 강대국이 레짐의 작동과 내용을 규정한다는 것이다.

셋째, 쟁점구조 요인은 군사력의 중요성은 인정하나 더 이상 그것이 국력자원의 위계서열에서 가장 정점에 위치하는 것이 아니라는 시각에서 제기된 것이다. 석유파동이나 식량문제와 같은 특정한 쟁점영역은 국제정치체제 전반과는 별도로 그들 나름대로의 권력분포구조를 갖게 되며, 이러한 이유에 따라 쟁점영역 내의 권력분포가 그 이슈영역에서의 협상의 결과와 국제레짐의 변화를 야기한다는 것이다.

넷째, 국제기구 요인은 ICAO, IATA 등과 같은 초국가적 연계망과 연계망 내에서의 유엔과 같은 국제기구의 특정한 협상전략이 국제레짐의 운영전략과 변화방향을 지배한다는 것이다.

제3절 국제항공레짐의 변화요인

본 연구는 국제항공레짐의 역사적 변천과정에 대해 체계적인 시대별 유형화를 시도하고 각 시대별 변화의 요인에 대해 분석하고자 한다. 이를 위해 앞서 논의한 커헤인과 나이의 국제레짐 변화요인들을 주된 분석 틀로 원용할 것이다. 사실 커헤인과 나이가 제시한 요인들을 이용하여 국제항공레짐을 분석한 것으로 크리스터 욘슨(Christer Jönsson)의 연구가 이미 존재하고 있다.

욘슨의 연구는 첫째, 경제적 과정은 항공기술의 발전과 같은 진전이 국제항공레짐의 변화를 설명할 수 있다고 한 커헤인과 나이의 분석을 부정하고 있다. 그러한 근거로서 그는 1930년대의 프로펠러 항공기의 퇴진에서 1960년대 초의 제트기의 출현까지 그 어느 항공기술의 발달도 국제항공레짐을 변화시키지 못했음을 제시하고 있다. 그것은 정부가 자국 국적 항공사의 독립성을 보존하고 외국의 대형 항공사에 흡수, 합병되는 것을 허용하지 않을 것이기 때문이라고 판단하고 있다. 이와 같은 분석은 오늘날 항공사의 매각과 합병이 춘추전국 시대를 무색하게 할 정도로 종횡무진 이루어지고 있는 것과 비교해 보면 엄청나게 빗나가고 있다는 것을 알 수 있다.[43]

최근 항공업계는 전국 시대를 연상하게 하는 항공사들 간의 합종연횡하는 발 빠른 대응을 하지 않으면 생존할 수 없을 정도로 항공기업의 합병이 국가 간에도 이루어지고 있다. 이러한 합종연횡은 말할 것 없고, 오늘날에는 정보기술과 인터넷의 발달로 전자기술을 항공 서비스 분야에 활용하여 고객과의 거래관계에서도 일대 변혁을 이루어 가고 있다.

두 번째의 권력구조의 변화에 따라 국제항공레짐이 변화한다는 이론 역시 그는 부정하는 입장이다. 1919년 파리협약이 초안된 당시는 국가안보라는 상위정치(high politics)의 문제가 항공경제라는 하위정치(low politics)의 문제보다 회의 참가국들에 있어서 더 중요한 사안이었다. 마찬가지로 1944년 시카고회의에 참석한 각국의 대표들도 역시 국가안보문제가 항공경제라는 문제보다 더 중대한 사안이었다.

그것은 제2차 세계대전이라는 전쟁을 통한 세계권력의 재편성에도 불구하고, 전쟁을 발발시킨 국가들의 패권적 힘을 막으려는 의도에서 각국 대표들이 하늘의 자유를 규정하고 제약하려는 것이었다. 그러나 이런 움직임은 다국적 항공기업의 출현, 항공제휴동맹 체결, 그리고 유럽연합의 영공개방과 같은 하늘의 자유를 대폭 확대해 가는 추세와 비교해 볼 때 시각의 차이가 크다. 다원화된 국제사회에서 국가나 국제기구 이외에도 새로운 비정부기구의 출현은 자원배분의 방정식을 바꾸어 가고 있다.

세 번째의 쟁점구조와 네 번째의 국제기구의 변화가 국제항공레짐의 변화를 야기할 것이라는 커헤인과 나이의 주장에 대해서는 그도 인정

---

43) 스카이 뉴스, "업계동향, 제휴합병으로 힘 모으는 항공사들", 제45호 (2002. 1. 1.)

하고 있다. 그가 인정하는 근거로서는 국가의 영토와 자원, 지정학적 위치 그리고 항공운항 기술 및 노선권의 다양화 등 국가별 항공능력의 차이가 강대국과 약소국의 차이를 유발하고 있음을 인정하고 있다. 또한 국제항공기구 중 국제민간항공기구(ICAO)는 포럼(forum)형태의 국제기구로서 모든 이해당사자인 회원국가 간에 기술적인 문제와 관계조직망의 형성, 국제항공운송협회(IATA)의 기능 중 요율결정(rate-making) 기능이 만장일치제로 결정되어 있는 점 등을 들어 작은 항공사든 큰 항공사든 거부권을 인정하여 제약 없는 상태에서 국제제도로서 기능을 할 수 있다는 면에서 그 기구의 역할이 중요하다고 판단했다.

그러나 1919년 파리협약 이후부터 1980년대 초반까지에 이르는 이러한 그의 시대별 특징으로 설명하는 국제항공레짐의 정의는 영공주권개념을 제5의 자유까지만 국한하지 않고 제6의, 제7의 자유까지 상당한 부분 허용을 주장하는 오늘날의 국제항공레짐과 비교해 보면 엄청난 차이를 느끼게 한다. 또한 오늘날에는 국제항공의 운영목적이 영공주권의 개념에서 이용자의 편의제공 차원으로 변모하고 있는 점을 감안하면 새로운 방향제시가 필요하다.[44]

---

44) Baldev Raj Nayar, "Regimes, Power and International Aviation", *International Organization*, Vol.49(1)(Winter 1995), pp.139-170. 한편으로 캐나다의 네이어(Nayar)는 미국 주도하에 더욱 강화되는 규제완화와 항공자유화정책(open skies)에 대한 요인을 분석하고, 항공레짐(Aviation Regime)을 항공외교와 계획에서 공통적인 일들(The term aviation regime is commonplace in aviation diplomacy and planning)로 정의하고 있다. 이 같은 정의는 국제항공레짐을 정확히 파악하기에는 지나치게 많은 부분이 생략되어 있다고 할 수 있다.
Mark W. Zacher, *Governing Global Network* (Cambridge: Cambridge University Press, 1996), pp.81-126. 영국의 자커(Mark W. Zacher)의 경우 크라즈너(Stephen D. Krasner)의 일반적인 국제레짐의 정의에 입각하여 수송과 통신에 관한 국제레짐이론을 네 가지의 분석기준에 의해 설명

요컨대, 본 연구는 국제정치경제적 여건변화에 따라 국제항공레짐의 특성을 파악하고 — 욘슨(Christer Jönsson)의 버뮤다 — 시카고 국제항공레짐 이후에 연구되지 못한 1990년대 이후 새로운 국제항공레짐의 변화현상을 포함하여 — 각 시대별 국제항공레짐 모델을 제시하고자 한다.

본 연구에서 국제항공레짐의 변화를 분석하기 위해 중점을 두고자 하는 요인들은 구체적으로 다음과 같다.

(1) 권력구조의 변화: 기존의 연구에서 주로 논의되는 전쟁이나 안보이슈와 같은 요인에 의한 권력구조의 변화 이외에, 1960년대 이후에 신생독립국가들이 유엔과 같은 국제기구에 가입함으로써 새로운 세력권을 형성하게 되었고, 1980년대 후반부터는 구소련의 붕괴로 세계질서는 과거의 미소 중심의 양극 시대를 종식하고 새로운 다극화 시대를 열어 가고 있다.

또한 1990년 후반부터는 새로운 행위자인 국제사회의 비정부기구(NGO)의 출현과 그에 따른 권력구조 변화현상이 발생하고 있다. 이러한 변화현상을 추적하고 항공 내적으로는 국제민간항공기구(ICAO)의 구성원 변화를 추적하여, 그들 위상과 힘의 변화를 분석한다.

(2) 경제적 과정변화: 국제항공레짐에 영향을 미치는 경제사회적 요인들을 집중적으로 분석한다. 즉, 경제의 발전과 과학기술의 발달에 따른 생활수준의 향상과 그에 따른 여행기회의 증대와 항공수송실적의 증가, 그리고 항공기의 생산성 향상 및 정보기술과 인터넷의 발달

하고 있다. 그 기준으로는 수송 분야에서 해운과 항공, 통신 분야에서 전화와 우편을 레짐 형성과 법적 원리, 파손관리, 기술과 절차적 장애, 가격과 시장 점유율 등 네 가지의 카테고리로 구분하여 국제레짐을 분석하고 있을 따름이다.

에 따른 고객과의 새로운 관계 재정립 등이 주요 초점이 될 것이다.

국민소득의 증가는 세계여행의 증가를 유발하고 있고, 이에 따라 항공수송실적은 엄청나게 늘어나고 있다. 이에 필요한 질서와 게임의 규칙의 제정을 필요로 하고 있는 점을 집중적으로 다룬다. 기술의 발달은 항공운항 안전과 정비기술의 향상은 물론, 정보통신기술의 항공영업에 활용을 통한 판매의 증대와 아울러 고객과의 새로운 관계 재정립을 필요로 하고 있는 현상을 분석한다.

(3) 쟁점구조의 변화: 국제항공레짐의 변천과정상 각 시대별로 쟁점이 된 내용들의 위계서열을 알아보고, 이들이 어떻게 변화하게 되었는가를 주로 검토할 것이다. 예를 들면, 쟁점 간의 우선순위가 소위 상위정치 영역으로 불리는 정치, 군사, 안보 분야에 있는지, 하위정치 영역이라고 할 수 있는 항공사의 경제적 이익추구에 있는지, 아니면 이용자를 위한 서비스에 초점을 둔 국제항공의 안전성, 편의성, 신속성 증진에 있는지를 알아보고, 이들 쟁점 간의 우선순위가 어떤 요인에 의해 변화를 겪게 되었는지를 살펴본다.

(4) 국제기구의 기능변화: 초국가적 기구의 연계망 변화로서 전통적인 국제항공기구인 ICAO, IATA는 물론, 새롭게 등장한 세계무역기구(WTO)와 각종 국제정부간기구(IGO)와 비정부기구(NGO)들의 다양한 활동양상이 국제항공레짐의 변화에 미치는 영향을 추적하여, 국제항공레짐의 시대별 유형화와 변화양상을 분석에 연결시키고자 한다. 세계무역기구와 같은 새로운 다자간 무역기구가 항공 서비스와 같은 항공 고유의 영역을 자임하고 나옴으로써 국제항공기구의 판도변화를 예상하고 있다. 이러한 시대적 변화에 대응하여 다양한 국제기구의 역할변동을 살펴본다.

제3장 국가 중심의 국제항공레짐:
제1단계(1919~1978)

제1절 국가 중심 국제항공레짐의 전개

제1단계의 국제항공레짐의 일반적인 개요는, 국제항공레짐의 태동기, 형성기, 유지기로 구분하여 1944년 시카고협약이 성립되어 1978년 미국의 항공규제완화조치가 있을 때까지의 기간을 중심으로 이루어진다.

1. 국제항공레짐의 태동기: 파리레짐 이전(1783~1919)

국제항공레짐이 형성되기 이전 단계를 국제항공레짐의 태동기라 했을 때, 1783년 11월 20일에 프랑스의 후작 다랑드르가 몽골피에(Montgolfier) 형제가 제작한 열기구(hot air balloon)를 타고 공중비행에 성공한 것이 인류 역사상 최초의 비행으로 보고 있다.[45] 이렇게 인류 최초의 비행이 이루어진 이후 하늘을 비행하는 일이 점차 늘어나게 되자 이에 대한 규제와 운항규칙의 필요성이 증대하게 되었다.

---

45) Nawal K. Taneja, *Introduction to Civil Aviation*(Ohio: Lexington Books, 1989), p.1. 몽골피에 형제(Montgolfier Brothers)는 피어나는 연기의 원리를 이용하여 처음으로 열기구를 고안, 제작하였다고 한다.

이와 같은 필요성을 위해 1898년 8월 6일에 독일과 오스트리아, 헝가리는 '군용기구의 상호국 경비상에 대한 각서'를 체결하였으며, 이 각서는 국가 간에 작성된 최초의 항공협정이 되었다. 인류 역사상에 동력추진 장치에 의한 최초의 비행은 지금으로부터 100년 전인 1903년 12월 17일에 라이트(Wright) 형제가 미국 노스캐롤라이나(North Carolina)의 키티호크(Kitty Hawk)에서 비행에 성공한 사건이며, 이 때부터 본격적인 항공 시대에 접어들었다고 할 수 있다.[46] 그러나 20세기에 들어서면서 1914년 제1차 세계대전이 발발하기 이전까지는 항공기의 발달은 유아기라 할 정도로 실험적 단계에 있었다.

이 시기에는 항공기의 제작에서도 기업화가 이루어지지 않았다. 항공에 관한 질서도 제대로 형성되지 못하여, 경찰규칙 정도의 질서가 겨우 존재할 뿐이었다. 이 무렵의 항공문제는 주로 비행공역(navigation aerospace)에 관한 문제로서 법적 규제의 성격에 치중되어 있었다. 프랑스의 포시유(Fauchille)가 1901년에 "공역과 항공법에 관한 법률문제"라는 논문을 발표하였는데, 이는 국제항공에 관한 최초의 문헌이 되었다.

그는 이 논문을 통해서 항공법 연구의 필요성을 역설하고 1902년 브뤼셀회의에서 자신이 연구한 국제항공법전(안)을 보고하였다.[47] 그는 이 항공법안에서 상공은 어떤 국가의 영역에도 속하지 않고 지상의 각국은 상공 1,500미터의 고도까지 자기 보존의 권리에 기초를 두고 일정한 권리를 행사하는 것이 인정될 수 있지만, 그 이상은 모든 국가의 항공기가 자유롭게 비행할 수 있도록 개방되어야 한다고 주장하였다.[48]

뒤이어서 1909년 4월 25일 일요일 아침에 프랑스의 루이 브레리오

---

46) 홍순길, 신홍균 공저, 전게서, 11~12쪽.
47) *Ibid.*
48) Christer Jönsson, *op.cit.*, 1987, p.78. 이를 'Fauchille Doctrine'이라고 한다.

(Louis Bleriot)가 영불 간 도버해협(Straits of Dover)을 횡단해 사상 최초로 국제 장거리 비행에 성공하였다. "영국은 이제 더 이상 섬나라가 아니다."라는 그의 말은 지리적 거리를 단축시키는 인간생활의 획기적인 변혁이 시작되었음을 상징적으로 보여준다. 이로써 우리 인간은 지구상에서 거리감을 비약적으로 단축해 나가기 시작한 것이다. 이보다 1년 앞서 1908년에는 최초로 우편물(mail) 비행이 영국의 블랙풀(Blackpool)에서 사우스포트(Southport)까지 운송되어 상업용 항공 서비스가 시작되었다.

이와 같이 제1차 세계대전이 발발하기 이전의 태동기까지는 스포츠나 군사목적으로 항공기가 사용되었으며, 하늘을 나는 조종사들은 영공의 개념에 거의 무관하게 국경을 넘나들면서 영공 자유비행의 기쁨을 누렸던 것이다. 제1차 세계대전 기간 동안에 항공기가 군사적으로 이용되면서 자국의 안보상 외국 항공기가 자국의 영공을 비행하는 위협이 발생하자, 1919년 파리 평화회의에서 항공규칙에 관한 협의를 하게 되면서 항공에 관한 국제질서가 본격적으로 논의되기 시작하였다.

2. 국제항공레짐의 형성기: 파리레짐(1919~1944)

1919년 파리평화회의에서 체결된 항공규칙에 관한 협약(Convention on the Regulation of Aerial Navigation) 제1조에서는 "체약국은 각국이 자국의 영역상의 공간에서 완전하고도 배타적인 주권을 보유할 것을 인정한다."라고 규정하고 있어, 영공주권의 원칙을 처음으로 명문화하였다. 이 협약을 보통 '파리협약'이라고 하며, 이로써 각국의 영토 상공은 해당 국가의 천연자원으로 인식하게 되었고, 영공은 해당 국가의 통제하에 운영되게 되어야 한다는 인식, 즉 영공에 대한 절대성이 인정되는 시대로 접어들게 되었다. 이에 따라 다른 나라의 영공을 통과하는 일은 양국 간이나 다자간의 국제항공협정에 의해서만 가능하게 되었다.

이와 같은 상황에서 파리협약은 국가 간에 항공기의 사용과 비행에 관한 국제항공의 기본 질서를 수립하는 항공협약으로서 민간항공을 위해 세계적으로 통일된 항공사법(私法)을 제정하려는 목적을 갖고 있었다. 한편, 실제 항공운항은 제1차 세계대전이 끝난 이후 1919년 3월 22일에 최초로 국제정기항공운송업무가 파리와 브뤼셀 간에 시작된 것이 최초의 사례이며, 1919년 6월에는 처음으로 항공기를 이용해 대서양을 횡단하는 데 성공하였다. 이에 따라 국제항공질서도 외연이 뚜렷하게 확정되는 단계에 이르렀을 뿐만 아니라, 그 내용도 충실하게 되어 질서가 자리를 잡게 되는 성숙함을 갖추게 되었다.

국제항공에 관한 질서를 세우기 위한 국제협약으로서는 파리협약 이외에도 국제항공질서체계로는 1926년의 이베로 아메리칸 상업항공조약, 1928년의 팬아메리카 상업항공에 관한 아바나조약, 1933년의 국제항공위생조약, 1934년의 국제항공연료조약 등이 있고, 국제항공법률문제위원회(CITEJA)가 설립되어 이 기구에 의해 여러 가지 중요한 국제항공에 관한 조약으로서 1929년에 와르사와조약, 1933년에 로마조약, 1938년에 브뤼셀조약 등이 성립을 보게 되었다. 1944년의 시카고협약이 이루어지기 이전 단계에도 산발적이지만 상당히 많은 기초질서가 형성되는 단계를 거쳤다.

1939년 제2차 세계대전은 항공기의 발달은 물론 국제항공에 관한 항공질서에도 비약적인 발전을 가져왔다. 물론 전쟁 중에 개발된 것은 군용항공기였지만, 이들 항공기는 종전 후에 민간 상업용으로 전환되면서 민간항공에도 비약적인 발전을 가져오게 하였다. 이러한 물량적으로 크게 발전함에 따라 국제항공질서도 파리조약과 아바나(Havana) 조약이 재검토되어야 한다는 주장이 제기되었다. 그 결과 1944년 11월 1일에 미국의 초청으로 시카고에서 국제민간항공회의(International Civil Aviation Conference)가 개최되었다.

이 회의는 항공운송에 관한 국제적 규율체계를 수립했다는 점에서, 국제항공사회에서 상당히 중요하게 평가를 받고 있다. 이 회의에서 성립된 문서는 소위 시카고협정(조약)이라고 하는 국제민간항공조약과 나머지 네 개의 조약들, 즉 국제항공업무통과협정, 국제항공운송협정, 국제민간항공에 관한 잠정협정, 이국 간 협정의 표준(standard text of bilateralism) 등이다. 이와 같이 형성된 시카고협약은 대표적인 국가간 다자협정(multilateralism)으로, 국제항공규칙의 대헌장(Magna Charta) 격으로 현재까지 국제항공질서의 기준이 되고 있다.

3. 국제항공레짐의 유지기: 시카고 - 버뮤다레짐(1944~1978)

양국 간 협정의 효시로는 영미 간의 최초의 항공운송협정인 1946년의 버뮤다(Bermuda)협정이 있다. 이 버뮤다협정과 앞서 언급한 시카고다자협정, 이 두 가지가 전통적인 종래의 국제항공레짐의 주류를 이루어 왔다고 할 수 있다.

(1) 시카고협약

제2차 세계대전이 끝날 무렵인 1944년 11월에 미국 시카고에서 개최된 국제민간항공운송질서 형성을 위한 시카고회의의 주요 의제(agenda)는 하늘의 자유 확립, 국제민간항공협약 체결, 국제민간항공기구의 설립이었다.

먼저 하늘의 자유를 확립하기 위한 다자간 협약에서 합의된 영공주권에 대한 다섯 가지 유형의 하늘의 자유는 국제항공레짐의 가장 대표적인 규범이다. 영공주권규범[49](norms of sovereignty over the air space)은 시카고영공주권규범(Chicago Norms)과 후기 시카고영공주권규범(Post-Chicago Norms)으로 구분할 수 있다.

시카고영공주권규범은 시카고협약 부속 협정인 국제항공운송협정과 국제항공업무통과협정에 상업항공권 또는 운수권에 관하여 다섯 가지의 자유를 규정하고 있다. 그 구체적인 내용은 하늘을 다섯 가지 유형의 자유로 구분하는 것이다. 국제항공레짐의 기본 원칙에 대해서 이미 논의한 하늘에 대한 다섯 가지 유형의 자유가 시카고협약에 의해 기존에 산재되어 있던 것을 종합한 영공주권규범이다.

후기 시카고영공주권규범은 제6~8의 자유로서 시카고협약 이후에 성립된 개념이다. 제6의 자유는 상대 체약국으로부터 제3국으로 향하거나, 혹은 제3국으로부터 상대국으로 향하는 승객이나 화물을 자국을 경유하여 수송하는 자유로 이는 제3자유와 제4자유의 조합이라 할 수 있다.[50] 예를 들어, 한국 국적 항공사가 일본출발 파리행 승객을 서울을 경유하여 수송하게 되면, 이는 한일 간의 제4자유와 한불 간의 제3자유를 연결한 것이 된다.

따라서 제6자유는 양국 간 항공협정상 교환되는 운수권에 포함되지 않고 있으나 일부 국가에서는 이를 제3국과 체약국 간을 수송하는 제

---

49) Jock A. Finlayson & Mark W. Zacher, "The GATT and the Regulation of Trade Barriers", *International Regimes* edited by Stephen D. Krasner(Ithaca NY: Cornell University Press, 1983), p.275. 규범(norms) 이란 일반적인 권리의무로 정의된 행동의 표준이라고 정의한다.
50) Nawal K. Taneja, *Introduction to Civil Aviation*(Toronto, Canada: Lexington Books, 1989), p.160.

5자유의 일종으로 간주하여 양국 간 항공협정에 포함하는 경우도 있어 항공교섭에 커다란 논란거리가 되는 등 논의의 여지가 있는 개념이다. 제7의 자유는 자국(home state)에서 출발하거나 중간 기착하지 않은 채, 순전히 상대국(grantor state)과 제3국 간만을 왕래하며 여객, 우편물 및 화물을 수송하는 자유이다. 제8의 자유는 통상적으로 카보타지(cabotage)라고 하는 개념으로서 상대국내의 지점 간의 여객, 화물을 수송하는 자유로 일반적으로 외국 항공기에 대해서는 허용되지 않는다.[51]

시카고회의의 두 번째 의제인 국제민간항공조약은 1947년 4월 4일에 발효되어 국제민간항공에 대한 국제공법으로서 오늘에 이르기까지 50여 년간 전 세계 민간항공산업에 대한 지배적인 규칙체계로 작용해 왔다. 이 조약은 국제항공의 안전성 확보와 국제항공운송질서의 감시를 목적으로 하며, 나중에 국제민간항공기구(ICAO)의 설립을 보게 되었다. 국제민간항공조약은 1919년의 파리조약, 1926년의 마드리드조약[52], 1928년의 아바나조약[53] 등에서 채택된 국제항공에 관한 원칙을 통합하여 제2차 세계대전 이후 국제항공의 건전하고 질서 있는 발전을 위하여 필요한 기본 원칙과 법적 질서를 확립하기 위해 체결되었다.

본 조약의 전문에는 국제민간항공이 안전하게, 그리고 질서정연하게 발달할 수 있도록, 그리고 국제항공운송업무가 기회균등주의를 기초로 확립되고, 건전한 발달과 경제적인 운영을 기하기 위해, 체약국이 일정한 규칙과 원칙에 합의할 것을 그 목적으로 한다고 명시되어

---

51) *Ibid.*, p.160: Bin Cheng, *op.cit.*, pp.15－17.
52) 1926년 10월에 스페인정부의 주최로 마드리드에서 개최된 중남미 21개국 항공회의에서 그 원안이 작성되어 동년 12월 1일에 서명된 조약이다.
53) 1928년 2월 22일에 아바나에서 범미 연합국 간에 서명된 조약이다. 이 조약의 기본 원리는 파리조약과 같다.

있다. 이 조약은 제1부에서 체약국의 영공주권의 원칙, 체약국의 영공
비행, 항공기의 국적, 항공운항을 용이하게 하기 위한 필요한 조치, 항
공기가 구비해야 할 요건, 국제표준 및 권고방식 등에 대해 규정하고
있다. 그리고 이러한 규정 모두가 국가 간에 지켜야 할 질서의 기본적
인 원칙을 설정하고 있다.

특히 본 조약에서 규정하고 있는 영공주권의 원칙은 자국의 영공을
외국의 항공기가 운항하는 것에 대해서 안보의 차원에 있어서 당연히
통제되어야 한다는 것으로, 그 필요성이 미국과 구주제국에 의해 이미
인정된 바 있다. 그러한 인식을 바탕으로 영공주권의 원칙은 국제관습
법으로서 지위를 가지는 것이나 다름이 없었다. 1919년 파리협약은 그
것을 최초로 성문화한 법이기도 하다.

시카고조약은 그와 같은 파리협약의 영공주권주의를 인정하는 국가
간의 다자협약으로 볼 수 있다. 이 조약의 제1조에서는 이와 같은 정
신을 반영하여 각 체약국은 자국영공에서 완전하고 배타적인 주권을
향유하고 있음을 인정한다고 규정하고 있다. 이처럼 절대성의 원칙,
그리고 대외적으로 독립성의 원칙하에서 극히 일부의 예외적인 인정
이나 허용을 하고 있는 것이 영공통과에 대한 자유이다.

여기에서 인정되는 영공통과도 반드시 국제표준과 권고방식에 의한
인정이라는 면에서 볼 때, 매우 엄격한 영공에 대한 제한주의를 채택하
고 있었음을 알 수 있다. 이때의 국제항공레짐을 주도한 국가는, 전통적
인 현실주의의 본질적 가정에서의 국가개념인 단일의 가장 중요한 행
위자(the single most important actor)요, 절대주권을 가진 다른 세력에
의해 침투되지 않는 딱딱한 껍질을 가진 단위체(hard-shelled unit)인
당구공(billiard ball)과 같은 존재로 이슈쟁점에서 위계서열(hierarchy
in issue areas)의 가장 상위에 위치하는 존재로 남아 있다.54)

한편. 1944년 제2차 세계대전 말기에 각국 대표단들은 전후 세계 국제항공질서를 확립하기 위해서 시카고회의에 모였다. 이 회의에서는 전쟁의 피해가 적었던 미국과 피해가 컸던 구미 각 패전국을 비롯한 여타의 국가들 사이에 항공기업의 경쟁력의 차이가 매우 현저하게 나타났다. 따라서 미국의 항공개방정책에 대해 영국을 비롯한 많은 국가들은 반대의 뜻을 표명하였다. 이러한 미국의 주장에 반대하는 국가들은 국제항공운송에서 얻을 수 있는 이익을 자국 항공사를 위해서 미리 얻어 두지 않으면 안 되겠다는, 이른바 국제거래상 게임의 법칙을 먼저 생각하게 되었다.

따라서 무제한의 경쟁능력을 가진 미국은 다국 간에 제한 없는 국제항공운송협정을 성립시키는 데에 실패했으며, 영공통과와 기술착륙의 자유만을 교환하는 국제항공업무통과협정만을 다국간협약(multilateral agreement)으로 체결하게 되었다.[55] 이와 같이 국제항공업무통과협정은 국제항공운송체계에서 다자주의의 완전한 실현을 보게 되었으나, 반면 국제항공운송협정은 행위주체(actor)인 국가 간의 다자교섭 실패로 결론이 나게 되었다.

시카고회의의 마지막 의제는 국제민간항공기구(ICAO)의 설립이다. 일반적으로 국제기구라는 개념은 복수의 국가가 국경을 초월하여 합의에 의해 설립한 국제조직으로서, 구성하는 국가나 회원의 공동적인 이익이나 이념을 용이하게 실현하고자 하는 목적으로 조직된 것을 의미한다. 국제기구는 정기적으로, 상설적으로 활동하는 기관을 구비하고 있으며, 이 경우 구성회원국의 주권은 인정되지만 그 국가의 의사와 행동이행은 조약에 정한 내용에 따라서 규율되고, 제한되는 것이

---

54) 박재영, 전게서, 39~41쪽.
55) 홍순길, 『신항공법정해』(서울: 동명사, 1999), 28쪽.

일반적이다.

그러나 최근에는 국제적인 규모나 기능을 갖는 민간단체도 비정부기구(NGO), 즉 국가 이외의 행위자로서 해외의 여러 단체나 개인과 교류하며 국제관계에 지대한 영향을 미치고 있으므로 광의의 국제기구에 포함하는 것이 일반화되는 추세이다.[56] 이 기구의 회원국은 당연히 시카고조약의 체약국으로 구성되며, 그 회원국은 세 부류의 국가로 구분된다. 하나는 시카고조약 서명국으로서 비준서에 동의를 한 국가, 두 번째는, 시카고조약 서명국 이외에 연합국 또는 중립국으로서 시카고조약에 가입을 수속한 국가, 세 번째가, 일본, 독일, 한국과 같은 제2차 대전의 패전국이나 제2차 대전 이후에 독립한 국가들이다. 한국은 제2차 대전이 끝나고 한국전쟁이 휴전이 성립된 후인 1953년 12월 13일에 가입을 하였다.

국제민간항공기구의 목적규범으로는 국제민간항공의 발달과 안전의 확립, 능률적이고 경제적인 항공운송의 실현, 항공기술의 증진, 체약국의 권리존중, 국제항공기업의 기회균등 보장 등이다.[57] 이 기구의 조직은 총회, 이사회, 운항위원회, 운송위원회, 법률위원회, 재정위원회, 공동유지위원회, 지역항공회의, 사무국(본부, 지역) 등으로 구성되어 있다. 이 중에서 운송위원회가 세계무역기구의 개방화 요구에 대응하는 중요한 항공 서비스에 관한 기준을 설정하는 역할을 하고 있다.

이와 같은 성격의 국제민간항공기구는 국제연합의 전문기관으로서 그 특권을 갖는다. 따라서 국가 간에 결성된 기구의 특유의 성격을 갖고 있다. 최근에는 운송회의에서도 국가 이외의 많은 비정부기구나 국제전문기구로서 세계무역기구(WTO), 세계은행(world bank), 경제협

---

56) 상게서, 75쪽.
57) 국제민간항공조약 44조 참조.

력개발기구(OECD), 각종 이익단체들이 참여하여 서면을 통한 비공식적 의견을 제출하면서 자기 소속단체의 의사를 반영하고 있다.[58]

(2) 버뮤다협정

국가 간 수송력을 결정할 국제항공운송협정이 다자간 협정으로 합의를 보지 못하였기 때문에, 정기항공업무를 담당하는 항공사는 그 수와 운항하는 특정노선, 수송력(capacity), 운임에 대한 원칙을 정하는 항공협정을 양 당사국 간에 개별적으로 체결할 수밖에 없었다. 1946년에 미국과 영국이 체결한 버뮤다협정이 그 대표적인 예이다. 이 협정에서 미국은 그들이 원하는 만큼의 항공개방정책(open sky policy)과 자유로운 경쟁주의 원리를 도입하지는 못하였지만, 수송력(capacity)만은 사후심사주의(ex post facto review)를 채택하고 취항항공사 수를 복수로 하는 등 어느 정도 뜻을 달성하였다.

그 후 영국은 30년 뒤인 1976년에 동 양국 간의 항공협정을 폐지할 것을 통고하고,[59] 공급력과 항공사 수도 사전에 협의할 것과 노선권도 영국 측에 일부 양보할 것을 강력하게 요구하여, 1977년 6월 23일, 일 년간의 교섭 끝에 영국 측의 뜻을 어느 정도 반영한 제2 버뮤다(Bermuda Ⅱ)라는 새로운 항공협정을 체결하는 데 성공하였다.[60] 이

---

58) 2003년 항공운송회의 결과보고서(ATC 2003) 참조.

59) 1976년 6월 22일 영국의 대미 항공협정 폐기 통고문 내용: "Her Majesty's Government believe that the time has come to renegotiate the Bermuda Agreement as a whole. Accordingly, they request consultations under the terms of Article 13 and, pending the outcome of such consultations, they serve notice of termination of the Bermuda Agreement, ……"

60) 영국은 새로운 Bermuda Ⅱ협정이 향후 항공협정의 모델이 될 것이라고 하였으나, Bermuda Ⅰ과는 달리 이것이 새로운 항공협정의 모델이 되지 못하고 단발적으로 끝나고 말았다.(윤덕영, "국제항공의 환경변화와 그

같은 과정을 거치면서 이국간항공협정(bilateralism)은 기반을 이룩하게 되어 최근까지 국가 간 항공운송질서의 근간을 이루고 있다.

〈표 3-1〉 버뮤다 Ⅰ(Bermuda Ⅰ)과 버뮤다 Ⅱ(Bermuda Ⅱ)의 내용 비교

구분	버뮤다 Ⅰ	버뮤다 Ⅱ
1. 체결일자	1946년 2월 11일	1977년 6월 23일
2. 지정항공사 (designation)	복수항공사제	1노선 1항공사 원칙하에 항공사 수를 특정 노선별 제한 1) 수요가 많은 대서양노선에 2개 항공사 2) 화물전용노선에 3개 항공사 3) 일방의 체약국이 3년 이상 항공사 미지정 또는 지정항공사가 연간 100회 미만 운항할 경우 2개 항공사 지정 가능
3. 수송력 (capacity)	사후심사주의 (ex post factoreview)	노선별 운항횟수 규제의 사전심사주의(이용률 개념을 도입한 시장의 혼란방지 목적) 1) 북대서양노선은 사전심사주의 2) 기타 노선은 사후심사주의 혼합
4. 운 임 (fare)	1) IATA 운임 결정기구를 통해 설정한 운임과 항공사에 의한 특별운임 인정 2) 운임시행 30일 전 신청과 항공 당국의 승인 필요	1) 좌 동 2) 운임에 관한 합의사항은 여행개시 105일 전 신청과 항공사에 의한 양국 간 운임은 75일 전 신청 의무(항공기업 간 요율협의를 명시) 3) 저운임개발원칙 명시 4) 운임전문가 그룹 구성을 규정

전망", 『아시아나항공』, 1992, 41~43쪽 참조.)

구분	버뮤다 Ⅰ	버뮤다 Ⅱ
5. 노선권 (routes)	1) 노선확정을 보류(영국: 7개 노선, 미국: 13개 노선) 2) 제5자유 운수권 제한사항 없음	1) 노선의 구체적 명시 ① 추가노선권 교환 영국: 시애틀, 휴스턴, 달라스, 애틀랜타, 뉴올리언스 미국: 맨체스터 ② 미국 내 5개 지점 신규 지정(앵커리지, 애틀랜타, 달라스, 휴스턴, 추후 결정할 1개 지점) 2) 제5자유 운수권 축소 영국: 로스앤젤레스에서 파나마, 휴스턴에서 페루 운수권 삭제 3) 화물전용노선 신설 4) 블라인드 구간(blind sector)개념[61] 도입
6. 부정기 운항	－ －	부정기 운항에 대한 원칙 천명(부정기 운항 관련한 다자간 협약 추진하되 양국 간 협정 우선 체결)
7. 수수료	－ －	커미션(commission) 규제방법 규정

이상과 같이 지금까지 고찰한 내용에 의하면, 국제항공레짐 형성기로서 1783년에 열기구(hot air balloon)가 공중에 부상한 이후 1919년에 파리협약이 체결되기 이전까지는 영공에 대한 아무런 제한이 없었다. 그러나 제1차 세계대전 이후 국가 간에 비행이 자주 발생하게 됨에 따라서 자국의 영공을 제한 없이 방치한다는 것은 곧 타국의 침범에 해당하는 일로 간주되었고, 전쟁의 발발을 사전에 방지할 목적으로 영공에 대한 규제의 필요성이 대두하게 되었다. 1944년 시카고회의를

---

61) 블라인드 구간(blind sector)이란 운수권 행사를 제한하는 구간을 말한다. 예를 들어 항공자유화협정 이전(1996년) 한미항공협정에서 앵커리지와 미국 본토 간(뉴욕, 로스앤젤레스 등)에는 한국 측 항공사에 운수권을 제한하였다. 이와 같이 자국의 본토와 거리상으로 멀리 떨어져 있는 지점 간의 구간에 외국 항공사에 운수권을 제한하는 현상을 말한다.

즈음하여 국제항공에 관한 기초질서가 수립되면서 영공에 대한 제한주의를 원칙으로, 1648년 웨스트팔리아조약에 의한 국가주권은 더욱 철저하게 항공 분야에서도 적용되게 되었다.

제2절 국가 중심 국제항공레짐의 특성

1. 강성 권력구조

(1) 항공 외적 권력구조

제1단계에 국제항공을 주도해 온 원천은 앞의 전개과정에서 살펴본 바와 같이 1919년의 파리협약, 1944년의 시카고협약, 1946년의 버뮤다 I과 1977년의 버뮤다 II 등이다. 앞의 두 가지는 다자간 협약이고, 뒤의 두 가지는 양국 간 협정의 대표적인 것이다. 이들은 자국의 안전을 위해 타국의 항공기가 자국영공을 무단으로 비행하는 것을 통제하기 위한 공동의 목표를 가진다. 이 중 제1차 세계대전 이후의 국제항공질서 유지를 위해 국가가 중심이 되어 1919년에 파리평화회의에서 협의한 결과 얻어진 것이 파리협약이다. 또한 제2차 세계대전 이후의 국제항공의 질서체계를 제대로 설정하겠다는 의지에서 역시 전쟁에서 승리한 국가들이 중심이 되어 추진한 것이 시카고협약이다. 시카고회의에 참석한 회원국 52개 국가도 제1차 세계대전 이후의 파리협약 초안 당시와 마찬가지로 국가안보의 문제를 걱정하면서 협상에 임한 것이다.

(2) 항공 내적 권력구조

욘슨(Christer Jönsson)이 국제항공레짐의 변화에서 지적한 바와 같이 1981년에 그가 "항공의 영역"(Sphere of Flying)이라는 논문을 발표할 당시까지는 항공사가 대부분 국영으로 운영되고 있었고, 국제항공레짐 역시 국가가 자국영공수호를 목적으로 운영되던 시대였다. 이 시기에는 항공기술의 발달이나 권력의 재편성에도 패권적 권력을 행사하는 침략국가의 행위를 규탄하고 국가주권의 절대성이 지나치게 강조된 나머지, 국가나 국가기구 이외의 항공사나 시민사회단체는 항공에 대한 전문지식이나 능력에 있어 인정을 받지 못하였다.

이러한 제1단계의 시대적 상황을 비정부기구(NGOs)가 초국가적으로 활동하고 있는 오늘날의 시각으로 보면, 국가라는 행위자가 주도하는 권력이 강하여, 항공기업이나 시민사회단체의 역할은 거의 없었던 시대였다. 이 시대에는 항공뿐만 아니라 모든 국제질서, 즉 경제, 안보 등의 쟁점에 있어서도 국가권력이 국제질서를 주도하였다. 국제사회에서 힘이 강한 국가의 발언권과 그들의 유인제공능력과 의사에 따라 결정되는 패권적 힘에 의해 국제질서가 형성되고 운영되었다.

2. 경제적 변화과정

(1) 경제발전의 영향

많은 연구가 국제정치에서 늘어나는 경제적 쟁점의 중요성을 지적하고 있다. 그것은 경제적 쟁점의 지배구조 형성을 위해 국가 간에 상호의존도가 높아지기 때문이다. 이것은 역시 증가하고 있는 경제적 효율성과 복지를 위해서 정치를 지지하는 단순한 설명방안으로 분석되고 있다. 따라서 경제이론도 보다 정확한 경제적 설명모델을 얻어내기 위해 상호의존 이론을 정치에서 차용하고 있다.

국제항공문제 역시 국제사회에서 힘의 원천은 경제적 이득보다는 국가안보가 상위개념에 있었다. 상위정치의 핵심인 영공주권개념은 절대성과 독립성이 보장되는 특징을 갖는다. 정치는 권력에 초점을 두고 있는 반면 경제이론은 특히 신고전경제학의 입장에서 보면 권력에 대한 고려가 결핍되어 있어서 정치에서 간접적으로 지원을 받는다.[62] 이러한 2차원적 권력 측면(second face of power)이 정치적 결정을 위해 어떤 쟁점영역이 발생하게 되는가를 결정하는 데에 매우 중요하다.[63]

제1단계의 국제항공레짐에서 국제민간항공조약 부속서의 표준화 절차 중에 항공기의 국적 및 등록기호, 출입국절차, 비행정보업무 등이 특히 국가의 독립성을 보장하는 영공주권주의를 표명하는 표본이다.

---

62) Robert O. Keohane and Joseph S. Nye, *op.cit.*, p.39.
63) Steven Lukes, *Power: A Radical View*(London: MacMillan Education LTD., 1974) pp.16-25: Peter Bachrach and Morton Baratz, *Power and Poverty: Theory and Practice*(Oxford: Oxford University Press, 1970) 1차원적 권력개념은 베버의 권력개념으로서 "사회관계 내의 한 행위자가 상대방의 저항에도 불구하고 자신의 의지를 관철시킬 수 있는 위치에 놓이게 될 확률"로 정의하고 있다. 이러한 베버에서 다원주의자들에게로 이어져 내려온 이 개념을 1차원적 권력개념이라고 한다.(Steven Lukes, *ibid.*, pp.11-15: 김용학, 『사회구조와 행위』 서울: 사회비평사, 1996, 269쪽 참조.) 2차원적 권력개념은 바크라크와 바라쯔의 개념으로서 권력의 결정(decision)을 대안적 행동유형들 중에서 선택이라고 하고, "비결정(non-decision)을 의사결정권자의 가치와 이해에 묵시적 또는 명시적인 도전의 억압 내지는 좌절을 초래할 결정, 즉 기존의 이익이나 특권분배에 있어서 변화를 요구하는 수단"으로 권력개념을 분석하는 것을 2차원적 권력개념이라고 한다.(Steven Lukes, *ibid.*, pp.16-20.) 3차원적 권력개념은 룩스(Steven Lukes)가 주장하는 권력개념으로서 철저한 행태주의의 시각을 비판하는 "명시적이거나 묵시적인 갈등을 포함하는 과격하고 현실적인 이익"으로 보는 권력개념을 3차원적 권력개념이라고 한다.(Steven Lukes, *ibid.*, pp.21-25.)

물론 다른 부속서도 질서유지를 위해 규제를 중심으로 하나 이들 3개 부속서가 더욱 특징적이다. 특히 타 국가 영토의 상공인 비행정보구역(FIR)을 통과할 경우는 반드시 관할 국가의 허가를 득하여야 한다는 점은 영공주권의 절대적 독립성을 표명하고 있다. 이러한 내용은 아직도 구체적으로 변경된 점은 없으나, 다만 1993년부터 항공자유화정책에 의해 유럽연합(EU)의 역내에서 회원국 항공사들이 자유로운 운항을 할 수 있게 한 것은 영공주권의 절대성과 독립성을 크게 완화한 부분이라고 할 수 있다.

제2차 세계대전 이후 경제적 발전과정에서 중요한 특징인 급속하게 늘어나는 무차별적 교역, 대규모 자본의 국제적 이동, 급속한 다국적기업(MNC)의 성장은 대규모 국제자본주의에 유리한 경제적 환경에 의존하여 왔다. 즉, 경제적 흥정과정은 수요의 불균등한 배분, 과거의 장점을 반영한 법규와 제도에 의해 영향을 받는다. 이렇게 경제적 과정에 바탕을 둔 레짐 변화의 모델은 기술적, 경제적 변화에서 시작되었다.

예를 들어 산업 분야에서 경제적 성장은 전례 없이 많은 발전을 이루었는데, 해외직접투자(FDI)와 해외생산은 급속하게 성장한 이면에 운송과 통신기술의 놀라운 발전이 있었다. 이런 기술의 발전은 다른 쟁점 분야보다 특히 거리비용(cost of distance)을 줄이는 데 공헌을 하였으며, 그로 인해서 다른 영역보다 특히 항공 분야에서 더 깊은 관련을 가지고 있었다. 제2차 세계대전에 투입목적으로 군사기술에 의해 생산된 전투기가 전후에 민간항공기로 전용되는 현상을 보이는 시기가 제1단계 국제항공질서의 시대이다.

제1단계의 전후 경제적 복구사업과 어려운 세계경제상황에서 국제정기항공 수송실적은 저조하였다. 지역별로 수송점유율을 살펴보면, 유럽지역(44.3%)으로 많이 치중되어 있고, 그 다음은 북미지역(27.5%)과 아태지역(14.1%)의 순으로 높은 점유율을 보이고 있다.[64] 이것은 전후 당시의 국제질서가 대부분 유럽지역과 북미지역에 한정되어 있었기 때문이다.

(2) 기술발전의 영향

욘슨은 1930년대의 프로펠라 항공기와 1960년대의 제트 항공기의 출현도 국제항공레짐을 바꾸어 놓지 못하였고, 기존의 국제항공레짐에 적응할 수밖에 없었다고 주장한다. 그 이유로서 그는 국제항공 분야는 상업적, 경제적인 측면 이외에도 정치적으로 고려해야 할 사항이 많기 때문이라는 것이다. 예를 들어 정부당국은 자국 항공사가 영세하여 도산하거나 타국의 대형 항공사에 합병되는 것을 그냥 보고만 있지 않으려고 한다는 것이다.[65]

제1단계에 주로 사용되었던 항공기종들은 DC-3(1936년 산), 록히드 1049(Lockheed 1049 Super Constellation, 1952년 산), 터보 비스카운트(Turbo-prop Viscount 700, 1953년 산), 브리타니아 310(Britannia 310, 1956년 산), 터보 카라벨(Turbo-jet short haul Caravelle VIR, 1959년 산), 터보 B720B(Turbo-jet long haul B 720B, 1960년 산) 등이다. 이 항공기들의 단위 시간당 생산성은 0.5톤-킬로에서 31.5톤-킬로 사이였다. 최대치인 31.5톤-킬로는 1969년에 등장하여 1970년대와 1980년대에 많이 사용된 보잉 B747-100 시리즈로 인해 가능해진 것이다.[66]

한편, 예약시스템(Computerized Reservation System: 이하 'CRS'로 약함) 분야에서도 컴퓨터 사용이 극히 미미한 실정이었다. 오늘날과

---

64) 제5장의 항공수송실적의 지역별 점유율 참조.
65) Christer Jönsson, *op.cit.*, 1987, pp.40-41.
66) 제5장의 항공기기종별 생산성 비교 참조.

비교하면 거의 백지 위에서 승객명부(Passenger Name Record: 이하 'PNR'로 약함)를 작성한 시대였던 것이다.

3. 국가 중심의 쟁점구조

(1) 정치경제

제1단계의 쟁점사항 중에서는 주로 정치, 군사, 안보문제가 위계서 열상 정점에 위치했다. 따라서 경제, 무역, 금융, 자원, 환경, 인권 등과 같은 분야는 크게 중요시되지 못하였다.

커헤인과 나이는 강한 국가는 군사력에 의해 국가위계를 재강화하고, 약한 국가들은 군사적 연계가 위계를 재강화하기보다는 오히려 부침시킨다고 했다.[67] 쟁점구조로는 식량, 석유와 같은 것이 문제가 되어 국제레짐을 변경하게 된다고 보았다.[68]

(2) 시장질서와 항공사 소유권

욘슨은 국가들이 가지고 있는 국가항공능력, 즉 넓은 영토와 같은 국가의 규모, 항행상의 운항기술, 다양한 노선망 등을 비교하여 큰 국가와 작은 국가의 항공능력의 차이가 있음을 인정하고 있다. 이 시대에 항공사 소유권을 보면 미국과 라틴아메리카의 일부 국가를 제외하고는 대부분 항공사를 국가가 소유, 운영하고 있는 형태였다. 유럽에서는 1930년대 중반기와 후반기에 초창기의 항공기업의 대부분이 제1차 세계대전부터 전직 파일럿(pilot) 출신의 항공기업가들이 설립한 사기업에 의해 운영되고 있었다. 때로는 철도회사나 선박회사가 항공

---

67) Robert O. Keohane and Joseph S. Nye, *op.cit.*, pp.29-37.
68) *Ibid.*, pp.49-52.

사를 설립하는 경우도 있었다.

제2차 세계대전 후 초창기의 항공산업을 정부소유로 하게 된 데는 두 가지 요인이 있었다. 첫째 요인으로, 1920년대와 1930년대에는 무역뿐 아니라 경제발전 전체에 항공운송산업이 매우 중요하다는 인식을 하게 되었다. 여러 나라에서 초기에 설립한 몇몇 항공사들은 시장이 너무 작았기 때문에 재정적으로 실패를 한 이른바 시장실패(failure of market) 현상을 보이고 있었다.

또한 정부는 자국이 적어도 하나의 안정된 국제선 항공사를 가질 필요성을 느끼고 있었다. 더욱이 양자협정체제에서는 운수권 교환에서 합의한 노선에 운항할 자국적 항공사를 지정하는 위치에 있었기 때문에, 실적과 안정에 있어서 이미지가 좋은 국적 항공사(national flag carrier)가 필요하게 되었던 것이다. 여러 가지 면에서 항공사들은 정부의 개입과 금융지원 등을 필요로 하고 있었다.

다른 하나는 제2차 세계대전이 항공운송산업의 경제적 능력과 가치를 재강화하는 결과를 가져왔다는 것이다. 실제로 유럽의 모든 나라에서는 민간항공산업이 전쟁의 폐허로부터 출발하였다. 대부분의 새로운 국가소유 항공사들이 전쟁 직후에 설립되었는데, 전쟁 이전의 민간 항공사들을 중심으로 설립된 경우도 있었다. 이와 같은 현상은 프랑스에서 추진된 항공운송산업의 국유화 추진 사례에서 볼 수 있다. 국영 프랑스항공(The Societe Nationale Air France)이 1946년 1월 1일에 설립되었다.

이와 비슷하게 영국 정부도 1946년에 3개의 항공사를 설립하였는데, 이들 항공사가 전쟁 전에 제국항공(Imperial Airways)을 중심으로 설립된 영국구주항공(British European Airways: 이하 'BEA'로 약함), 영국남미항공(British South American Airways: 이하 'BSAA'로 약함),

영국해외항공(British Overseas Airways Corporation: 이하 'BOAC'로 약함) 등이다. BSAA는 얼마 되지 않아 BOAC에 합병되었고, 1974년에는 BEA와 BOAC가 합쳐 지금의 영국항공(British Airways)을 설립하게 되었다. 1960년대와 1970년대에 들어 국가소유 항공사에 대한 추세는 더욱 강화되었다. 아프리카, 중동, 아시아의 이전 식민지국가나 보호령이 독립하면서 해당 국가의 정부들이 식민 시대에 설립된 항공사의 주요 관리권을 인수받았기 때문이다.

그 후에도 민간소유 항공사들의 심각한 경제적, 조직적 문제로 인해 국유화 추세는 계속되었다. 선박왕 아리스토텔레스 오나시스가 소유하던 그리스의 국적 항공사인 올림픽 항공사는 1975년에 그리스 정부에 의해 인수되었고, 아프리카와 아시아에 장거리 운항을 하던 프랑스 제2항공사 유티에이(UTA)의 경우 1970년대부터 민영화를 추진하다가 뒤늦은 1990년에 에어프랑스에 의해 대부분의 주식 양도가 이루어졌다.

아시아지역에서도 일본의 일본항공(JAL), 한국의 대한항공(KAL)의 전신 대한항공공사(KNA), 중국민용항공(CAAC) 등 대개가 국영항공사로 운영되고 있었다. 이상에서 보는 바와 같이, 제1단계의 항공사 운영소유권은 주로 영세한 시장기능에 있던 항공사를 국가가 인수하여 운영한 형태라는 특징을 지닌다.

4. 국가간국제기구

(1) 정부간국제기구(IGO)

커헤인과 나이는 국제기구에 대해서, 군사력의 우위에 의해 국제기구의 중요성은 제한되고, 유엔과 같은 국제기구가 포럼형태로 운영되는 것과 공평한 투표제 등은 중요한 정치적 자원이 된다고 보았다. 욘슨 또한

ICAO와 같은 국제기구의 포럼형태는 모든 당사자가 행위주체로 활동할 수 있게 해 주었으며, IATA의 주요 기능 중에 요율결정기능이 만장일치제로 결정되는 부분은 모든 참여국가에 동등한 자격을 인정한 것이라고 보았다. 이 외에 존재한 지역별 정부간국제기구(IGO)로서는 아프리카민간항공위원회(African Civil Aviation Commission: AFCAC), 유럽민간항공회의(European Civil Aviation Conference: ECAC), 아랍민간항공이사회(Arab Civil Aviation Council: ACAC), 라틴아메리카민간항공회의(Latin American Civil Aviation Conference: LACAC) 등이 있었다.

제1단계의 국제항공레짐은 국제기구 중 국제민간항공기구를 중심으로 정부 간 기구에 의해 주도되었다. 다만 유엔의 전문기구로 되어 있는 ICAO는 민간기구에 의한 자문을 받을 수 있도록 하고 있었다. 이러한 전후 국제사회에서 국가 간 기구란 대개 미국을 중심으로 하는 패권적 강국이 공공재로서 제공한 것이다. 다시 말해 국제항공레짐을 형성하고 유지하는 데 따르는 비용과 부담을 감당할 능력과 의사를 가지고 있는 패권국가가, 현실적인 자국의 이익을 위해 국제질서를 운영하려는 목적으로 공공재를 제공한다는 것이다. 항공 분야에서는 국제민간항공기구와 그에 관한 조약이 그 같은 공공재의 역할을 하였다.

이와 같은 국제정치의 현실주의적 힘의 논리의 상황에서 질서 형성은 패권적 힘을 가진 강대국이 지배하는 체제였었다. 따라서 이 시대에는 자연적으로 미국이 패권국가로서 제2차 세계대전 이후의 국제항공질서를 주도하게 되었다. 앞서 국제항공레짐이론에서 살펴보았듯이 일정한 제도나 협약 등 항공질서는 패권국가의 존속과 관계없이 지속되는 성향을 띠고 있다. 따라서 상대적으로 미국의 힘이 다소 약화된 현재에도 미국 중심의 국제항공질서는 유지되고 있으며, 당분간 미국이 강대국으로 남아 있는 동안은 지속될 전망이다.

(2) 비정부기구(NGO)

제1단계에서는 국제항공운송협회(IATA)가 유엔의 승인하에 국제민간항공기구(ICAO)의 자문 역할을 하는 유일한 비정부기구로서 활약하고 있었다. IATA 회원사는 1945년 4월에 쿠바의 아바나(Havana, Cuba)에서 회의를 개최한, 당시의 32개 국가의 61개 항공사가 참석하였다. 이들 모두가 요율결정기구(rate-machinery)에 가입이 의무화되어 있었다.

제1단계의 국제항공레짐의 사례로서 1970년대와 1980년대 초 유류절약이라는 원가부담의 경제상황에서 비행시간 단축을 목적으로 동북아 영공통과를 위한 항로개설이나 평양영공 개방을 위한 각국의 노력과 정책추진을 들 수 있다. 당시의 정황을 살펴보면 영공통과의 배경이 된 한국의 대구비행정보구역과 북한의 평양비행정보구역은 패권국가인 미국의 항공사와 경제강국으로 국제사회에 미치는 영향력이 큰 일본의 항공사들을 비롯해 전 세계의 항공사가 이용을 희망하는 곳이다. 이곳을 이용하기 위해 항공사들은 정보제공 또는 보조적인 기능만을 수행했으며, 그 가운데 이해 당사국가의 정부가 국제민간항공기구를 이용하여 영공통과를 적극 추진해 성공을 거두었다.

이와 같은 예는 모든 행위자가—국제기구, 국가, 항공사, 항공전문 능력을 가진 개인 등이—개별 국가를 단위로 하여 국제항공기구를 이용하여 영공통과를 추진하는 이른바 행위자 총동원령과 같은 총체적 개념의 국가 중심 국제항공레짐의 모델이 된 것이다.[69]

---

69) Eugene Sochor, *The Politics of International Aviation*(Iowa City: University of Iowa Press, 1991), pp.113-115.

제4장 기업 중심의 국제항공레짐: 제2단계(1978~1992)

제1절 기업 중심 국제항공레짐의 전개

기업 중심의 국제항공레짐의 전개과정에는, 1978년 미국의 규제완화정책부터 최근의 기업의 전략적 항공제휴동맹이 형성되기 이전까지의 항공기업 간 협정이 검토의 중심이 된다.

1. 미국의 항공정책과 규제완화

미국은 세계 유수의 항공사를 가지고 있으며, 전후 계속하여 국제항공질서를 이끌어 왔다. 그러나 그 상대적 지위는 점차로 낮아져 온 것이 사실이다. 제2차 세계대전 직후의 미국은 절대적인 정치적, 경제적 우위를 배경으로 미국에 유리한 항공협정을 각국들과 체결하고, 1947년에는 세계의 국제선 항공시장에서 50% 이상의 수송실적을 자랑했다.

그러나 그 후 구주, 아시아, 라틴아메리카 등의 국가들의 항공기업이 급속하게 성장함에 따라 미국의 시장 점유율은 계속 저하되어 1970년대 말에는 25% 정도에도 못 미치게 되었다. 한편 일본, 영국,

프랑스, 이탈리아 등 여러 나라는 그들의 경제적 지위 향상에 따라 미국과의 항공협정상의 불평등 시정과 국가 간 항공질서의 재구축을 요구하게 되었다. 미국은 이 같은 세계의 동향을 묵과하지 못하고 1980년 2월 15일에 터(Jimmy Carter)행정부에 의해 국제항공운송경쟁법(International Air Transport Competition Act)을 제정하게 되었다.[70]

이 법률은 국제항공운송에 있어서 경쟁을 촉진하고 미국항공기업에 보다 큰 경쟁기회를 제공하는 미국의 국제항공 교섭정책을 전개하기 위한 목표설정을 목적으로 미국연방항공법을 개정한 것이다. 이와 같은 경쟁법의 개정은 미국 국내선에 있어서 규제완화를 위해 채택한 1978년의 국내항공규제완화법(Airline Deregulation Act)을 국제선에 확장 적용한 것이다.

이런 기득권 이익의 기반 위에서 일방적인 항공자유화정책을 재강화하는 데 역점을 두고 있는 미국의 태도는, 본래 국제적 협조에 기초를 두고 운영하여야 할 국제항공운송질서에 커다란 문제점을 야기하기도 하였다.[71] 이 법률의 주요 내용은 국제선 면허기준의 완화(multiple permissive awards), 표준 국제선 운임수준의 설정(standard foreign fare level), 외국 항공사에 대한 보복조치의 강화(safe guard), 항공교섭정책의 목표설정 등이다.

이 중 외국 항공사에 대한 보복조치의 강화는 무역 분야의 통상법 제301조처럼 미국 항공사가 외국 정부나 외국 항공사에 의해 반경쟁적인 효과를 가져오는 부당한 제한이나 차별을 받는다고 판단될 때, 미국 정부가 그 상대국의 항공사에 대해 보복조치(safe guard)를 할 수 있는 권한을 부여한 것이다. 미국의 통상법 제301조는 1974년에 제정

---

70) 홍순길, 전게서, 28~29쪽.
71) 상게서, 29쪽.

된 것으로 "대통령은 불공정하고 불합리하며 차별적이고 모순된 외국의 법률, 정책, 조치를 제거하기 위해 자신의 권한 범위 내에서 모든 적절하고도 가능한 정책을 취해야 한다."는 내용이다.

이 법은 외국 정부에 의한 불합리한 행위로, ① 미국 기업에 시장참여기회를 주지 않는 경우, ② 기업설립기회를 주지 않는 경우, ③ 적절한 지적소유권의 보호를 하지 않는 경우 등을 들고 있으며, 동 조항의 발동대상에 수출산업육성정책, 노동권 침해, 시장개방 거부, 지적소유권의 부적절한 보호조치 미비 등을 추가하고 있다. 또한 미국통상무역대표부(USTR)로 하여금 매년 외국의 무역장벽 사례를 의회에 보고, 30일 이내에 그중에서 시장개방협상을 벌일 나라의 우선순위를 선정한 후, 다시 21일 이내에 우선순위의 국가를 상대로 301조 무역보복협상을 의무적으로 벌이도록 규정했다.

1988년 4월에 미국통상무역대표부(USTR)가 취해야 되는 보복조치의 정도는 '적절한 것'에서 '미국이 입은 손해와 상응한 것'으로 강화되었으며, 대통령이 갖고 있던 보복조치결정권도 통상대표부로 이관되었다. 단지 대통령의 지침이 있을 경우 이 지침에 따르도록 규정한 것 정도가 발동의 남용을 제한하고 있을 뿐이다.[72] 그리고 항공교섭정책의 목표로는, 경쟁강화를 위해 다수 기업의 시장진출, 운임결정의 자유화, 운항 및 운영활동에 대한 제한의 철폐, 부정기 운항에 대한 규제의 축소, 불공정한 경쟁행위의 배제, 미국 항공사와 대중 여행객들이 동등한 권익을 획득할 수 있을 경우 외국 항공사에 대해 새로운 미국 취항 지점을 부여한다는 것 등이 있다.

국제항공운송체제는 시카고협약이 체결된 이래로 약 30년 동안 이국 간 체제와 다자간 체제원칙에 따라 합리적으로 잘 운영되어 왔다.

---

72) 1974년에 제정된 미국통상법 301조 참조.

그러다가 1970년대 중반부터 동 체제에 위축이 일어나기 시작하였는데, 이와 같은 체제의 변화에는 다음과 같은 다섯 가지의 요인이 중요한 작용을 하였다고 볼 수 있다.[73]

① 제2차 세계대전 이후 정기 항공사의 증가와 신규 항공사들이 각기 다른 목적 추구.

② 저운임 전세편(charter) 운항 항공사 수의 확대

③ 대형 항공기 도입에 따라 공급증대와 노선구조 및 항공운항 스케줄의 변화

④ 초과공급(excess capacity) 발생에 따른 항공사들의 금융손실 발생

⑤ 1970년대 중반 미국 국제항공정책의 급격한 변화와 항공 서비스의 양, 질, 가격 등을 결정하는 시장경쟁력에 높은 의존도.

1977년 제2버뮤다협정(Bermuda Ⅱ)이 체결된 이후에 미국의 국제항공정책은 더욱 자유화의 방향으로 박차를 가하게 되었다. 이 같은 정책변화의 근거로는 다음과 같은 세 가지 요인이 주로 설득력이 있는 것으로 본다.[74]

① 미국 정부의 고위관리가 진정한 항공사의 경쟁이 경제적 이익을 가져다줄 것으로 믿고 있었다.

② 미국 국내시장에서 초기단계를 통해, 저운임정책 도입과 규제완화가 국내항공시장에서 좋은 결과를 낳는다면, 국제항공시장에서도 유사한 결과를 가져올 수 있을 것으로 믿었다.

③ 당시 카터(Carter) 행정부는 보다 자유로운 항공환경이 북대서양에 운항하는 미국 항공사들의 감소하는 시장 점유율을 안정화할 수 있을 것이라고 믿었다.

---

73) Nawal K. Taneja, *op.cit.*, 1989, p.162.
74) *Ibid.*, pp.162-163: Rigas Doganis, *op.cit.*, 2002, p.52.

　이러한 배경에서 1978년에 미국은 항공사규제완화법(Airline Deregulation Act)을 통해 국내시장에서 어느 정도 성공을 거둔 뒤, 1980년에는 이 국내시장 규제완화를 확대 적용하여 국제항공운송경쟁법(International Air Transport Competition Act of 1980)을 제정하였다. 이 경쟁법을 통해 미국 항공사들의 국제항공시장에서의 경쟁기회를 확대해 나아갈 수 있는 발판을 마련하게 되었다. 동시에 이 법은 대외경쟁력 향상을 위해 운항 항공사의 재량권이 넓혀지게 된 계기가 되었다.

2. 항공기업 중심의 상무협정

　국제항공운송업계에서는, 1903년에 인류 최초로 라이트(Wright) 형제가 동력 비행에 성공하고, 1908년에 우편물 수송을 위한 상업비행이 행해진 이후 상업적인 업무 분야의 항공경쟁이 시작되었다. 이러한 경쟁은 날로 치열해지는 양상을 보였는데, 경제적 개방과 지역적 특성을 배경으로 비약적인 발전을 거듭한 대형 항공사가 출현하였고, 증가하는 수요와 다중다층의 고객의 요구에 대처하기 위한 지역의 틈새시장을 노리는 지역 항공사(local niche carriers)도 성장하게 되었다. 규제 중심의 항공질서가 자유화 정책으로 완화된 양상은 1978년에 미국의 국내항공에서 먼저 시작되었다. 그리고 세계경제의 개방과 자유화에 편승하여 항공운송업은 자유경쟁 체제에 돌입하게 되었다.

　20세기 말 전 세계 항공운송업계는 종래에 볼 수 없었던 치열한 경쟁체제에 직면하게 되었고, 이에 대해 항공사들은 자구책을 강구하여야만 했다. 그 자구책 중에서 가장 효과적인 대응책이 바로 항공사들 간의 기업제휴였다. 항공사 간의 제휴는 규제 중심에서 경쟁체제로 전환하는 새로운 시도로 시작된 것이다. 이러한 항공사들 간의 전략적 제휴가 시장접근에 보다 효과적인 수단으로 여겨졌던 것이다. 항공사 간 제휴가 활성화하기 이전에는 각 항공사들은 정부의 규제와 지도 아래 독자적인 운항을 하여 왔던 것이다. 이때의 항공사들은 경쟁사를 협력의 대상으로 보기보다는 시장에서 경쟁상대로서 자사의 우월성을 보여야 하는 적대적 관계로만 간주하였다.

그러나 1978년에 미국에서 항공운송산업 규제완화의 영향으로 각 항공사들의 시장 확대를 위한 양자 간 경쟁의 확산에 따른 단독적인 운항은 종료하게 되고 새로운 협력의 시대가 열리게 된 것이다. 제휴 초기에 이루어진 협력은 항공사 간 상호항공권(ticket)을 수용하고 다른 항공사의 승객을 수용하는 정도의 협력에 불과하였다. 그러나 제휴의 정도가 점점 발달하게 되어 공동운항(joint operation), 좌석할당(block seats), 편명공유(code sharing) 등 좀더 적극적이고 다양한 형태의 제휴가 등장하였다. 본 연구에서는 항공사 중심의 시장원리에 입각한 사례로서 항공제휴를 검토해 보기 위해 먼저 항공제휴의 정의, 유형, 특성, 효과 등을 살펴보기로 한다.

(1) 항공기업 간 제휴

제휴란 최근 유행인 항공사 간 코드공유(code sharing)를 근간으로 운송, 예약, 객실, 마케팅, 정비 등 가능한 기능적으로 전문화된 전 부문으로 국경을 초월한 협력의 범위를 확대하여 전략적인 협력관계를 맺는 것을 주로 의미한다. 그러나 제휴 초기단계에는 국가 간 항공협정으로 제한된 운수권의 제약사항을 극복하고자 항공기업 간 협의에 의하는 일정노선의 운영에 대해 체결한 기업 간 상무협정이 주 대상이었다.

전략적 제휴란, 경쟁관계에 있는 항공사 간 특정한 사업 분야나 특정한 업무영역에서 협력관계를 맺는 것을 가리킨다. 제휴 항공사 간에 상호보완적인 제품, 서비스, 시설, 기능, 기술 등을 공유 또는 협력체제를 구성함으로써 변화하는 환경 및 기술에 대한 능동적인 대처와 경영효율성 증대, 비용절감, 수익성 증대 등을 추구하는 일종의 벤처(venture)사업과도 같은 것으로 볼 수 있다.

1980년대 후반과 1990년대에 들어서 많은 수의 항공사들이 자신의 효율성 증대를 위해 전략적 제휴를 모색하게 되었는데 이는 자사의 자율성이 약화되지 않은 범위 내에서 다른 항공사들과 공동으로 복합적인 사업을 수행하는 방향으로 제휴를 모색하게 되었다. 전략적인 제휴는 이런 항공운송산업뿐만 아니라 자동차, 항공기제작, 전자, 제약, 로봇공학, 제철, 통신 등 광범위한 산업 분야에서 시작되었다. 이와 같은 전략적 제휴현상은 업계, 학계, 정부당국의 주요 관심사가 되었고, 이에 대한 많은 연구가 따랐으며, 주요 관심사는 세계화와 함께 경제구조에서 전략적 제휴의 중요성, 동기, 성공요인, 관리구조 등의 분야였다.

제휴(alliance)란 원래 국제정치학적 용어로는 동맹(ally)에서 유래한 것으로 해석한다. 동맹이론은 세력균형(balance of power)과 위협(threats)에 대항하는 전쟁이론에 바탕을 둔 것으로 게임이론에 입각하여 스나이더(G. H. Snyder)가 지적하였던 것처럼 예상되는 상대적 보상(expected relative payoffs)을 판단의 근거로 삼는다. 여기서는 동맹을 형성하기 위해 의사결정을 국가가 할 것을 제안하고, 국가는 역시 동맹을 형성하지 않는 데서 얻게 될 보상보다 동맹을 형성하는 데서 얻게 되는 보상이 더 클 것을 기대할 경우에 동맹을 형성하거나 동맹집단에 가담하게 되는 것이다.[75] 이와 같은 제휴에 국가를 대신

---

75) Daniel Y. Chiu, "International Alliance in the Power Cycle Theory of State Behavior", *International Political Science Review*, Vol.24(1)(2003),

하여 항공사가 참여하는 경우에 항공제휴(airline alliance)라는 용어가 유래한 것으로 볼 수 있다.

제휴는 참가 항공사의 업무성격에 따라 두 가지 일반적인 형태로 나눌 수 있다.[76] 그 하나는 한 개의 초대형 항공사가 각 대륙이나 지역의 몇몇 소형 항공사를 파트너 항공사로 결합하는 형태이다. 이때 이 초대형 항공사는 항공망의 정책, 컴퓨터예약시스템, 가격, 좌석공급의 결정을 포함한 대부분의 장거리 국제노선을 제공하고, 주요한 허브공항을 운영하게 된다. 다른 하나는 각 지역별로 한 개씩의 초대형 항공사들과의 제휴를 형성하는 형태이다. 초대형 항공사는 그 지역에서 실질적인 주주 항공사이며, 지역을 중심으로 하는 허브공항을 이용한 지역 간 제휴를 통하여, 지역 간 주요 노선망과 시장 점유율을 가지고 전 세계적인 노선망을 구축하는 세계적인 항공시장을 형성하는 형태이다.

(2) 항공기업 간 제휴의 유형

1) 항공사 간 상무협정(commercial agreement)

항공사의 전략적 항공제휴가 가능한 분야는 이론적으로는 항공사 운영의 전 분야가 가능하다고 본다. 그러나 실제로 이루어지고 있는 전 세계 항공사제휴 분야를 보면 다음과 같다. 공동지상조업, 지상시설의 공동이용, 상호고객우대 프로그램연결, 편명공유 및 공동운항, 좌석할당판매, 운항 스케줄의 협력, 운항 승무원의 교환, 시스템 및 소프트웨어의 공동개발, 공동광고 및 판촉, 공동정비, 공동구매 등이다. 항

---

pp.123-136: G. H. Snyder, "The Security Dilemma in Alliance Politics", in *World Politics*, Vol.36(4)(Winter, 1984), pp.461-495.
76) Rigas Doganis, *op.cit.*, 2001, pp.211.

공제휴의 유형에는 특정노선별 상무협정, 포괄적 마케팅제휴, 범세계적 전략적 제휴(global strategic alliance), 다국적 항공판매회사의 설립과 같은 몇 가지 유형으로 대별할 수 있다.

2) 항공사 간 영업목적의 전통적 상무협정

특정노선별 상무협정(route specific commercial arrangement)은 항공협정상 운수권 행사에 대한 위임조건에 따라 체결하거나 또는 양국 간 협정상 운수권 제약사항을 극복하기 위해 특정노선에 대해 항공사 간에 체결되는 협정이다. 이 협정은 비록 양국 간 협정의 위임사항이나 제약사항이라는 비자발적인 방법으로 체결하였더라도 궁극적으로 항공사 간 상호이익에 따라 노선의 효율적 운영을 목적으로 체결하는 것이므로 가장 단순하지만 제휴의 한 형태라고 할 수 있다.

사카모토와 미요시(坂本照雄, 三好 晉)는 상무협정을 네 가지 형태로 분류하고 있다. ① 항공협정을 대신하는 운수협정, ② 항공협정 체결을 전제로 하는 운수협정, ③ 항공협정을 보조하는 운수협정, ④ 얼라이언스와 같은 신항공기업 간 협정 등이다. 특히 항공협정을 대신하는 상무협정의 예로서 한일 간에 국교가 정상화되기 이전(1962)에 대한항공과 일본항공 간에 체결된 항공기업 간 상무협정을 들고 있는 점이 특색이 있다.[77]

한편 송효경(1979)은 상무협정을 '항공기업 간 운수협정'이라고 정의하면서 사카모토의 분류와 유사한 기준으로 다음과 같이 세 가지로 분류하고 있다. ① 항공협정에서 합의한 수송력 조항의 실행에 관한 협정, ② 항공협정 체결조건으로서의 협정, ③ 항공협정에 대치하는 협정 등

---

77) 坂本照雄, 三好 晉, 『新國際航空法』(東京: 有信堂 高文社, 1999), 76~83面.

이다.[78] 특정노선에 관한 상무협정의 형태를 구체적으로 세분하면, 수입금공동배분협정(revenue pooling), 공동운항협정(joint operation/cost & revenue pooling), 코드공유 및 공급임대협정(code share & block space), 보상금지불협정(royalty payment) 등이 있다.

포괄적 마케팅제휴(broad based marketing alliance)는 단순한 노선별 상무협정보다 협력의 범위를 확장하여 장기적으로 전략적인 관계를 맺고자 일정노선(상대 운항사의 노선망을 포함하기도 함)에 대한 항공사 간의 코드공유를 근간으로 마일리지제휴, 전산예약시스템(Computer Reservation System: CRS), 시설 및 인력 공동활용, 승무원 교환탑승, 지상조업, 운항, 정비 등 제반 분야에서 협력관계를 형성하는 것이다. 이 포괄적 마케팅제휴의 주요 내용으로는 상대방 항공사가 운항하는 항공편에 좌석을 자사 코드로 판매하는 형태, 파트너 운항노선에 대해 공동코드 부여형태, 컴퓨터예약시스템 화면상의 우위획득을 목적으로 하는 형태, 규제완화 이후 미국 국내에 도입된 신마케팅 기법으로서 정보화 기술 활용으로 인한 생산성 향상을 목적으로 하는 형태 등이 있다.

3) 서비스 이용자를 위한 상무협정

범세계적 항공제휴(global alliance)는 최근 성행하는 형태로 2개 항공사 간 전략적 제휴관계를 확대하여 세계 일주 노선망 구축을 목적으로, 지역을 대표하는 몇 개의 항공사들로 제휴그룹망을 형성하는 것이며, 현재 4~5개의 그룹망으로 구체화되고 있다. 그 대표적 전략적 제휴그룹 현황은 다음 〈표 4-1〉과 같다.

이들 얼라언스 그룹에 소속된 항공사들은, 스타얼라언스(Star)의 경

---

78) 송효경, 『국제항공법』(서울: 광림사, 1979), 117~127쪽.

우, 유나이티드(United), 독일항공(Lufthansa), 싱가포르항공(Singapore), 태국항공(Thai), 전일본공수(ANA), 에어캐나다(Air Canada), 스칸디나비아항공(Scandinavian), 오스트리아항공(Austrian), 바리그항공(Varig), 호주 안세트항공(Ansett), 에어뉴질랜드(Air Newzealand), 멕시카나항공(Mexicana), 영국 미드랜드항공(British Midland), 라우다항공(Lauda), 타이롤리안항공(Tyrolean), 한국 아시아나항공(Asiana) 등 16개 항공사가 참여하고 있다. 원-월드(ONEworld)의 경우, 아메리칸항공(American), 영국항공(British Airways), 홍콩 케세이항공(Cathay Pacific), 호주 콴타스(Qantas), 핀에어(Finnair), 아이베리아항공(Iberia), 란칠레항공(Lan Chile), 에어링구스(Aer Lingus) 등 8개 항공사이다.

〈표 4-1〉 주요 글로벌 얼라언스의 그룹 비교

구 분	Sky Team	STAR	ONEworld	비 고
출범연월	2000. 6.	1997. 5.	1999. 2.	
유상승객점유율(%)	13	23	18	1. Qualiflyer가 1998년
종업원(명)	186,051	322,857	270,044	3월에 출범하여 2002
항공기재(대)	1,224	2,299	1,852	년에 종료함.
취항도시	512	894	561	2. 제휴는 1989년에 델
연수송(백 만 명)*	228	317	209	타항공이 콘소시움
가용좌석KM(백만)*	268,740	557,209	471,295	형태의 글로벌엑설
국제선여객(천 명)*	55,181	112,656	92,005	런스를 싱가포르, 스
유상승객KM(백 만)*	204,217	414,025	343,656	위스항공과 맺음으
점유율(%)*	12	24	20	로써 시작.
승객탑승율(L/F)*	75.9	74.3	72.9	

(주) 1. 2001년 7월 기준
    2. 점유율은 2000년 연간 유상승객 Km(국내+국제) 기준
    3. Sky Team의 경우 알리탈리아항공(AZ), 체코항공(OK) 포함
    4. * 연간 국제선 여객 정기편 운송실적은 2000년 실적임
 * 자료: 대한항공 『항공업무GUIDE』 외 다수에서 종합

또한 한국 국적 항공사인 대한항공이 참여하고 있는 제휴그룹 스카이
팀(Sky Team)은 미국 델타항공(Delta), 에어프랑스(Air France), 알탈
리아(Alitalia), 체코항공(Czech Airline), 에어로멕시코(Aero Mexico)
등이 포함되어 있다. 이 동맹그룹의 경우 참여 회원사들과 그들의 주요
지표는 〈표 4-2〉와 같다.[79]

〈표 4-2〉 Sky Team 회원사의 주요 지표

구 분	Sky Team	Delta Air	Air France	Alitalia	Czech Airline	Aero Mexico	Korean Air
설립연도	2000	1924	1933	1946	1923	1934	1969
운항 편 수(일)	8,217	4,521	1,715	869	144	565	403
취항도시/국가	512/114	240/36	208/91	100/47	62/39	64/7	77/29
항공기(대)	1224	600	237	174	30	70	113
종업원(명)	186,051	78,363	58,272	20,995	3,990	7,044	17,387
수송인(백 만)	228	124	42	26	2.5	11	22

㈜ 1. 2001년 7월 기준임. 단, 종업원 수는 2000년 4월.
　　수송인원은 국내선과 국제선 승객을 합한 2000년도 연간 기준
 * 자료: 대한항공 사내 업무교재, 『항공업무GUIDE』(2002. 1. 4.)

이 외에도 최근 들어 제3자 물류의 발전과 복합화물운송사의 글로벌
전략에 따라 항공화물 부문의 전략적 제휴가 급속하게 발전하고 있다.
항공화물 부분에서의 전략적 제휴동맹그룹으로서는 대한항공이 참여
하고 있는 2002년 10월에 기존의 여객 부문 제휴동맹이 결성한 스카이
팀 카고(Sky Team Cargo)동맹과 2000년 4월에 최초로 독일 루프트
한자와 싱가포르항공 그리고 스칸디나비아항공이 결성한 와우(WOW)
등이다. 일본항공은 2002년 3월에 이 제휴동맹에 참여하고 있다.

---

79) 대한항공 사내 업무교재, 『항공업무GUIDE』(2002. 1. 4.)

<표 4-3> 항공화물 부문 주요 제휴동맹 현황

구 분	스카이팀 카고(Sky Team)	와우(WOW)
1. 출범시기	2002년 10월	2000년 4월
2. 참여 항공사	에어로 멕시코, 에어프랑스, 알리탈리아, 체코항공, 델타항공, 대한항공 (6개 항공사)	루프트한자, 싱가포르, 스칸디나비아, 일본항공 (4개 항공사)
3. 취항국가	114개 국가	103개 국가
4. 취항도시	512개 도시	500개 도시
5. 보유항공기	여객기: 1176대 화물기: 31대	여객기: 767대 화물기: 43대
6. 공급톤킬로(FTK)	152억 톤 킬로미터	177억 톤 킬로미터
7. 화물매출액	38억 불	55억 불

* 자료: 스카이팀(Sky Team) 홈페이지(http://www.skyteam.com)와 와우(WOW) 홈페이지(http://www.wowtheworld.com) 실적 2002년 기준

공동항공판매회사 설립의 경우는 이제 모든 제휴의 단계를 초월하여, 아주 하나의 판매회사로서 다국적기업(MNCs)을 설립하여 직접 판매하는 형태를 가리킨다. 이러한 형태의 대표적인 사례는 대한항공이 주도하고 있는 미주지역 '항공화물 얼라이언스 판매주식회사'가 있다. 대한항공이 가입하고 있는 스카이팀(Sky Team)이라는 제휴동맹 그룹은 미주지역에서 델타항공, 에어프랑스, 대한항공 3사가 화물판매를 공동으로 실시하는 형태를 취하고 있다. 이렇게 미주에서는 각 사의 판매형태가 아닌 공동판매를 하게 됨으로써 3사의 판매망과 직원조직 각각의 형태를 갖고 있을 때와 비교해서 판매규모는 증가해도 인력과 사무실 그리고 지상화물조업 등에서 비용절감효과를 크게 기대하고 있다.

<표 4-4> 항공제휴의 범주와 형태

협정의 형태	제휴의 형태
1. 항공사 간 요율배분협정 2. 상호지상조업협정 3. 상용고객우대협정 4. 편명공유협정 5. 스페이스 임대협정 6. 공동판매 및 발권협정 7. 스케줄 및 공급조정협정 8. 공동기술협정 9. 공동운항협정	↓ 상업적 제휴
10. 점포공유협정 11. 공동상표협정 12. 공동 화객 서비스 벤처협정 13. 완전합병협정	↓ 전략적 제휴

* 자료: Rigas Doganis, op.cit., 2001, p.66.

(3) 기업 간 제휴의 특성

전략적 제휴가 그 중요성, 동기, 성공요인, 관리구조상에서 어떠한 특징을 가지고 있는지를 종합적으로 살펴보면 다음과 같다.

첫째, 전략적으로 항공사들이 제휴하는 동기로는, 먼저 제휴 항공사 간의 자원공유가 있다. 항공의 전략적 제휴의 배경은 세계항공시장의 경쟁심화와 급속한 항공기술의 발달에 따른 생존을 위한 대안적 수단의 모색으로 등장한 것이다. 이처럼 전략적인 제휴는 단순한 일시적 항공판매를 위한 수단이 아니라, 세계항공시장의 경쟁에서 생존하고 효과적 경쟁력 향상을 위해서는 필수적인 것이다. 제휴를 통해 항공사들은 막대한 비용을 제휴하는 파트너와 분담할 수도 있는데, 이는 다시 말해서 자원을 공유함으로써 혼자서는 할 수 없는 다양한 사업기회를 마련할 수 있는 효과를 얻는다.

둘째, 또한 새로운 기술의 획득과 새로운 시장진입에 따르는 비용 절감이다. 예를 들어, 제휴에 참여하는 아시아계의 어떤 항공사가 제휴에 참여함으로써 구미 선진 항공사의 신기법과 기술의 획득을 위해 그들 항공사들과 제휴를 함으로써 쉽게 그들의 기술과 시장에 접근할 수 있는 이점이 있기 때문이다.

셋째, 전략적 제휴의 성공요인으로는 제휴에 참여하는 파트너 항공사들 간 상호 신뢰하는 환경조성이다. 예를 들어 미주지역이나 구주지역에 있는 스카이팀(Sky Team)의 한 참가 항공사가 아시아지역의 참가자인 대한항공을 신뢰하지 못한다면 공동운항이나 판매는 이루어질 수 없을 것이다.

넷째, 제휴의 관리조직에 대한 연구도 다수 이루어졌는데, 이들 연구에 의하면 제휴관리조직의 유형, 즉 합작벤처를 통한 제휴인가 아니면 단순한 계약상의 제휴인가 등이 제휴의 성공요인으로서 중요하다. 이와 같은 관리조직도 협력에 중요한 영향을 미치는 것으로 나타난다. 예를 들어 공동연구개발(joint research and development)과 같은 것은 합작벤처조직으로 관리되는 경우가 많으므로 협력이 중요한 요인이 될 수 있기 때문이다.

(4) 기업 간 제휴의 기대효과

항공사들이 전략적 제휴를 맺는 이유는 외부적 요인과 내부적 요인 두 가지로 나누어 볼 수 있다. 먼저 외부적 요인으로는, 세계경제의 날로 발전해 가는 상호의존적인 관계의 증대, 새로운 기술의 발달에 의한 환경의 변화, 그리고 이에 따르는 경쟁의 심화현상 등이다. 내부적 요인으로는 자사의 비용절감과 수익성의 증대이다. 제휴 항공사 간에 시설의 공동이용, 자재의 공동구매 등을 통한 비용절감효과와 신규 노선에 대한 진입을 용이하게 함으로써 수익성의 증대를 위한 기회를 창출할 수 있기 때문이다.

오늘날 정보기술의 발달은 항공사 운영의 효율성을 혁신적으로 증대시켜 줄 뿐만 아니라 다른 항공사들과 전략적인 제휴를 보다 용이하게 해 주는 결정적인 수단을 제공해 준다. 또한 세계경제활동은 전 세계에 걸쳐서 고객에 대한 중단 없는 여행요구에 부응할 수 있게 해 준다.

지역적으로 다소의 차이는 있으나 1990년대에 들어 세계의 경제체제는 지역적으로 급격한 자유화 현상이 뚜렷하게 나타나고 있고, 이 같은 현상은 전 지구를 하나의 교역권으로 만드는 세계화의 추세라고 할 수 있다. 국가 간의 벽이 허물어지는 무한경쟁의 시장 특성은 항공운송산업에서도 역시 예외 없이 나타나고 있다. 그동안 국가의 규제라는 보호망 속에 있던 각 항공사들은 치열한 저마다의 경쟁 속에서 경쟁력을 강화하기 위해 안간힘을 쓰고 있는 것이다.

그러나 이러한 경쟁에서 우위를 점하는 노력도 한계에 부딪히게 되어 대안적 전략으로 고안한 방안이 바로 항공의 지역 간 초대형 항공사들을 연결하는 항공사 간의 제휴의 형태로 나타난 것이다. 결국 이웃하고 있는 항공사 혹은 우호관계에 있는 항공사들 간에, 심지어는 경쟁관계에 있는 항공사들 간에도 여러 가지 형태의 전략적인 제휴를 맺음으로써 생존전략을 추구하게 되는 것이다. 따라서 거의 모든 항공사가 어떠한 형태로든 항공사 간 전략적 제휴를 체결하고 있으며, 그 형태 또한 다양하고 급속한 속도로 발달하고 있다. 이런 이유로 항공사 간 전략적 제휴는 여타의 산업에서의 전략적 제휴보다도 그 중요성이 더해 가고 있으며, 거기에 걸고 있는 기대 또한 적지 않다.

지금까지 조사해 본 전략적 제휴의 기대효과로는 노선권 확대에 대한 규제의 극복, 양국 항공시장에의 경쟁자 축소 및 위상강화, 항공기 및 공항시설 투자비용 절감, 기재이용률 제고를 통한 운영비용 절감, 유통망 우위 및 가격경쟁력 확보, 대규모 네트워크의 규모의 경제 획득, 허브공항 연계를 통한 연결승객 확보, 비채산노선에 대한 운항경제성 획득 등을 들 수 있다.

이와 같은 범세계적 항공제휴협정은 세계항공운송업계의 주도권을 소유하고 있는 선진 항공사들의 축적된 경험과 기술을 각 지역의 메이저(major)급 항공사들 간의 제휴를 통해 습득할 기회를 갖게 해 주고, 절차나 규정의 보편적 표준화(commonality)와 선진화를 기할 수 있게 해 주기도 한다. 결국 이러한 제휴협정은 초국가적으로 전문화된 기능적 협력을 위해 세계적인 고객 서비스 수준의 향상을 기대할 수 있으며, 전 세계적 고객 기반의 확충 등을 이룩할 수 있는 계기를 마련할 수 있게 해 준다.

(5) 전략적 제휴의 추진 영향력

기업 주도적인 국제항공레짐이 운영되는 이 시대에는 항공사들이 그들의 정책을 추진해 가는 데에 있어서 그들의 내부적인 동원능력이 크게 부각되었던 것으로 볼 수 있다. 이와 같은 정책추진 주체가 항공사 중심에서 그들이 갖는 내부적 동원능력에는 항공사의 자본능력, 인적 능력, 조직화 능력 등 여러 가지가 있다. 그중에서도 인적 동원능력으로는 종업원의 지식과 기술 등과 같은 전문화 능력이 있다. 정책추진에 내부적인 동원능력은 대륙 간 또는 지역 간을 연결하는 초대형 항공사들은 새로운 운항지식과 노하우 그리고 전문기술과 질 높은 서비스 수준을 유감없이 발휘할 수 있게 되어, 항공업계는 월등한 수송력과 서비스에서 향상을 보이게 된다. 아울러 신과학기술의 도입으로 항공운항과 정비능력의 향상을 기대하게 된다.

정책결정에 있어서 이익집단이나 사회운동의 성패를 조건 짓는 주된 요소들을 살펴보면, 다원주의의 이익집단이론과 사회운동의 자원동원이론 두 가지가 사회운동의 인적, 물적 자원을 구체적으로 명시해 주고 있다. 이 같은 사회운동의 성공여부는 기업가 정신의 지도력, 효과적인 전문적 추진조직, 외부 스폰서에 의한 금융지원과 같은 인적, 물적, 조직적 자원동원능력에 달려 있다.[80]

이러한 인적자원 중에 항공에 적용할 수 있는 요소로는 전문인력에 대한 것으로 항공기술력의 향상과 항공산업에 적용할 정보화 능력 등이 항공산업의 성패에 결정적 요소가 되는 것이다. 이러한 점에서 전략적인 항공제휴동맹은 기업가 정신의 지도력에 높은 점수를 주고 싶은 사례이다.

도가니스(Rigas Doganis)가 지적한 21세기 생존을 위한 사업전략은 기업의 사명과 목표를 확실하게 설정하는 일이다. 이러한 전략에서 범세계적인 항공사(global carrier)를 목표로 할 것인가 아니면 지역발전에 기여하는 항공사(niche carrier)를 목표로 할 것인가 하는 의사결정은 항공사의 발전계획과 방향에 따라서 달라질 수 있는 중요한 사항이다.[81] 이러한 의사결정에는 바로 항공사의 내적 동원능력이 중요한 결정변수가 될 수 있다. 동원능력의 하위변수 중에서 될 수 있는 한 전문화 능력의 요소를 많이 가지고 있는 항공사일수록 범세계적인 글로벌한 항공사(global carrier)로 발전하기 위해 제휴동맹(alliance)에 가담하는 것이 좋을 것이다. 그리고 소규모의 특정한 국가나 지역의 특성을 살릴 수 있는 항공사는 글로벌 제휴동맹의 특정한 지역이나

---

80) David S. Meyer and Douglas R. Imig, "Political Opportunity and Rise and Decline of Interest Group Sectors", *The Social Science Journal*, Vol.30(3)(Autumn, 1993), pp.253-270.
81) Rigas Doganis, *op.cit.*, 2001, pp.212-213.

국가에 한정하여 운항하는 지선 항공사(feedline carrier)로 육성, 발전하는 계획이 바람직하다.

제2절 기업 중심 국제항공레짐의 특성

1. 국가권력구조의 완화

(1) 항공 외적 권력구조

1960년대와 1970년대에 제3세계 신생 독립국가들이 국민국가형태를 갖추어서 국제협력기구에 가입을 하기 시작하여 ICAO 회원국가 수도 제2단계에는 100개 국가 이상으로 증가하였다. 이들은 나름대로 자기들의 목소리(voice)를 내기 위한 준비와 노력을 하여 왔다.[82]

(2) 항공 내적 권력구조

제2단계의 국제항공레짐을 주도하는 세력은 항공기업이다. 그것은 1978년 미국의 국내항공규제완화법의 제정과 1980년 국제항공경쟁촉진법의 공포, 구주지역의 항공개방주의 등은 민영화, 자유화 등으로 국가주도의 규제를 완화하고 민간에 개방하는 항공 서비스를 지향하는 정책들이다. 이때에 이루어진 항공사 간의 제휴협정은 항공사들의 이합집산의 형태를 취하는 양상을 볼 수 있다. 이러한 현상은 규제완화가 각국의 항공정책에 반영되는 일반적인 현상임을 보여주는 것이다. 기업 간 상무협정수준 역시 항공사의 노선운영상에 공동운항과 같

---

82) 제5장의 ICAO 참가 회원국 수 비교 참조.

은 영업망 위주로 편성되는 시기였다.

이를 오늘날의 비정부기구(NGO)의 시각에서 보면 항공기업이 의사결정행위의 중심으로 다가가고 있는 현상을 보여주고 있는 것이다. 즉, 국제항공질서를 주도하는 행위주체가 종래의 국가 중심에서 운영당사자인 항공사에로 이양된 형태를 취한다. 다른 항공기업에 비해 발빠르게 경쟁체제를 갖춘 항공사는 발전의 기회가 그만큼 더 많아지게 된다. 따라서 제1단계가 항공정책추진이 국가의 항공질서의 유지를 목적으로 한 것이라면 제2단계는 항공사의 경쟁강화 방향으로 전환한 시기이다.

2. 경제적 변화의 증가

(1) 경제발전의 영향

이 시기는 다국적기업의 출현으로 시카고협약 당시의 영공주권의 개념이 완화되어 영공주권의 절대성과 독립성이 조금씩 변화를 시작하게 된 단계에 들어섰다고 볼 수 있다. 따라서 이전 시대의 국가 중심의 개념이 존속하는 가운데 하늘의 자유에 대한 개념이 조금씩 변화하기 시작하였다. 특히 구주지역의 기업연합(consortium)형태로서 스칸디나비아항공(SAS), 아프리카항공(Air Afrique), 콩코드(Concorde)나 에어버스(Airbus) 같은 항공기 제작사 등 다국적기업이 형성되어 항공사의 운영을 공동 투자한 국가들이 함께 함으로써 이들 국가에서는 어디에서나 자유롭게 운항할 수 있었다.[83] 이러한 다국적기업(MNCs)들이 생겨나면서부터 참가국의 영공을 자유롭게 운항할 수 있게 된 것은 하늘의 자유에 대한 개념이 시카고협약 당시만큼의 강력함은 조금씩 변

---

83) Christer Jönsson, *op.cit.*, 1981, p.300.

화조짐을 보이기 시작하였던 것이다.

또 한편으로는 지역화와 지역 공동이익 실현을 목적으로 참여가 성행하는 시기였다. 제1단계의 영공주권주의 시대에서 민영화와 자유화, 규제완화, 주권의 분권화와 양도[84]로 항공사가 어느 정도 국제항공질서의 의사결정에 참여하여 권한과 자유를 갖는 항공운임결정, 그리고 항공노선의 결정에 항공사 간 동맹에 의한 신규 노선에의 진입 가능성이 커진 것이다. 즉, 항공기업의 참여기회가 증가하게 된 것이다. 이때 우선적으로 고려되는 것은 제휴동맹이나 네트워크에 참여하는 항공사 수, 보상구조 등이다. 일단 어떤 국제항공레짐이 형성되면 그 같은 레짐의 운영, 유지를 위하여 항공제휴동맹(alliance)과 같은 국제기구의 제도적 장치가 중요한 역할을 하게 되는 것이다.

제2단계의 관광객은 연간 4억 5천만 명 이상을 수송하였다. 국제항공수송구도를 보면 이전 단계에서 유럽, 미주, 아태지역의 순서로 실적을 실현하였던 것과 다른 형태를 보이는 것은 유럽지역(35.5%)에 뒤이어서 아태지역(29.0%)에 있어서 그 실적점유가 크게 증가하는 현상을 보이고 있다는 점이다. 북미지역(21.5%)이 3위로 밀려 자리를 바꾸게 되었다.[85] 이는 아시아 태평양지역이 국제사회에서 경제적으로 정치적으로 크게 부상한 것을 보여준다.

(2) 기술발달의 영향

제2단계는 항공기술적 측면에서 크게 향상된 모습을 보인다. 우선 이전 단계에서 항공기 시간당 생산성이 한 자리 수에 머물고 있는 기

---

84) Fischer, Joschka, "From Confederacy to Federation: Thoughts on the Finality of European Integration", *Speech at the Humboldt University in Berlin*(12 May 2000).
85) 제5장의 수송실적 지역별 점유율 참조.

종이 많았는 데 비해, 제2단계에 들면서 두 자리 수에 진입하는 현상을 보이고 있다. 또한 이 단계에 출현한 항공기는 에어버스(Airbus)와 더 글러스(Douglas) 그리고 보잉사(Boeing)의 항공기들이다. 대개가 그 생산성이 시간당 11.9톤-킬로에서부터 31.5톤-킬로까지 나온 기종도 있었다.[86] 그리고 항공예약에 사용한 예약시스템 분야에서도 컴퓨터 사용이 미미했던 제1단계와는 달리, 예약의 컴퓨터화(computerized)가 이루어진 수준에 이르고 있다.

3. 쟁점구조의 변화

(1) 정치경제

항공사들은 전 시대에 국가소유 항공사 형태에서 미국의 규제완화 정책을 비롯하여 각국의 항공사들은 민영화와 자유화, 규제완화를 정책으로 받아들이면서 민영화로의 전환이 점점 가속화된 시기이다. 1980년대 중반부터 종래의 국영 항공사 체제의 조류에 변화가 일기 시작하였다. 국영 항공사의 민영화가 항공정책 논의의 주제가 되었다.

수입공동개정협정(revenue-pooling agreements)과 같은 국제항공 운송산업의 자유화가 종래의 양국 간 항공협정의 시장관행을 포기하고 항공사가 더욱 경쟁적이고 고객지향적이 되도록 강요받으면서 그 속도가 더해 갔다. 정부나 공무원의 정신을 가진 국영기업으로서 항공사가 계속 운영된다면 항공사의 자유화는 이루어질 수 없었을 것이다.

제2단계에서는 일반적으로는 이전 단계에서와는 다른 다양한 분야로 옮겨 가고 있다. 정치, 군사, 안보문제 이외에 경제, 무역, 금융으로 관심을 이동시키고 있다. 특히 1970년대의 두 차례에 걸친 석유파동으

---

86) 제5장의 항공기종별 시간당 생산성 비교 참조.

로 어려움을 겪었기 때문에, 1980년대에는 항공기업들의 유류절감이라는 원가경제에 의한 항로단축이 적극적으로 추진되어 왔다.

(2) 시장질서와 항공사 소유권

이처럼 국제항공 분야에서 많은 항공사가 민영화로 변화하게 된 데에는 두 가지의 이유가 있다. 그 하나는 많은 유럽 항공사를 포함하여 국영항공시설의 민영화가 고객이 부담하는 비용을 줄이면서 효율성과 서비스 질을 증가시키게 될 것이라는 정치적 견해가 고양되었기 때문이다. 이러한 생각은 영국의 보수주의 정부인 대처(Thatcher) 정부의 정치적 신조였다.

따라서 국영기업의 민영화를 제일 중요시하고, 폭넓게 추진한 나라가 바로 영국이었다. 유럽과 기타 국가의 정부에서도 항공사와 다른 공기업에 국가개입을 줄이는 유사한 정책채택이 점차 확대되어 가고 있었다. 1980년대 후반 동부유럽과 소련연방의 중앙집중적인 국가경제 체제가 붕괴한 이른바 페레스트로이카도 이와 같은 자유화나 민영화 정책을 더욱 가속화시킨 결과라고 볼 수 있다.

또 다른 이유는 국영 항공사가 대부분 자본투자가 취약한 상태였다는 데 있다. 항공산업이 확대되면서 정부소유 항공사는 추가자본투자를 하지 않았고, 대신 성장과 항공기 확장이 너무 많은 중장기 부채부담으로 작용하여, 많은 항공사들이 심각한 부채와 재정위기에 처하게 되었다.

당시 말레이시아항공이 이와 같은 상황이었다. 1984년 초에 말레이시아항공이 발전 5개년 계획을 완성하였다. 이 계획은 신규 항공기 도입에 실질적인 투자를 필요로 하였다. 말레이시아 정부로부터 추가투자가 없는 말레이시아 항공은 상업자본 차용을 해야 했다. 그러나 말레이시아 항공은 부채가 너무 심하고 이자부담이 높아 자체 자본의 잠식이 높았다. 그래서 1984년에 이 항공사의 주식을 50%까지 민간에 매각함으로써 민간자본 투입이 가능하게 되었다. 이는 이른바 국가실패(failure of state)를 극복하기 위해 민간자본이 투입된 예로 볼 수 있다.

1980년대 후반에 상당히 많은 정부가 이와 유사한 이유로 그들이 소유하고 있는 항공사의 중요 부분을 매각하거나 항공사 전체를 매각하였다. 영국항공(British Airways: BA)은 1987년에 공채형식으로 채권(stock exchange)을 공모하였다. 몇 년 후에는 유럽과 라틴아메리카에서도 많은 국영 항공사들이 주식을 민간에 매각하였다. 한 예로서 란칠레항공(Lan Chile)이 1989년에 민간에 매각되었다. 이렇게 함으로써 국영 항공사들은 민영화가 가속화되었다. 한국의 경우는 이보다 훨씬 빠른 1969년에 국영 대한항공공사(KNA)가 민영화되어 오늘의 대한항공이 되었고, 1985년 초에는 제2민항 아시아나(OZ)가 출범하면서 민영화는 경쟁체제를 갖추게 되었다.

그러나 아직도 지구상에는 많은 국영 항공사가 여전히 존재하고 있는 실정이다. 2000년 기준 70개가 넘는 국제선 항공사가 아직도 정부가 주로 소유하고 있고, 그중에 약 40여 개 항공사가 100퍼센트 정부소유로 되어 있고, 50퍼센트 이상 정부소유 항공사는 30개 정도이며, 10퍼센트 이상 50퍼센트 이하의 항공사는 15개 정도 남아 있다. 그리고 10퍼센트 이하의 아주 작은 항공사들, 예를 들면 보츠와나항공(Air Botswana), 바누아타항공(Air Vanuata), 국내선에 운항하는 스페인의 아비안코항공(Avianco), 중국의 차이나 유나이티드(China United), 차이나 유난항공(China Yunan) 등이 정부의 소유 또는 통제 아래에 있다.[87]

<표 4-5> 정부소유 항공사 현황(2000년 1월)

정부소유범위	해당 항공사
1. 100% (41개)	Adria Airways, Aer Lingus, Air Algerie, Air China, Air India, Air Malawi, Air Niugini, Air Seychelles, Air Tanzania, Air Zimbabwe, Bangladesh Biman, Croatia Airlines, Cubana, Egyptair, El Al, Emirates, Ethiopian, Garuda, Ghana Airways, Gulf Air, Indian Airlines, Iran Air, Iraqi Airways, JAT, Libyan Arabs, Kuwait Airways, LAM(Mozambique), Lithuanian, Mandarin, Nigeria Airways, Olympic, Royal Brunei, Royal Jordanian, Royal Nepal, Saudi Arabian Sudan Airways, Syrian Arab, TAAG Angola, TAP-Air Portugal, TAROM, Vietnam Airlines
2. 50% 이상 (29개)	Turkish Airlines, Air Malta, Cameroon Airlines, Yhai International, Royal Air Maroc, Air Madagascar, CSA Czech, Cyprus Airways, South African, Air Gabon, Air Lanka, Air Pacific, China Airlines, Air Afrique, China Southern, Alitalia, Air France, Malev, China Eastern, Finnair, PIA, Iberia, SIA, LOT, Austrian, Yemenia, Aeroflot, Air Mauritiuos, SAS
3. 50% 이하 (15개)	Pluna(Uruguay), Lloyd Aereo Boliviano, Tunis Air, Dragonair, VASP, Sabena, BWIA, AirJamaica, KLM, Malaysia Airlines, Luxair, Kenya Airways, Swissair, Aeroperu, PAL

* Source: Rigas Doganis, *op.cit.*, 2001, p.187.

4. 국제기구와 비정부기구의 출현

(1) ICAO와 IATA

국제기구의 측면에서 제2단계는 커다란 변화가 없었던 시기이다. 이 시대의 행위주체의 방향은 기능적으로 전략적으로 제휴하는 합리

---

87) Rigas Doganis, *op.cit.*, 2001, p.187.

적 선택이나 기능주의적 형태를 취하는 시기이다. 다만 컴퓨터예약시스템(CRS)만이 항공사 간 상무협정이나 IATA 통신센터를 통해 다른 항공사와 접속할 수 있는 정도의 네트워크를 갖추고 있었다. 전문화와 분권화에 의한 정책추진이 이루어지면 그와 같은 정책을 추진하는 집단의 선호와 이익보상의 구조가 어떻게 될 것인가를 제일 먼저 생각하는 특징을 보인다.

국제항공레짐과 같은 국제사회의 질서의 형태가 행위자인 항공기업에 어떤 이익을 가져다줄 것인가 하는 손익의 대차대조표를 가지고 인간의 경제적 합리성에 의해 의사를 결정하는 접근방법이다. 무정부적 국제사회에서 질서를 제공하는 공공재에 있어서의 배신과 무임승차자(free-rider)가 대가 지불 없이 자국의 이익을 추구하려는 게임의 원칙과 손익계산에 따른 합리적 선택의 극단적인 경우이다. 정보비용이 감소하는 행위자의 합리적인 선택이 지배적인 행위유형의 하나가 되는 것이다.

(2) 비정부기구

제2단계에는 IATA 회원 항공사들은 120여 개 항공사로 증가하였으며, 이들은 본 기구의 활성화를 위해 종래에 요율결정기구에 가입을 의무화하던 것을 해제하였다. 또한 지역항공사협회가 활발하게 활동을 전개하여 왔다. 그러한 지역을 중심으로 하는 항공사기구로서는 아프리카항공사협회(African Airlines Association: AFRAA), 유럽항공사협회(Association of Europesn Airlines: AEA), 아랍항공사기구(Arab Air Carriers Organization: AACO), 라틴아메리카국제항공운송협회(Association International de Transporte Aereo Latin Americano: AITAL) 등이 있다.

제5장 시민사회 중심의 국제항공레짐: 제3단계(1992~2003)

제1절 시민사회 중심 국제항공레짐의 전개

시민사회 중심의 국제항공레짐은 1992년부터 2003년까지로, 미국의 항공자유화협정 체결에서부터 유럽연합을 중심으로 하는 항공지역주의, 세계무역기구의 서비스 부문 흡수, 외부의 불확실성, 항공기업의 전략적 제휴동맹, 전자상거래와 비정부기구의 출현 등이 주요 변인으로 등장하고 있다.

1. 항공자유화협정(open skies agreement)

미국은 1992년에 네덜란드와 항공자유화협정(open skies agreement) 체결을 시작으로 각국과 다자간 항공자유화의 일환으로 이러한 항공자유화정책(open skies policy)을 추진하고 있다. 전통적인 항공협정에서 엄격히 제한하고 있는 운항횟수, 운항지점 등 운항조건을 완전히 철폐하여 항공사가 시장상황에 따라 자율적으로 운항할 수 있도록 한 항공협정이라고 할 수 있다. 이러한 미국의 항공자유화협정(open skies agreement)의 기본적인 요소는 다음과 같은 것을 조건으로 하고 있다.[88]

① 목적지에 대한 아무런 제한 없이 모든 노선에 대해 항공사 운항
   이 가능
② 무제한적 공급, 즉 운항횟수와 공급량 및 운항항공기의 무제한
   적 제공
③ 제4의 자유 행사 시 요금의 양국 공동반대 없는(double disapproval)
   정책 채택
④ 화물 및 부정기편 운항의 자유화와 시장의 자유로운 상업적 기
   회 보장
⑤ 항공사 주식양도와 교환의 경우 만족할 수준의 협의
⑥ 편명공유의 자유와 같은 항공사 간 제휴협정의 보강
⑦ 시설사용료 등 소비자 친환경 조성
⑧ 예약시스템의 접근 및 운영의 중립화 등

항공자유화협정(open skies agreement)이라는 명칭은 공식적 명칭은
아니며, 1994년부터 미국이 자유화된 항공협정에 대한 별칭으로 붙인
이름이다. 기존의 협정범위 내에서 운항횟수를 대폭 증대하거나 제5의
자유(이원권)를 허용하여 자유화에 근접하는 내용의 협정(liberalized)
을 체결하여도 항공자유화협정이라고 명명하지 않는다. 항공자유화협
정은 제휴 항공사의 항공기를 이용한 영업까지를 포함하는, 편명공유
(code-sharing), 좌석교환(seat swapping), 공급임대(block space)까지
도 허용하기 때문에 거래비용(transaction cost)을 감소시키면서 영업망
의 확충이 가능하도록 하는 특징을 가지고 있다.

초대형 항공사를 보유하고 있는 미국 주도의 항공자유화정책추진으
로 항공자유화협정(open skies agreement)은 시장 자유화를 더욱 촉진
하였다. 2003년 6월 현재 개발도상국을 포함하여 85개의 양자 간 자유

---

88) Rigas Doganis, *op.cit.*, 2001, pp.30-37.

화협정이 체결되었다.[89] 미국과 협정을 체결한 국가는 이 중에 약 3분의 2에 해당하는 64개 국가이다. 우리나라와는 1998년 6월 9일에 서명하였으며, 미국과 항공자유화협정을 체결한 전체 국가는 다음과 같다.

<표 5-1> 미국과 항공자유화협정 체결국가

체결연도	항공자유화협정을 체결한 나라
1992	네덜란드 (1개 국가)
1995	룩셈부르크, 핀란드, 아이슬란드, 오스트리아, 스위스, 노르웨이, 스웨덴, 벨기에, 덴마크 (9개 국가)
1996	독일, 체코, 요르단 (3개 국가)
1997	싱가포르, 파나마, 니카라과, 과테말라, 온두라스, 엘살바도르, 코스타리카, 브루네이, 뉴질랜드, 말레이시아, 아루바 (11개 국가)
1998	우즈베키스탄, 대만, 페루, 한국, 안티유, 루마니아 (6개 국가)
1999	파키스탄, 바레인, 칠레, 이태리, 아르헨티나, 도미니카 공화국, 오스트레일리아 (7개 국가)
2000	나미비아, 감비아, 터키, 포르투갈, 브르키나 파소, 탄자니아, 나이지리아, 가나, 르완다, 몰타, 베닌 (11개 국가)
2001	세네갈, 슬로바키아, 폴란드, 오만, 카타르, 모로코 (6개 국가)
2002	프랑스, 사모아, 자마이카, 스리라아, 우간다, 아랍 에미리트 (6개 국가)
2003	알바니아, 케이프베르데, 태국, (3개 국가)
2004	통가 (1개 국가)

* 자료: 미국 무성 홈페이지(http://www.state.gov)

이 외에 아시아 태평양지역 경제협력이사회(APEC) 내에서 브루나이, 칠레, 뉴질랜드, 싱가포르, 미국 등이 체결한 다자간 항공자유화협

---

89) 제5차 ICAO 세계항공운송회의 결과보고: 2003년 3월 24~29일에 몬트리얼에서 125개 회원국 및 35개 국제기구의 대표 등 약 1,000명 참가. 한국 측은 강영일 건교부 항공정책심의관을 대표로 한 한국대표단이 참가한 동회의의 합의록에서 확인되었다.

정(plurilateral open skies agreement)은 지역 내 자유화의 길을 모색하는 것으로 주목받고 있다. 미국은 그간 자유화(open skies)협정을 체결한 국가들을 주축으로 다자간 자유화 협약을 모색하여, 양국 간 항공협정으로 분리된 시장을 단일의 개방된 국제항공시장으로 교체하려 하고 있다. 그 목적은 이미 국제경쟁력을 검증받은 자국 항공사가 외국 시장에서 완전경쟁을 통한 실리를 확보할 수 있게 하려는 것이다.

이에 따라서 미국의 항공사들은 중추공항(hub and spoke)체제와 같은 경쟁적인 노선구조의 조성, 정보통신기술을 활용하여 컴퓨터예약시스템(CRS) 구축 등 항공권 판매의 효율화, 상용고객우대제도를 통하여 비즈니스고객 유도로 수익성 증대, 항공편명공유제(code sharing)를 통한 효율적인 네트워크 구축 등 규모의 경제(economy of scale)를 실현하려는 전략을 구축하고 있다.

제3단계인 1992년 항공자유화협정 체결부터는 항공사의 자유재량권이 폭넓게 인정되었고, 항공행위주체로서 항공사 역할 역시 높은 수준으로 향상되었다. 이는 항공사의 역할을 통해, 서비스 소비자인 일반 시민에게 편의제공을 주목적으로 하는 다자간 항공협정의 기반을 모색하려는 것으로 볼 수 있다.

2. 항공지역주의(regionalism)와 상호의존

최근 유럽연합과 같은 강력한 지역적 결속으로 인하여 ICAO와 같은 종래의 국제항공레짐은 어떤 세계적인 항공기구를 비롯한 협력레짐이론을 필요로 할 것인지, 또는 이와 같은 지역주의 현상이 자기 지역의 특별한 기구로서 ICAO를 대신할 수 있을 것인지 하는 등의 의문을 제기하게 한다. 유럽연합은 규제완화를 통한 항공사의 경쟁력 제고 및 소비자 이익의 증진을 주요 정책목표로 설정하고, 로마조약에 근거하여 역내 15개 회원국에 적용되는 공동항공운송정책을 채택하여 3차에 걸친 항공자유화 조치를 이행하고 있는 중이다.[90]

유럽연합의 항공자유화는 1987년 단일유럽의정서(Single European Act)에 의해 3단계를 거쳐서 추진되어 왔다. 제1단계(Package Ⅰ)는 1988년 1월 1일에 발효한 일정량 이상의 수요에 달하는 노선은 항공사 수의 복수 지정 그리고 카보타지 불가, 제2단계(Package Ⅱ)는 1990년 11월 1일에 발효한 것으로서 1992년 6월부터 카보타지를 제한적으로 허용하고 제5의 자유운수권 50%까지 행사 가능, 제3단계(Package Ⅲ)는 1993년 1월 1일에 발효한 것으로서 역내 항공사로서 면허를 취득하면 역내에서는 어떠한 노선에서도 운항이 가능하고 1997년 4월 1일부터는 완전한 카보타지 허용단계에 이르게 하는 조치였다. 제3차 자유화 조치의 주요 내용에는 운항면허를 보유한 역내 항공사가 정기운송의 운임을 자유롭게 결정할 수 있도록 하는 것이다.

그러나 약탈적(predatory)이거나 지나치게 비싼(excessive) 운임, 그리고 비정상적인 운임하락은 승인하지 않을 수 있는 안정장치(safeguards)를 보유하도록 하고 있다. 또한 역내 모든 노선에 대한 시장진입과 공급에 대한 제한을 철폐하되 슬롯(slot)의 배분은 안전, 환경문제 등으로 제한을 가할 수 있다. 이러한 변화현상은 시카고협약 당시 하늘의 다섯 가지 자유에 비해 크게 진전된 형태로, 국제항공규범이

---

90) 유럽연합은 로마조약을 1957년 3월에 프랑스, 서독, 이태리, 베네룩스3국 등 6개국이 두 가지 조약(유럽경제공동체: EEC조약과 유럽원자력공동체: Euratom조약)을 서명하여, 1958년에 구주경제공동체를 창설하면서부터 시작되었다. 그 후 1973년에 영국, 아일랜드, 덴마크, 1981년에 그리스, 1986년에 포르투갈, 스페인이 가입하여 12개국, 1995년에 오스트리아, 핀란드, 스웨덴이 가입하여 15개 회원국가로 성장하였다. 2004년 5월에 구공산권 동유럽 10개국의 추가로 25개 회원국으로 증가하였다.

변모하고 있음을 보여주고 있다.

비록 유럽연합과 비교해서 제도적 장치들이 다소 모호하고, 항공운송 정책이 불명확하게 규정되어 있지만, 시장의 지역적 통합을 지향하는 유사한 추세는, 구주지역 이외에서도 분명하게 나타나고 있다. 중남미 지역의 항공지역화(bloc formation) 추세를 보여주는 것으로는 안덴협정(Andean Pact)을 들 수 있다. 이는 1991년에 남아메리카 5개 국가, 즉 베네수엘라(Venezuela), 볼리비아(Bolivia), 콜롬비아(Colombia), 에콰도르(Ecuador), 페루(Peru)가 중심이 되어 체결한 항공자유화 운송 레짐(open sky air transport regime)이다.

또한 카리브 지역공동체(Caribbean Community: CARICOM)는 1996년에 항공업무에 관한 다자간 협정(multilateral agreement concerning the operation of air services)을 체결하였으며, 남미경제공동체(MERCOSUR)에 속하는 국가들 아르헨티나(Argentina), 볼리비아(Bolivia), 브라질(Brazil), 칠레(Chile), 파라과이(Paraguay), 우루과이(Uruguay)는 1997년 체결한 지역항공업무에 관한 협정(agreement on subregional air services)인 포탈레자협정(Fortaleza Agreement)을 체결하였다.

동남아국가의 항공지역화는 아태지역항공사연합(Association of Asia Pacific Airlines: AAPA)이 1966년에 필리핀의 마닐라에서 대한항공의 전신인 대한항공공사 등 아시아지역 6개 항공사 사장들이 모여 역내 항공사 간의 협력증진을 목적으로 동양항공사 연구조사국(Orient Airlines Research Bureau: OARB)을 설립한 것에서 시작되었다. 이는 설립총회에 뒤이어 매년 1~2회 사장단 연례총회를 개최해 오다가 1970년 제9차 총회에서 기구명칭을 동양항공사협회(Orient Airlines Association: OAA)로 변경하였다가, 1996년 제40차 사장단 회의에서 아태항공협회(AAPA)로 개칭하였다. 조직은 사장단 회의와 집행위원회 그리고 4개의 운영위원회를 가지고 있다. 또한 캄보디아(Cambodia), 라오스(Laos), 미얀마(Myanmar), 베트남(Vietnam) 국가들이 모여, 지역항공운송협력에 관한 협정인 동남아 4개국 협정(CLMV Agreement)을 체결하였으며, 이는 그들 국명의 머리글자를 합성한 것이다.

아랍 및 아프리카지역의 항공지역화 기구로는 동남부 아프리카 공동시장(Common Market for Eastern and Southern Africa: COMESA)과 아랍민간항공위원회(Arab Civil Aviation Commission: ACAC)가 있다. 전자는 1999년에 체결된 아프리카지역항공협력기구이고, 후자는 1969년에 체결한 아랍지역 내 항공협력기구이다.

지역화는 종래의 자립적이며 고립적인 개별 국가단위경제에서 상호 협력과 의존을 통한 지역경제의 무차별적인 협력체제인 동시에 세계 경제체제로의 전환을 의미한다. 가장 대표적인 지역화의 사례는 유럽연합(EU)을 들 수 있다. 유럽연합은 항공통합뿐만 아니라 정치, 경제, 사회, 문화 등에서 완전한 단일체제를 목표로 하고 있으며, 이를 위한 20세기 마지막 조치로 1999년 일부 국가들을 주축으로 단일통화의 사용이 시작되었다.

지역별 경제 부문에서의 자유무역지대(FTA)를 추진한 예로는 1993년 북미지역에서 미국, 캐나다, 멕시코 간에 결성된 '북미자유무역지대(NAFTA)'가 있다. 현재 미국은 이에 그치지 않고, 유럽의 경제통합 움직임에 대응해 궁극적으로 남미지역을 포함한 미주지역 전체 국가를 포함하는 미주자유무역지대를 구축하기 위한 노력을 기울이고 있다.

아시아지역에서는 동남아국가들 간에 형성된 '아세안(ASEAN)'을 지역주의의 움직임으로 들 수 있다. 아세안은 최근 회원국을 확대해 나가고 있으며, 과거와 같은 협의체에서 자유무역지대로 발전시키는 등 결속력을 더욱 강화하고 있다. 동시에 아프리카나 남미 등에서도

인접한 나라들끼리의 자유무역을 활성화하려는 지역주의 움직임은 예외 없이 나타나고 있다.[91]

이와 같은 지역화는 역내의 항공자유화를 구체적으로 추진하여 그들 지역을 바탕으로 세계화를 이루어 가는 협력기반 구축에 목적을 두고 있다. 지역화가 세계화와 이율배반적인 딜레마 현상을 겪는 것이 아니라, 다시 지역과 지역을 엮어 내는 기초가 되게 하려는 것이다. 이러한 목적에서 이루어지는 기초적인 움직임으로서 유럽지역과 미주지역과의 범대서양항공지대(Transatlantic Common Aviation Area: TCAA) 창설을 들 수 있다. 이를 통해 미주지역의 자유화정책(Open Skies)의 지리적 범위를 확장하고, 아직도 잔존하고 있는 규제를 제거하는 대책을 구체화하고 있다.[92] 또한 미주지역과 APEC 일부 회원국인 호주, 브루네이, 칠레, 페루, 뉴질랜드, 싱가포르 등에서 2001년부터 다자간 항공자유화협정(plurilateral open skies agreement) 체결을 완성하고 있다.

이와 같이 항공지역주의는 항공자원의 공동이용(pooling of aviation resources)과 지역 항공사 간 동맹형성을 촉진하는 결정적인 요인이 되고 있다. 이러한 이유로 항공지역주의는 그 지역 항공사 집단의 경제적, 정치적 힘을 증가시켜 주는 중심전략으로 되었으며, 이것이 항공세계화의 중요한 특징 중 하나이다.[93] 이러한 세방화(glocalization)를 각 지역별 특성을 연결하는 이른바 부족화나 민족화로서의 지역화(localization)와 세계화(globalization)의 중간 형태로 그 범주를 설정할

---

91) 지역별로 북미자유무역지대(NAFTA), 유럽자유무역지대(EFTA), 아세안(ASEAN), 아프리카, 남미 등에서도 지역별 자유무역지대를 추진하려는 움직임이 활성화되고 있다.

92) Rigas Doganis, *op.cit.*, 2001, p.73.

93) Rigas Doganis, *op.cit.*, 2001, p.73.

수 있다.

1992년에 미국과 네덜란드 간의 항공자유화협정이 체결되면서 주로 항공은 시민 중심으로 질서가 편성되는 시대에 진입하기 시작하였다. 이는 영공주권의 상호의존성과 항공사와 시민사회단체를 중심으로 하는 국제항공레짐의 다양화로 이어지고 있다. 1987년부터 제3단계에 의한 구주지역의 항공자유화 추진 등, 경제와 정치의 지역적 통합화, 세계의 노동분업화의 재조정, 관세와 기타 인위적 방법에 의해 방해받지 않는 상품과 서비스 교역의 자유로운 경쟁 등을 지향하는 추세가 뚜렷해지고 있다. 세계적인 항공지역주의는 1987년 구주지역의 자유화 추진 이전에는 부정기 비행(non-scheduled flights), 정기편 서비스 운임, 공급 등과 같은 특정 분야에 한정하였으나, 구주지역의 자유화 이후에는 미국의 전 세계항공자유화에 대응하기 위한 대안(alternatives)으로 점진적이고, 포괄적인 지역적 항공운송 자유화를 목표로 하고 있다.

3. 세계무역기구(WTO)와 항공개방

1995년 1월 1일에 공식 출범한 세계무역기구(World Trade Organization: WTO)는 그 전신인 관세 및 무역에 관한 일반협정(General Agreement on Tariffs and Trade: GATT) 때부터, 제2차 세계대전 이후 세계경제 구조를 다자간 협약에 의해 조정하고 있는 국제통화기금(IMF), 세계은행(World Bank)과 함께 중요 국제무역기구의 하나이다. 관세 및 무역에 관한 일반협정(GATT)은 1947년 창설 당시 제네바 라운드부터, 1979년의 동경 라운드까지 관세의 하향 조정에 관한 단일의제만을 협상대상으로 삼았다. 그러나 1994년 4월에 모로코의 마라케시(Marrakech)에서 개최한 UR각료회의에서 마라케시선언을 채택하고, 이 선언에서 우루과이

라운드(UR) 최종의정서, 세계무역기구(WTO) 설립을 위한 협정, 정부 조달협정 등에 서명하였다. 우루과이 라운드에서 관세 이외의 다른 무역에 관한 쟁점들을 의제로 상정할 것을 WTO 설립을 위한 협정에 추가함으로써 '관세 및 무역'에 관한 기구에서 무역에 관한 다른 추가사항(농업, 섬유, 의류 등)을 의제에 포함하게 되면서부터 공식적인 오늘의 세계무역에 관한 기구가 된 것이다.

세계무역기구(WTO)가 관세 및 무역에 관한 일반협정(GATT)을 계승할 때까지 총 다자무역협상 8차 라운드(eight rounds of multilateral trade negotiations)까지 진행되었다. 우루과이 라운드에서 특별합의사항(special agreement)으로는 서비스(General Agreement on Trade in Service: GATS), 지적재산권(Trade-Related aspect of Intellectual Property Rights: TRIPS), 투자협정(Trade-Related Investment Measures: TRIMS)이 체결되어, 서비스 상품도 다자간 협상대상에 포함하였다.[94]

이와 같이 관세 및 무역에 관한 일반협정(GATT)과 새로운 책임영역을 결합한 세계무역기구(WTO)는 시장점유, 교역량 등 무역의 결과에 관한 사항이 아니라 다자간의 무역협력에 대한 규칙지향 접근방법(rule-oriented approaches)을 제시하게 된다. 규칙지향 접근방법은 무역규칙(rule of game)에 초점을 맞추어, 수출시장에서 대외상품생산업자가 직면하게 되는 일반적인 경쟁조건을 설정하고, 무역장벽의 공정성에 관한 합의를 이루는 데 관심을 두게 되었다. 이와 같은 무역기구의 주된 근본 원칙은 무차별(Non-discrimination)의 원칙이라 할 수 있다. 무차별의 원칙은 최혜국원칙(Most-favored Nation Principle)[95]과

---

94) Peter Dicken, *Global Shift: Transforming the World Economy*, Third Edition(New York NY: The Guilford Press, 1998), pp.94-95.
95) 세계무역기구(WTO)의 서비스 교역에 관한 일반협정(GATS)의 최혜국대우(MFN)의 원칙을 운수권에 적용할 것인지의 여부에 대해서는 결론

외국상품에 대한 국내상품과의 동일취급원칙(national treatment rule)의 두 가지 요소로 구성되어 있다. 수입한 외국상품(imported foreign goods)이 국내상품과 차별을 없애고 동일하게 취급하는 원칙은, 세계무역기구(WTO) 전신인 관세 및 무역에 관한 일반협정(GATT)체제에서 설정되지 않았으나 세계무역기구(WTO)체제 서비스 교역에 관한 일반협정(GATS)에서는 새로이 합의된 사항이다. 이런 원칙에 따라 항공을 비롯한 서비스 산업이 세계무역기구에서 논의의 대상이 되기 시작하였다.

관세 및 무역에 관한 일반협정(GATT)의 우루과이 라운드(Uruguay Round)에서 항공문제를 서비스 교역 자유화의 일환으로 논의하기로 결의하고, 서비스 교역에 관한 일반협정에서는 연성권리(soft right)인 지상조업, 판매, 정비, 예약전산화시스템(Computerized Reservation System) 등을 협상의 대상으로 설정하게 되었다. 물론 이 협상에서는 강성권리(hard right)인 운수권은 협상대상에서 제외하고 있다. 서비스 교역에 관한 논의가 본격화된 것은 1986년에 시작된 우루과이 라운드 2년째인 몬트리올 각료회의 때부터였다. 당시까지도 서비스 협상은 서비스 교역에 대한 정의와 서비스 산업의 포괄범위에 대해 근본적인 문제가 해결되지 않아 답보상태에 머무르고 있었다.

몬트리올 각료회의에서는 서비스 교역에 관련된 독자적인 규범제정, 추가규정이 필요한 서비스 분야에 대한 부속서 제정, 시장개방을 위한 약속협상 등으로 나누어 진행하였다. 그 후 서비스 협상은 많은 진전을 보았으며, 1993년 12월 15일에 종결된 UR의 결과를 담고 있는 최

을 짓지 못했으며, GATS가 항공자유화의 효과적인 방법이 될 수 있는지에 대해서도 결론을 짓지 못하고 있다.
(http://dcappl.koreanair.co.kr.Bulletin/upmu.nsf/KnowledgeV01/09405A2E)

종의정서가 채택되고, 다음 해 4월 15일에 모로코의 마라케시에서 각국 대표가 이에 서명함으로써 서비스 교역에 관한 일반협정이 정식으로 확정되었다.

　세계무역기구(WTO)는 서비스 국제화의 기준을 ① 금융 ② 보험 ③ 운송 ④ 무역, 호텔, 식당업 ⑤ 의료관련 ⑥ 사업 ⑦ 통신 ⑧ 건설 ⑨ 교육 ⑩ 인적 ⑪ 오락, 문화 등의 11가지 유형으로 크게 서비스를 분류하고 있다.[96] 세계무역기구의 국제 서비스 분류 중에서 항공과 관련이 있는 부분을 개괄하면 다음과 같다.

　첫째, 여객운송 서비스(passenger transport services) 부문을 살펴보면, 2002년 세계 관광객은 도착 관광객 기준으로 7억 1,460만 명 수준이며, 1990년부터 2000년까지 10년간 매년 평균 4.3% 정도 증가하는 수준이다〈표 5-2〉. 또한 관광객 방문수로는 2002년 기준으로 할 때 프랑스가 7,670만 명 내객으로 세계 1위를 기록하고, 그 뒤를 스페인이 5,170만 명, 3위가 미국으로 4,540만 명, 아시아에서는 중국이 3,680만 명으로 5위에 자리하고 있다〈표 5-3〉. 아시아지역 국가들은 최근 급속한 관광객의 증가현상을 보이며, 특히 홍콩, 싱가포르, 태국, 한국 등이 괄목할 만한 증가세를 보이고 있다. 세계관광기구(WTO: world tourism organization) 기준으로 2001년 관광수입 세계 1위 국가는 역시 미국으로서 723억 달러(807억 유로화)에 전 세계 시장의 15.6%를 점유하고 있다〈표 5-4〉. 한국은 20위로서 2003년 기준 535만 명 수준의 관광객과 64억 불 정도의 수입을 달성하고 있다〈표 5-5〉.

---

96) Peter Dicken, *op.cit.*, p.388.

〈표 5-2〉 지역별 국제관광객 이동실적 (도착인 기준)

International Tourist Arrivals by (Sub)region

	International Tourist Arrivals(million)					Market Share(%)		Growth Rate(%)			Average Annual Growth(%)
	1990	1995	2000	2001	2002*	1995*	2002*	00/99	01/00	02*/01	90−00
World	**456.8**	**551.7**	**696.1**	**692.9**	**714.6**	**100**	**100**	**6.8**	**−0.5**	**3.1**	**4.3**
Europe	**282.2**	**324.2**	**402.8**	**401.4**	**411.0**	**58.8**	**57.5**	**5.8**	**−0.3**	**2.4**	**3.6**
Northen Europe	29.1	37.6	44.1	41.5	42.5	6.8	5.9	12	−5.9	2.3	4.3
Westen Europe	113.8	116.7	1412	138.9	141.4	212	19.8	4.0	−1.6	1.8	22
Central Easten Europe	43.8	67.1	76.8	78.0	81.1	122	11.3	4.1	1.6	3.9	5.8
South Mediter-ranean Europe	95.5	102.7	140.7	143.0	146.1	18.6	20.4	10.4	1.6	22	4.0
Asia and the Pacific	**57.7**	**85.6**	**115.3**	**121.0**	**130.6**	**15.5**	**18.3**	**12.3**	**5.0**	**7.9**	**7.2**
North−East Asia	28.0	44.1	62.5	65.6	73.4	8.0	10.3	13.2	5.0	11.9	8.4
South−East Asia	21.5	29.2	37.0	40.1	41.7	5.3	5.8	13.0	8.3	3.9	5.6
Oceania	5.2	8.1	9.6	9.4	9.6	1.5	1.3	8.7	−2.1	1.1	6.5
South Asia	3.2	4.2	6.1	5.8	5.9	0.8	0.8	5.4	−4.5	2.0	6.8
Americas	**92.9**	**108.9**	**128.3**	**121.0**	**120.2**	**19.7**	**16.8**	**5.0**	**−5.7**	**−0.6**	**3.3**
North America	71.7	80.5	91.2	85.0	85.3	14.6	11.9	4.9	−6.8	0.4	2.4
Caribbean	11.4	14.0	17.2	16.9	16.4	2.5	2.3	6.9	−1.9	−3.0	4.2
Central America	1.8	2.6	4.3	4.4	4.8	0.5	0.7	8.9	1.6	9.7	9.0
South America	7.9	11.8	15.5	14.7	13.6	2.1	1.9	2.4	−5.1	−7.0	7.0
Africa	**15.0**	**20.0**	**27.0**	**27.7**	**28.7**	**3.6**	**4.0**	**3.2**	**2.5**	**3.7**	**6.1**
North Africa	8.4	7.3	10.1	10.6	10.1	1.3	1.4	6.8	4.8	−4.0	1.8
Sub-saharan Africa	6.6	12.7	17.0	17.1	18.6	2.3	2.6	1.2	1.0	8.5	10.0
Middle East	**9.0**	**13.1**	**22.7**	**21.8**	**24.1**	**2.4**	**3.4**	**13.1**	**−3.9**	**10.6**	**9.7**

Source:World Tourism Organization[WTO]@   [Data as collected by WTO January 2003]

〈표 5-3〉 세계 상위 5대 관광목적지

World's Top 5 Tourism Destinations

	International Tourist Arrivals				International Tourism Receipts		
	Rank	2001 (million)	Growth rate(%) 2002*/2001	Est.2002 (million)	Market share(%)	Rank	2001 (Euro billion)	Market share(%)
France	1	75.2	2.0	76.7	10.7	3	33.5	4.7
Spain	2	50.1	3.3	51.7	7.2	2	36.7	5.1
United States	3	45.5	−0.1	45.4	6.4	1	80.7	11.3
Italy	4	39.1	1.0(10m)			4	29.0	4.1
China	5	33.2	11.0	36.8	5.1	5	19.9	2.8

Source: World Tourism Organization[WTO]@   [Data as collected by WTO January 2003]

〈표 5-4〉 관광수입 선도국가 (World Top 15 Tourism Earners, 2001)

순위	국 가	국제관광수입(백만 불)		전년비(%)	점유율 (2001)
		2000	2001		
1	United States	82,000	72,300	11.9	15.6
2	Spain	31,500	32,900	4.5	7.1
3	France	30,700	29,600	−3.7	6.4
4	Italy	27,500	25,900	−5.7	5.6
5	China	16,200	17,800	9.7	3.8
6	Germany	17,900	17,200	−3.7	3.7
7	United Kingdom	19,500	15,900	−18.8	3.4
8	Austria	10,000	12,000	19.7	2.6
9	Canada	10,700	−	−	−
10	Greece	9,200	−	−	−
11	Turkey	7,600	8,900	17.0	1.9
12	Mexico	8,300	8,400	1.3	1.8
13	Hong Kong	7,900	8,200	4.5	1.8
14	Australia	8,000	7,600	−4.8	1.6
15	Switzerland	7,500	7,600	1.6	1.6

* 자료: 세계관광기구 (WTO Jun 2002)

〈표 5-5〉 연도별 관광객 한국 출·입국자 수 (단위: 명, 천 불)

연도	입국자 수	출국자 수	관광수입	전년비	관광지출	전년비
1961	11,109	11,245	1,353	210.3	2,374	−48.3
1971	232,765	76,701	52,383	12.0	14,808	19.2
1981	1,093,214	436,025	447,640	21.2	439,029	25.6
1988	2,340,462	725,176	3,265,232	42.0	1,353,891	92.3
1989	2,728,054	1,213,112	3,556,279	8.9	2,601,532	92.2
1990	2,958,839	1,560,923	3,558,666	0.1	3,165,623	21.7
1991	3,196,340	1,856,018	3,426,416	−3.7	3,784,304	19.5
1992	3,231,081	2,043,299	3,271,524	−4.5	3,794,409	0.26
1993	3,331,226	2,419,930	3,474,640	6.2	3,258,907	−14.1
1994	3,580,024	3,154,326	3,806,051	9.5	4,088,081	25.4
1995	3,753,197	3,818,740	5,586,536	46.8	5,902,693	44.4
1996	3,683,779	4,649,251	5,430,210	−2.8	6,962,847	18.0
1997	3,908,140	4,542,159	5,115,963	−5.8	6,261,539	−10.1
1998	4,250,216	3,066,926	6,865,400	34.2	2,640,300	−57.8
1999	4,659,785	4,341,546	6,801,900	−0.9	3,975,400	50.6
2000	5,321,792	5,508,242	6,811,300	0.1	6,174,000	55.3
2001	5,147,204	6,084,476	6,373,200	−6.4	6,547,000	6.0
2002	5,347,468	7,123,407	5,276,900	−17.2	7,641,500	16.7

* 자료: 한국관광공사(KNTO), 연도별 관광통계(2003년도)

둘째, 화물운송 서비스(freight services)는 IATA 수송실적을 분석해
보면 최근 몇 년간 단순 중량기준으로[97] 독일의 루프트한자(Lufthansa)
항공사와 한국의 국적 항공사인 대한항공이 항공화물 수송실적 세계
1, 2위를 각각 차지하고 있다. 2001년 기준으로 독일항공(Lufthansa)
7,096백만 톤-킬로, 대한항공 6,357백만 톤-킬로, 싱가포르항공 6,020

---

97) 단순중량기준일 경우는 톤(ton)으로 명기하나, 수입중량거리(revenue-
ton-kilometer)는 중량과 거리를 곱한 값으로 산정한다.

백만 톤-킬로의 실적을 보이고 있다. 이를 중량거리화하여 선진 20개 항공사를 2001년 기준으로 서열화해 보면 다음 〈표 5-6〉과 같다. 아시아지역에서 대한항공, 싱가포르항공, 일본항공, 케세이항공 등 네 개의 항공사들이 10위 이내 선두권에 들고 있다.

〈표 5-6〉 선진 20개 항공사의 항공화물 수송실적 (2001)

Rank	Airline	Millions(Ton-Km)
1	Lufthansa	7,096
2	Korean Air	6,357
3	Singapore	6,020
4	Air France	4,968
5	British Airways	4,555
6	Federal Express	4,456
7	Japan Airlines	4,321
8	Cathay Pacific	4,108
9	KLM	3,964
10	Cargo Lux	3,525
11	United	2,777
12	Northwest	2,409
13	Nippon Cargo	2,186
14	United Parcel Service	2,174
15	American Airlines	2,166
16	Swissair	1,930
17	Malaysia Airline System	1,812
18	Alitalia	1,734
19	Thai Airways	1,678
20	Qantas	1,531

* 자료: IATA WATS (World Air Transport Statistics) 46th Edition, June 2001

1944년 시카고협약 이후 50년 이상 동안 국제항공레짐은 국제사회에서 여러 가지 변화들을 겪어 왔다. 지역주의 외에도 1986년에 시작하여 1993년 12월에 합의에 이른 우루과이 라운드에서, 세계무역기구

(WTO)는 다자간 무역협상의 주요 의제(agenda)에 서비스 분야를 포함함으로써 시카고협약 당시의 국제민간항공기구의 역할을 변모시키고 있다.[98]

세계무역기구의 서비스 산업 협상대상은 아직 그 기준이 확정되지 않았으나, 향후 세계무역기구(WTO) 서비스 교역협상과 국제항공레짐이 어떻게 조화를 이루어 갈 것인가는 각국이 도하개발의제(Doha Development Agenda) 협상과정에서 도출되어야 할 문제이다. 그러나 이런 과정에서 특기할 사실은 국가나 항공사 이외의 관련 업종에 종사하는 제3의 기구가 등장하고 있고, 국제항공사회에서 이들의 목소리(voice)가 증대되고 있는 것은 간과할 수 없는 점이다.

4. 외부 불확실성(uncertainty)과 항공안전(security)

외부의 불확실성은 국제항공레짐의 밖에서 오는 외생적 변수로서, 항공 종사자들과 이용자들이 인식하지 못하는 상황에서 발생하여, 기존의 국제항공질서에 악영향 내지 변화를 야기하는 요인들을 가리키는 것이다. 이와 같은 대표적인 외부의 불확실성 요인의 예로서, 2001년 9월 11일의 뉴욕 테러사건, 2003년 4월 미국의 이라크 개전, 또한 4월과 5월에 동남아지역 국가를 중심으로 하는 중증호흡곤란증후군(SARS) 등을 대표적인 것으로 지적할 수 있다.

외부의 불확성이 발생하게 되면, 이에 대한 대응책이 곧 새로운 국제항공레짐으로서 규칙, 규범, 질서, 절차 등으로 제도화된다. 제프리 개럿과 피터 랭(Geoffrey Garrett and Peter Lange)은 국제경제의 외

---

98) Michael Milde(1994) 캐나다 맥길대학 부설 항공우주법연구소장의 ICAO 50주년 기념 강연회 주제 발표인 '시카고협약 50주년의 시점에서 협약의 주요 개정조치는 필요한 것인지 또는 바람직한 것인지'를 참조.

생적 변화가 국내정치제도의 변화과정에서 외부의 불확실성 요인이 국내에서 정치적, 경제적, 사회적 선호의 대상이 되는 과정을 거치면서 국내제도로 정착된다고 하였다.[99]

그러나 국제항공질서의 경우, 이런 과정을 거치지 않고 바로 제도화로 형성되는 사례가 발생하고 있다. 예를 들면, 9·11 테러사건 이후에 미국은 자국의 안보시스템이 이라크, 북한 등 적성 국가들에 대해서는 소형 항공기의 미세한 움직임까지 감지할 수 있는 능력이 있다고 자부하였다. 그런데 정작 자국의 항공안전 보안시스템에서는 객실과 조종실 사이의 칸막이조차도 없는 승객의 안전점검이나 화물의 보안검색에 문제점이 많은 사실을 발견하게 되었다.

이에 시급하게 추진된 것이 미국의 항공보안법 제정이다. 이 법안은 항공기 기내에서의 안전조치와 탑승객과 수하물 그리고 화물에 대한 보안검색을 주된 내용으로 하고 있고, 미국은 이 법에 의해 자국을 입출항하는 외국의 항공기에 대해서도 보안강화를 실시하고 있어 우리 국내에서도 체크를 강화하고 있는 현실이다.

이 법안은 2001년 11월 19일에 성립 효력이 발생된 최단기 입법 중에 하나이다.[100] 이에 따라 우리나라에서도 1년 뒤인 2002년 11월 27일에 '항공운항 안전 및 보안에 관한 법률'이 통과되었다. 이에 따라 미국의 교통안전국에 해당하는 건설교통부 산하에 항공안전본부가 발족되어 항공안전에 관한 교육 및 시행을 총괄하고 있다.

---

99) Geoffrey Garrett and Peter Lange, "Internationalization, Institutions and Political Change", *Internationalization and Domestic Politics* edited by Robert O. Keohane and Helen V. Milner(Cambridge: Cambridge University Press, 1996), pp.50−54.

100) 김종복, "미국항공보안법소개", 『항공우주법학회지』(제16호, 2002. 12.), 53~64쪽.

특히 2001년 9·11 미국 세계무역센터(WTC) 테러 사태 이후에는 각종 다양한 요구가 제기되어 미국의 패권적 입장에서 미국연방항공청(FAA)에 의해 항공안전이 강화될 필요성이 더욱 커지고 있다. 예를 들어 2001년 12월 24일 파리출발 미국 마이애미행 아메리칸항공(AA) 추가 테러기도 사태 때, 국제민간항공기구(ICAO)에서는 미국의 결정이 국제민간항공을 주도해 가는 일반규칙이 되는 경우가 많다는 이유로 세계 각 공항에 대해 보안강화를 요청한 바 있다.

한편 2003년 4월과 5월에 이라크전쟁과 중증호흡곤란증후군(SARS)으로 인해, 특히 동남아 여행객 수가 전년 동월 대비 유상승객킬로(RPK) 기준 44.8%대로 급격한 저하현상을 보이기도 하였다.[101) 2003년 3월의 캐나다 몬트리얼에서 개최된 제5차 국제민간항공기구(ICAO) 항공운송회의의 총회에서 국제항공운송협회(IATA) 사무총장인 비시그나니(Giovanni Bisignani)의 주제발표에 의하면, 현 상황을 세계 민항계의 최대의 위기로 지적하고 있다. 지난 2년간 항공사의 적자가 310억 불에 이르고 있고, 그동안 유명한 항공사로 이름 있던 스위스항공을 비롯하여 에어아프리카(Air Afrique), 호주 안세트(Ansett), 사베나항공(Sabena), 미국 티 다블 에이(TWA) 등이 사라졌다. 또한 북미에서는 유나이티드항공(UA) 도산, 유에스에어(US Air) 파산보호 신청, 6대 항공사 1,000억 불 부채 발생, 그리고 중남미와 서아프리카 항공사들이 고사 직전에 처하는 위기상황을 지적하였다. 그는 이와 같은 현상황을 타개하고 향후의 지속적인 항공발전을 위해서는 국제항공 규제완화와 항공안전이 최대의 관건임을 강조하였다.

도가니스(Doganis, 2002)가 1999년 미국, 유럽, 싱가포르, 호주 등에

---

101) IATA, *International Air Traffic Drops*: http://iata.mondosearch.com
   (2003/06/15 검색)

서 출발하는 3,000명의 업무항공여행을 하는 승객들에게 설문 조사한 내용에 의하면, 그들의 항공사 선택기준은 크게 가격, 정시성, 안락성, 편의성, 이미지 등 다섯 가지였다. 1987년 이래로 항공 스케줄의 편의성이 제1위이고 그 외는 항공사의 안정성에 대한 평판으로 항공사를 선택한다고 하였다. 조사내용을 보면 그 순서에 따라 첫째가 항공사 스케줄, 2위가 항공사의 안전에 대한 평판, 3위가 상용고객우대제 차원에서의 편의성 제공, 4위가 객실에서의 안락성과 항공좌석의 공간, 5위가 효율적인 체크인(check-in), 6위는 더 좋은 좌석선택의 편의, 7위는 항공운항시각의 정시성, 8위 항공요금, 9위 객실승무원의 친절성, 10위 라운지의 제공, 11위 기내식과 음료, 12위 일반적인 항공사의 이미지 등이다.[102] 이처럼 항공고객들은 이제 옛날과 달리 스스로 판단하고 평가하고 선택하는 능력을 가진 고급 이용자로 변모하고 있다. 그중에서도 항공사의 운항 스케줄(schedule)과 안전성은 아무리 강조해도 부족할 정도로 고객은 안전제일(security number one)의 기대를 가지고 항공사를 선택하고 있다.

5. 항공 전자상거래 (airline e-commerce)와 새로운 고객관리

오늘날의 디지털 시대는 서울에 있는 사업가가 항공사나 여행사의 웹사이트를 한 번만 이용함으로써 뉴욕이나 런던으로 여행하는 복편(return flight) 예약까지 가능하고, 목적지에 도착하면 바로 렌터카(rent car)를 할 수 있는 예약시스템이 갖추어져 있다. 뿐만 아니라 오페라 하우스 입장권 출력까지도 항공사 웹사이트를 통해서 서비스가

---

102) Rigas Doganis, *op.cit.*, 2002, pp.236-263.

가능하다. 여행자인 사업가가 해야 할 일은 단지 자동발권기계(automatic ticketing machine)로 상용고객우대(frequent flier bonus system) 카드를 정리하고, 신용카드(credit card)를 정리하는 것뿐일 정도이다. 만약에 사업가인 승객이 런던에 머무는 동안 자기의 여정을 변경하여야 할 경우에는 파암톱(Palmtop computer)으로 항공사 웹사이트에 별다른 수고 없이 연결하여 여정을 손쉽게 변경할 수 있다. 예를 들어 승객이 값싼 요금을 찾으려고 한다면 여행 서비스는 중단 없이(seamless), 그리고 접근 가능한 것으로 준비되어 있어야 한다. 이 모두가 정보기술(information technology)과 인터넷의 발달로 가능할 수 있다.

1990년대의 정보기술의 급속한 발전이 항공사들로 하여금 고객을 유인해 올 새로운 도구를 제공하게 되었다. 마케팅 영역에서 특히 중요한 두 가지는, 인터넷 예약과 전자발권을 통한 유통과 판매이다. 국내 항공사들의 경우 전자발권이나 인터넷 예약은 이제 고객 스스로도 할 수 있을 정도로 상용화가 되었다.

한국의 경우, 국적 항공사인 대한항공의 경우 2002년도의 인터넷 발권 실적이 1,120억 원으로 전체 매출액의 12%를 점유하였으며, 2003년도에는 2,000억 원대의 목표를 설정하고 있다. 대한항공의 항공권 인터넷 판매액을 2005년까지 30%대로 늘어날 것으로 전망하고 있다. 또한 대한항공은 종이 없는 항공권(paperless ticket)을 위해 전자 항공권(e-ticket)제도를 구축할 방침이다. 이 경우 전자 항공권은 분실 우려를 방지하고, 여정 변경으로 운임 차이가 발생할 경우는 영업장을 찾아 항공권 재발급을 받을 필요가 없이 간단하게 인터넷이나 전화를 통해 변경이 가능하게 된다. 이 밖에 고객의 연령과 성별의 특성에 따른 맞춤형 웹사이트를 개발하여 스카이 패스 보너스 항공권(sky pass bonus ticket)의 인터넷 발급을 국제선으로 확대적용하고 계좌이체로

결제가 가능하도록 하는 등 인터넷 고객을 위한 새로운 기능을 선보일 계획이라고 한다.

이 부문에서는 미국의 화물항공사인 페덱스(FedEx)가 개척자적 항공사로 유명하다. 그들은 차세대의 화물을 맡을 개인 소포화물을 네트워크상에서 추적할 아주 효율적이고 완전 전산화된 시스템을 개발하였다. 1994년에 웹사이트를 통해서 고객이 직접 예약을 하고 인터넷을 이용하여 아무런 제한 없이 서비스 이용료를 지불할 수 있도록 시스템 구축을 완성하였다.[103] 이와 같은 네트워크 마케팅 전략은 향후 항공운송에 전자상거래방식을 적용할 중요한 요소가 될 것이다. 이들은 항공 서비스와 생산을 시장 중심적이고 유통지향적 방법으로 확실하게 변형시켜 주게 될 것이다. 특히 항공사와 고객들은 새로운 시장이 기존의 질서와는 전혀 다른 질서를 형성할 것임을 인식할 필요가 있다.[104]

이와 같은 전자상거래에 가장 열정적으로 참여하는 회사는 인터넷을 비용절감의 도구로 사용하려고 하는 저비용 추구 항공사들이라고 볼 수 있다. 이러한 전자발권이나 인터넷 예약은 북미에서 유럽의 각 국가로 퍼져 나가 오늘날은 상당히 전 세계적으로 보편화되어 있다. 1999년에는 컨티넨탈항공의 경우 미국 내 판매의 약 40%가 전자발권으로 이루어졌을 정도이다.[105]

(1) 변화유인으로서 전자상거래

도가니스(Doganis)에 의하면 다음 네 가지 이유가 전자상거래를 유도하게 되는 요인이라고 한다. 첫째, 유통비용 절감(the need to cut distribution costs)이다. 유통비용이란 발권, 판촉비용, 대리점 수수료 등

---

103) *Sky News*, 제72호(2003. 2. 16.)
104) Rigas Doganis, *op.cit.*, 2001, p.164.
105) *Ibid.*

에 소요되는 비용이다. IATA자료에 의하면 1996년 기준 항공사의 유통
비용은 17.5%에 이른다. 이와 같은 유통비용 삭감에는 두 가지의 전략
이 있다. 유통비용 중에서 수수료(commission)를 줄이는 방법과 전자상
거래(e-commerce)를 최대한 활용함으로써 비용을 절감하는 방안이다.

　인터넷 판매를 통한 유통비용과 기존의 판매방식에 의한 비용을 비교
하면 순 수수료(Net Commission) 42.8%와 전산예약시스템(CRS) 비용
을 범세계적인 유통체제(Global Distribution System: 이하 'GDS'로 약
함)로 전환할 경우 7.1%를 각각 줄일 수 있다. 그리고 예약발권비용을
20% 줄이고, 광고 판촉비는 5% 정도 높아져 전체적으로 총 유통비용을
약 63% 줄일 수 있다.[106] 미국의 국내항공사인 아메리카 웨스트항공
(America West)은 1999년에 직접 유통비용을 항공권 일 매당 미화 23
불에서 온라인(online)판매를 통해서 미화 6불로 줄일 수 있었다.[107]

〈표 5-7〉 항공사의 유통비용 내역

비 용 항 목	유통비용/ 운영경비(%)	유통비용 점유율(%)
Net Commissions	7.5	42.8
Reservation and Ticketing	5.4	31.0
Advertising and Promotion	2.2	12.5
CRS fees	1.2	7.1
Credit Card Commissions	0.7	4.0
Frequent Flyer Programs	0.4	2.1
Others	0.1	0.5
Total Distribution Cost	17.5	100.0
Other Operating Cost	82.5	
Total Operating Costs	100.0	

　* 자료: Rigas Doganis, op.cit., 2001, p.164.

---

106) *Ibid,* pp.166-169.
107) *Airline Business,* (July 1999).

둘째, 탈중개(the strong trend towards disintermediation)이다. 이는 항공사를 고객들에게 직접적으로 연계하기 위해 여행사나 대리점을 통하지 않고 또는 다른 중개업자들을 개입시키지 않고 판매함으로써 수수료나 다른 유통경비를 줄이는 비용절감방법이다. 이런 방법은 정보기술의 발전으로 영향을 받게 될 고객, 대리점, 서비스 제공자 간 삼자관계의 의사결정에 있어서 상당히 중요한 집단행동의 변화를 일으키는 요인이 되고 있다.[108] 이와 같은 경향은 고객이 항공사 선택에 있어서 여행사나 대리점의 영향력을 감소시키고, 인터넷의 효과적인 사용을 통해 항공사와 고객에게 시장접근능력(market power)을 증대시켜 준다.

셋째, 인터넷이 제공하는 기회의 최대 활용(to utilize the opportunities offered by the Internet)이다. 인터넷은 보다 저렴하고, 효과적으로 항공사의 서비스 상품을 중간 개입자 없이 시장에서 직접 구매할 수 있게 해 준다. 웹사이트상의 여행정보는 분명하고 정확하며 정밀하기 때문에 상거래상에 발생하는 인력과 시간의 낭비 없이 의사결정을 빨리 할 수 있게 해 준다. 동시에 세계 어느 곳에 있는 고객이나 잠재고객에게도 서비스, 스케줄, 가격, 기타 정보의 변화에 실시간 접속 가능토록 해 줄 수 있다. 또한 항공사들의 대고객관계 개선이 정보기술의 개발로 증가하게 된다. 그 예로서, 아메리칸항공의 요율(NetsAAver Fares) 프로그램은 매주 수요일에 전자우편(e-mail)으로 아메리칸 어드벤티지 클럽(AAvantage club) 회원들에게 제공되는 특별최종요금(special last -minute fares)제도를 활용하여, 고객이 직접 항공권 구매의사를 결정할 수 있도록 해 주는 것이다.[109]

---

108) 정연정, "인터넷과 집단행동논리", 『한국정치학회보』(제36집 1호, 2002), 69~86쪽.
109) Rigas Doganis, *op.cit.*, 2001, p.170.

넷째, 시장 중심적 가격결정제도의 도입(to make airline pricing more market-focused)이다. 아메리칸항공의 'NetsAAver' 요금과 같이 항공사 가격결정을 역동적이고(dynamic), 상호적이고(interactive), 시장 중심적(market-focused)으로 활용하는 것이 바로 전자상거래가 유도하는 길이다. 전자상거래로 판매를 강화할 경우, 최종 시간대의 예약을 통해 출발 편의 빈 좌석이 사장되는 것을 방지하고, 요금할인과 같은 변화 정보를 시장에 신속하게 제공하는 등 시장 여건에 대처하는 것이 훨씬 용이해질 수가 있다.

또한 수입관리가 컴퓨터 프로그램에 의해 작동되는 경우, 요금인상이나 삭감은 즉각적으로 시장에 환원될 수 있는 장점이 발생하게 된다. 이러한 판매방식의 변경은 여행사와 같은 중간 중개자의 개입 없이 항공사와 고객 간의 직접적인 거래를 함으로써 항공사가 여행사나 대리점에 지급하는 종래의 수수료를 줄여 주게 되는 것이다. 이와 같은 인터넷 할인 항공권 판매를 하는 항공사가 1990년대 말부터 미국에서 점점 늘어나고 있으며, 이제는 전 세계적으로 확산되고 있는 추세이다.

(2) 문제점과 위험성(problems and dangers)

항공사의 전자상거래에서 발생 가능한 예상 문제점과 위험성은 다음과 같은 몇 가지로 요약할 수 있다.

첫째, 정보격차(digital divide)와 신용사기(credit deceit)의 문제이다. 고객은 점점 더 인터넷 쇼핑을 보편적으로 이용하게 될 것이고, 이러한 경향은 가속화될 것이다. 그러나 항공여행 분야에서 전자상거래의 잠재력이 완전히 자리 잡기 위해서는 극복해야 할 많은 장벽들이 있다. 그중 모든 항공고객들이 인터넷에 접근하고 컴퓨터를 이용하고 있지 않다는 정보격차(digital divide)의 문제와 온라인을 통한 항공권 구매 시에 신용카드(credit card) 사기(deceive)에 관한 문제점이 가장 크며, 인터넷 판매의 가장 중요한 제약이 되고 있다.

둘째, 서비스 질의 하향 평준화의 위험이다. 사실 범세계적 제휴(global alliance)동맹의 발달로 제휴 항공사들이 완벽한 서비스를 표준화하려고 할 때, 도약을 위한 혁신을 하고 독특한 자신만의 상품을 만들어 내는 것은 더욱 쉽지 않게 될 것이다. 항공상품이 항공사와 상관없이 어느 정도 표준화되어 감에 따라 생필품처럼 되어갈 것이기 때문이다. 모두가 가격을 알고 있는 개방시장에서 상품을 팔 준비를 해야 하는 것이다.

지금까지, 온라인 항공권 판매는 아주 한정된 시장에 대해, 또는 적자노선의 공급과잉을 해소하는 데에만 일부 사용되어 왔다. 예를 들어 아메리칸항공의 NetsAAver 요금은 항공사 자체 상용고객이나 특정 기업고객을 판매대상으로 한다. 한편 다른 항공사는 온라인 대행업체를 이용하기도 했고, 홍콩 케세이항공사의 경우에는 자체 웹사이트를 통해 경매(auction)를 직접 관리하고 있다. 1999년 11월에 브리티시 미드랜드(British Midland)가 유럽의 30개 목적지에 대한 티켓 3만 장을 인터넷 사이트를 통해서 판매한 일도 온라인 항공권 판매의 예이다.

항공티켓에 있어서 가장 유명한 인터넷 사이트는 델타항공이 주주로 있는 미국의 프라이스라인(Priceline.com)이다. 구매자들은 이 사이트에서 특정한 날짜와 노선에 대한 좌석을 요청하고 지불할 가격을 입찰하게 된다. 프라이스라인(Priceline)은 공급 항공사와의 상호연계를 통해서 고객이 원하는 가격의 좌석을 찾아 주고자 한다. 자신이 원하는 가격대의 입찰가격을 찾게 되면 고객은 이에 응하여 그 가격수준에서 요금지불을 하게 될 것이다. 만약 항공사가 제시한 최적 운임이 고객이 입찰한 가격보다 높은 경우에는 고객은 그것을 받아들일 것인지의 여부를 판단해 선택하게 된다. 즉, 가격이 소비자의 선택기준에 가장 결정적 요소이다. 가격에 비하면 항공사 이름이나 상품특색 같은 것은 그다지 중요하지 않을 수도 있다. 그리고 이것이 생필품화(commoditization)의 방안이다.[110] 생필품화는 항공시장이 경매에 기초하게 되는 위험을 초래할 수 있으며, 이로 인해 항공사의 수익성이나 수입관리가 저해될 수 있으므로 이에 대한 별도의 준비가 필요하다.

셋째, 또 다른 전자상거래의 문제로는 항공사와 여행사 간의 관계를 악화시킬 가능성이 있다는 점이 있다. 항공사가 여행사에 항공권 판매에 따른 커미션을 줄이려고 압력을 넣게 될 뿐만 아니라, 인터넷 판매와 전화 예약센터를 개발함으로써 여행사와의 거래를 없애려고 하게 된다. 항공사에 있어 가장 수익이 많은 공무출장여행에 관해서, 항공사 간의 경쟁은 이런 경향을 더 심화시키게 될 것이다. 이제는 많은 항공사들이 대기업 혹은 중소기업에 그들의 사업전략을 확실히 알려 주는 방법으로 직접 요금을 거래하고 있다. 이것은 대기업고객과 유대를 가지는 여행사에 높은 커미션을 없애는 것과 같이, 여행사에 대한 인센티브를 늘리는 것보다 효과적인 방법이 될 수 있기 때문이다.

지이(GE) 같은 대형 기업이나 세계적인 은행들은 특정지역과 시장에서 티켓을 공급하는 다양한 항공사들과의 거래를 점차 끊게 될 것이다. 발권을 하는 데는 여행사가 여전히 이용되고 있지만, 전자발권은 그것마저도 더 이상 필요하지 않게 한다. 예약과 발권 중심이었던 출장 에이전트들의 역할은, 이제 여행조언이나 호텔이나 자동차 예약, 여행경비 모니터링, 관광회사의 여행 프로그램을 만들고, 보다 값싼 대체요금을 제공하는 등의 역할로 바뀌어 가고 있다.[111]

---

110) *Ibid.*, p.169.

작은 여행사들은 이런 모든 서비스들을 공급할 기술과 전문성을 가지고 있지 못하기 때문에, 서로 힘을 합치거나 시장에서 사라지게 될 것이다. 출장 에이전트들은 항공사로부터 주어지던 커미션에 의존하는 대신, 기업고객에게 제공되는 서비스의 실제 비용에 약간의 수익성 마진(margin)을 덧붙여 책정하기 때문이다. 에이전트 개입이 없어지게 되면 항공사가 에이전트에게 주던 커미션 차액의 일부는 기업고객들과 나누어야만 할 것이다. 트레블 위클리(Travel Weekly)에 의하면, 영국에서 에이전트에게 주는 커미션의 70퍼센트에 해당하는 비용이 출장 에이전트의 기업고객들에 대한 관리에 소요되는 비용이라고 한다.112) 커미션 비율의 감소는 많은 여행사들로 하여금 여행객들이 값싼 티켓을 끊거나 예약을 할 때 수수료를 지불하게 하도록 유도할 것이다. 이것은 여행사에 부담과 위협으로 작용할 것이므로, 항공사와의 관계가 악화될 위험이 크다고 볼 수 있다.

넷째, 여행사와 관련된 이슈로 중개자 역할을 하는 국제유통시스템(GDS)의 문제가 있다. 전산예약시스템(CRS)의 소유권은113) 여행사와 항공사가 예약과 발권을 자동화하고 더 용이하도록 하기 위해서 개발하는 서비스 시스템 제공회사에 있다. 여행사들은 GDS를 통해서 예약을 할 수 있다. 그러나 여행사들은 각각의 예약된 항공편에 대한 GDS제공자에 대해서 요금을 지불하게 된다. GDS를 직접 이용하는 항공사들 역시 요금을 부담해야 한다.

---

111) *Ibid.*, p.174.

112) *Travel Weekly*, (14 October 1998).

113) Steven A. Morrison & Clifford Winston, *The Evolution of the Airline Industry*(Washington D.C.: The Brookings Institution, 1995), p.62. Individual Airlines자료. ① Apollo (UA), ② Galileo (UA, Usair), ③ Sabre (AA), ④ System One (EA, Texas,CO), ⑤ Pars (TWA, NW), ⑥ Datas II (DL), ⑦ World Span (TWA, NW, DL)

그러나 인터넷 항공사로 시스템을 변경할 경우, GDS를 생략하고 GDS 수수료를 줄일 수 있다. 또한 인터넷은 새롭고 대안적인 검색엔진 기술 공급자들을 만들고 있다. 가령 미국 기업인 전자데이터시스템(EDS)은 1991년부터 컨티넨털항공의 예약시스템을 관리해 오고 있다. 글로벌분배시스템(GDS) 제공자들은 직거래의 과정에서 사업의 손실을 보게 될 것이다. 이 손실은 가상 온라인 여행사가 여행사를 통하지 않고 항공사에 직접 예약할 수 있게 된다면 더욱 심각해질 수도 있다.

(3) 대안적 전략(alternative strategy)

전자상거래에 있어서 장애요인은 여행자가 여행을 결정하기 위해 한 웹사이트를 찾을 경우 그들이 원하는 모든 자료를 한 번에 찾을 수 없다는 것이다. 소위 원-스톱 구매(one-stop shopping)는 장기적으로 전자상거래의 발전을 유도하는 핵심적 사항 중의 하나이다.

첫 번째 대안은 현재와 같은 방식으로 많은 판매를 지속하는 일이다. 다시 말해 여행사, 범세계적 유통시스템(GDS), 직접 전화판매와 그들 자신의 인터넷 사이트를 포함한 모든 유통 채널을 총동원하여 총력판매를 하는 방안이다. 인터넷으로는 자기 자신의 서비스를 일차적으로 판매할 수 있고, 보다 복잡한 여정이나 여행 패키지 상품을 원하는 고객은 전통적인 여행사, 혹은 트레벨로시티(Travelocity)나 엑스피디아(Expedia) 같은 가상 온라인 대리점을 통해 구매해야 한다.

가상 온라인 대리점 역시 항공사의 유통비용을 줄이도록 해 줄 것이다. 하지만 그들에게 수수료를 지불해야 하기 때문에 항공사 자신의 웹사이트에서 판매할 경우와 같이 유통비용을 줄일 수는 없을 것이다. 아메리칸 에어라인처럼 상용고객우대제나 익제큐티브클럽(executive club)의 고객에 대한 보상을 강화하기 위해 전자유통(e-distribution)

방식을 사용할 수도 있다. 현재로서는 항공사 웹사이트가 아메리칸 어드벤티지(Aavantage)클럽의 회원 같은 상위층(top-tier) 고객을 위해 가동되는 경우가 대부분이나, 상위층 회원이 아닌 경우에도 온라인으로 예약할 수 있다. 그러나 잠재고객은 역시 가상 여행 대리점(virtual travel agents)을 이용하여 인터넷상에서 예약을 할 수 있다.

이런 낮은 단계 전자상거래의 핵심전략은 두 가지 이유에서 오래 유지하기 어려울 것이다. 먼저, 원가압력과 잠재적 시장판매이익이 탈중개 압력을 받을 때 다른 에이전시에 대해 유통의 많은 부분에 대한 통제능력을 상실하게 되기 때문이다. 또 다른 이유는, 많은 전통적인 다른 항공사들이 글로벌 얼라언스의 회원이고, 스스로가 얼라언스의 핵심 멤버인 것처럼 전자상거래전략을 택할 것이라는 점이다. 대개 핵심제휴 항공사는 현재보다 능동적인 전자상거래와 전자유통에 관여하기를 원할 것이라고 추측할 수 있다. 이 경우 앞서 설명한 것처럼 다른 회원항공사도 같은 전략을 택할 것이므로, 낮은 단계의 전자상거래는 지속하기 어렵게 될 전망이다.114)

두 번째 대안은 항공사가 모든 서비스 영역을 제공하는 전자유통의 주요한 조정 역할자가 되는 것이다. 다른 유관한 회사들에 대한 많은 정보와 예약기회를 사용자에게 제공하기 위해 웹사이트 개발이 필요하기 때문이다. 웹사이트는 호텔예약, 자동차임대, 오락물 예약 등에 끝없는 접근을 가능하도록 해 주어야 한다. 그들은 자사 고객들에게 질 높은 서비스를 제공해 주어야 하고, 부수적으로 여행사가 제공한 다른 유형의 서비스뿐만 아니라 비용추적과 여행정보 모니터를 수행할 능력을 갖추고 기업고객에게 제공할 필요가 있다. 이 밖에, 교차판매(cross-selling)를 통해 커미션 수입을 얻을 수도 있다.

---

114) Rigas Doganis, *op.cit.*, 2001, p.179.

미국 항공사가 전자상거래를 선호하는 반면, 유럽에서는 루프트한자 항공사만이 최초로 이 분야에 접근해 있을 뿐이다. 유럽 경쟁 항공사 대부분의 웹사이트와는 달리 루프트한자는 세계 항공사 대부분을 포용할 수 있는 온라인 예약 서비스를 제공하고 있다. 그 사이트는 여행에서 호텔예약, 관광정보, 여행안내, 수하물 추적 등을 제공하기 위해 개발한 것이다.[115]

따라서 여행 서비스를 실질적인 원-스톱 구매(one-stop shopping) 제도를 제공하는 방향으로 옮겨 가야 하며, 이에 성공하기 위해서는 전문 인터넷 서비스 제공자와 팀-업(team up)을 하고 강력한 전자유통 브랜드를 개발할 필요가 있다. 1999년 루프트한자의 온라인 판매의 5% 정도는 타 항공사의 몫이라고 한다. 루프트한자는 출장 여행객들이 가장 자주 웹사이트를 사용하는 항공사로 정평이 나 있으며, 판매된 항공권의 약 40%는 비즈니스 클래스(business class)나 퍼스트 클래스(first class)에서 판매되었다.[116]

세 번째의 전략은 최근 몇 년 만에 특히 미국에서 급속하게 성장한 것으로, 기존의 온라인 여행정보회사 중에 하나와 팀업(team-up)하는 일이다. 이와 같은 전략은 앞에서 소개한 두 가지 전략 중 어느 쪽과도 결합할 수 있다. 1998년 말의 상황을 살펴보면, 당시 대표적인 온라인 여행정보회사로 샤브레(Sabre)소유의 트레벨로시티(Travelocity), 마이크로소프트(Microsoft)의 엑스피디아(Expedia), 프리뷰(Preview)가 있었다. 트레벨로시티(Travelocity)와 엑스피디아(Expedia)는 그 해에 약 2억 5천만 불의 온라인 판매를 하였고, 프리뷰(Preview)는 그보다 적은 2억 불의 온라인 판매를 하였다. 추가로 티스콤(tiss.com),

---

115) *Ibid.*
116) *Financial Times*(17 February 1999).

트립콤(Trip.com), 아메리칸 익스프레스(American Express), 로젠블루스(Rosenbluth International), 트레일파인더(Trailfinder), 이북커어스(ebookers) 등 더 작은 온라인 예약 서비스 공급업체 또한 존재했다.

이런 온라인 여행정보회사들은 대부분 전통적인 여행 대리점과 연계되어 있었는데, 전문 온라인 대리점들과 함께 거의 인터넷 항공사 업무의 절반을 예약하고 있었다. 1999년에는 이들의 온라인 판매는 두 배가 넘었고, 이는 분명한 성장 잠재력의 하나의 지표로 볼 수 있다. 그리고 이에 따라 불가피하게 항공사들이 이들 온라인 제공자들에게 관심을 보이기 시작했던 것이다. 1999년 초에 유나이티드항공(UA)은 할인요금을 제공하기 위해 바이트레블콤(BuyTravel.com)을 매입하였다. 그러나 UA는 다른 상품과 타 항공사 서비스를 교차판매하면서, 주요 온라인 서비스로 자사의 웹사이트를 개발하는 일도 계속했다. 물론 바이트레블콤(BuyTravel) 사용자 역시 타 항공사 예약도 할 수 있고 호텔예약과 여행정보 입수도 가능하였다.

1999년 9월에 영국항공(BA)은 소규모 온라인 판매 전문인 비지트레블콤(Biztravel.com)의 주식을 다수 보유하고 있는 로젠블루스(Rosenbluth International)의 주식을 5% 매입하였다. 당시 비지트레블콤(Biztravel)은 항공권뿐만 아니라 호텔과 자동차임대 예약까지 제공하고 있었기 때문에, 여가시장 확장을 계획하게 되었다. 이 계획은 자신들의 웹사이트를 통해 판매를 계속하는 동시에, 유명 브랜드 온라인 대리점을 매입하여 전자유통을 넓혀 나가는 방식으로 이루어졌다. 그러나 수익성이 있는 회사는 거의 없었는데, 그것은 기술투자의 부족, 광고에 대한 과투자, 상품의 브랜드화와 포탈거래에 사용된 과비용 때문이었다.[117]

---

117) *Ibid.*, pp.180 – 181.

(4) 새로운 고객 거래

웹사이트전략을 개발하고 실현하는 것은 중대한 대안이지만, 그것만으로 충분하지는 않다. 게임(game)의 규칙은 항상 지금까지도 변화해 왔고 앞으로도 그러할 것이기 때문이다. 따라서 전자상거래가 제공한 기회를 최대한 자본화하기 위해서는 항공사가 근본적으로 변화해야 한다. 요구되는 변화의 하나로, 항공사가 고객이 선호하는 것을 알고 관련 정보를 개발해 거래(transactions)를 관계(relationships)로 전환해야 한다는 것을 들 수 있다. 이런 일을 고객관리(customer relation management)라 일컫는데, 항공사는 이에 관해 마케팅에서 대개 두 가지의 핵심 정보자료를 갖추어야 한다.

첫째, 항공사는 마케팅에 필요한 전통적인 자료뿐만 아니라, 업무여행과 여가여행 등의 여행유형, 상품과 서비스의 우선순위, 연령과 가족구조, 라이프스타일 등을 비롯해 가능한 한 많은 정보를 포함하는 데이터베이스로 고객 프로파일(accounts profile) 구축을 필요로 한다. 고객이 예약을 할 때마다 이러한 자료는 속도를 높이기 위해 자동적으로 컴퓨터 화면에 나타나게 된다. 예를 들어 아마존(Amazon)은 1-클릭(1-Click) 급행 검색기능을 개발하여 특허를 얻었는데, 이 기능은 구매와 선적정보를 축적하여 고객이 되풀이해 구매를 하기 용이하도록 도와준다. 기존의 주소나 내역을 재입력할 필요가 없는 것이다. 1999년에 아마존이, 시애틀과 캘리포니아에서 자사와 같은 급행 검색기능을 사용하는 다른 서점들의 사용을 중지하도록 소송을 제기한 사례도 있었다.[118]

가까운 미래에 비행 중에 휴대용 컴퓨터를 통해 승객 선호에 관한 정보가 객실승무원에게 제공될 수 있을 것으로 보인다. 그들은 승객이

---

118) *Ibid.*, p.182.

선호하는 잡지나 음료수, 간식을 제공하는 등 미리 파악한 선호에 대해 기내 서비스를 맞춰 줌으로써 서비스의 질을 향상시킬 수 있을 것이다.

둘째, 항공회사가 전문화와 고도의 분화된 시장판촉을 위해 고객 프로파일을 활용하는 것이다. 제공될 판촉물과 서비스는 개별 승객의 특정한 요구를 위해 상품화할 필요가 있다. 항공사 상품이 더욱 생필품화되기 위해서는, 항공사는 할증료 징수를 위해서 특수상품이나 서비스의 질을 높이는 것뿐 아니라, 참된 가치를 제공하기 위해 승객의 프로파일을 이용해야 할 것이다. 항공사들은 단순히 고객을 상용고객 제도나 익제큐티브클럽(executive club) 회원으로 만드는 것 이상의 것을 주는 고객과의 관계를 구축할 필요가 있다. 예를 들면, 비행 편의 지연이나 취소 시에, 승객과 연락하여 매우 신속하게 대체편이나 환불 조치까지 제공하는 서비스를 생각할 수 있다. 이 경우 호텔 또한 자동으로 재예약되고 사무실로 통보를 해 주기도 한다.

다른 한편으로는, 항공사들이 특별 할인요금이나 휴일 패키지를 판매할 수 있는 특수한 시장유통을 겨냥하는 데 있어 전문적으로 대처할 필요가 있다.[119] 인터넷은 항공사가 적은 비용으로 전 세계적으로 수천 명의 잠재승객을 주의 깊게 선별하여 겨냥할 수 있도록 해 준다. 시장판매의 속성은 변화해 오고 있다. 점차적으로 그것은 1대1 기반이 될 것이며, 인터넷은 이를 가능케 해 줄 것이다.

고객관리(Customer Relationship Management: CRM)의 본질은 항공권을 더 많이 파는 것이 아니라 승객들에게 더 좋은 서비스를 제공함으로써 고객관리를 하는 것이다. 대처해야 할 문제들에는 동일한 서비스 표준의 제공, 유사한 고객관계를 발전시키기 위해 여행사나 GDS

---

119) *Ibid.*, pp.182-183.

와 같은 간접판매와 항공사 전화센터나 웹사이트를 통한 직접판매를 통합하는 것 등이 있다. 선택한 항공사가 아닌 제휴 항공사를 이용하는 승객도 같은 고품질의 서비스와 대우를 받도록 하기 위해 세계적 제휴 항공사를 확보하는 일 또한 중요한 문제이다.

전자상거래를 통해서는 결과적으로, 정보활용능력의 증진과 고객과의 관계 재정립을 위한 항공사 경영층의 정신적 혁명이 이루어져야 한다. 전자상거래를 예약과 발권의 신속성과 비용절감 정도에서, 근본적으로 새로운 상호작용방법으로 다시 인식하기 위해서는 기존의 생각을 뛰어넘는 변혁이 요구된다. 구식의 업무기능 분화, 즉 판매, 가격설정과 생산성 관리, 지상조업 및 기내 서비스 등 다양한 부서로 되어 있는 분화는 항공사가 전자상거래에 중심을 두게 되면 더 이상 적합하지 않을 수도 있다.

전자상거래는 승객에게 서비스하는 데 훨씬 더 종합적이고 조화로운 접근을 요한다. 항공사가 더 생산성 있는 승객유치를 목표로 할 경우, 승객들은 여행 시작부터 목적지까지 전 단계에 걸쳐 항공사로부터 수준 높은 서비스를 받게 되며, 항공사와의 상호연결을 통해 승객 스스로가 항공사로부터 인정받고 있다는 신뢰를 갖게 될 것이다.

항공사가 고객관리를 핵심목표로 삼는다면, 자연히 이를 달성하기 위해 새로운 조직구조(organizational structure)나 패러다임이 필요하게 된다. 물적 요인으로 행위주체인 항공기업 내부 조직의 역량강화가, 인적 요인으로 정보능력의 활용 정도가, 목표달성의 성패를 좌우하게 된다. 앞서 살펴본 바와 같이 고객과 새로운 관계를 정립하는 일 또한 중요한 관건이다.

항공 전자상거래는 행위주체가 항공사 중심이지만 이용자인 고객과의 새로운 관계형성이라는 조직의 역량강화로 새로운 항공상품의 개발이 일반적으로 발달하는 생필품화 전략이다. 전자상거래를 통해서 항공사가 인터넷과 정보기술의 최대한 활용으로 실시간 서비스를 제공함으로써 항공상품을 고객이 원하는 수준의 서비스와 고객과 상황 논리에 맞는 가격형성 등 항공을 일상 생필품으로 형성시키는 고객관리체계(CRM)의 새로운 개발이다. 이렇게 하기 위해서는 항공주체인 항공기업의 내부적인 자원동원능력으로서 그 하위개념이 되는 '정보의 활용능력'이라는 요소가 전략의 성패의 관건이 되는 것이다. 이 경우에 항공 전자상거래의 사례에서 설명한 인적자원 중에서 항공에 적용할 수 있는 요소로는 전문인력에 대한 것으로 항공기술력의 향상과 항공산업에 적용할 '정보화 능력'이 항공산업의 성패에 결정적 요소가 되는 것이다.

6. 비정부기구(NGO)의 출현

(1) 비정부기구(NGOs)의 개념

비정부기구(Non‐Government Organization: 이하 'NGO'로 약함)란 정부조직이 아닌 자발적인 단체로서, 비영리 목적의 불특정한 다수를 위한 단체를 통칭한다.[120] 이러한 기준에 의해 분석해 보면, 비정부기구가 갖추어야 할 핵심속성으로 비영리 목적이며 불특정 다수를 위한 특수공익집단이어야 한다는 점을 들 수 있다. 이를 구체적으로 설명해 보면, 첫째, 공익(public interest)집단의 성격을 갖춘 이윤배분

---

120) 김영래, "21세기의 새정치의 화두—시민운동—", 김영래, 윤형섭, 이완범 공저, 『한국정치 어떻게 볼 것인가』(서울: 박영사, 2003), 319~343쪽. NGO의 분류기준으로서 그 단체가 목적하는 바가 첫째, 영리단체인가, 비영리단체인가. 둘째, 특정집단을 위한 것인가, 불특정 다수를 위한 단체인가에 따라서 분류된다고 하고 있다.

이 금지된(non-profit distribution) 집단이어야 한다. 둘째, 정부조직이 아닌 민간 부분에 의한 사조직(private)이어야 한다. 셋째, 그 목적이 불특정 다수를 향한 특수공익을 가진 인본적인(humanitarian) 것이어야 한다. 그리고 넷째, 의도적이지 않고 자발적(voluntary and self-governing)인 단체라야 한다.[121]

NGO의 분류기준이나 정의는 나라와 그 사회의 특수성에 따라 차이가 있을 수 있다. 일반적으로 비영리, 자선, 독립, 자발, 면세, 시민사회 부문 등 다양한 용어가 혼란스럽게 사용되고 있는데, 이는 각 속성이 집단의 특성에 따라 추가될 수도 있고 제외될 수도 있음을 보이고 있는 것이다.

이러한 시각에서 NGO의 개념을 정리하면, NGO란 비정부, 비국가, 비당파적 행위자가, 자발적이고 비영리적으로 공익을 실현하는 것을 목적으로 하여, 대중의 정치적 참여를 유도하는 압력단체의 성격을 가지며, 권위주의적 정치체제가 아니라 시민사회를 중심으로 하는 풀뿌리 조직의 성격을 가진, 자율성과 독립성을 가진 기구이다.[122]

이와 같이 시민사회는 국가권력도 아니고 경제적 권력을 대표하는 기업도 아닌 제3의 주체로서, 소비자 시민의 권리를 구현하겠다는 의도에서 생겨났다. 그리고 다른 사회적 쟁점 분야에서와 같이, 항공사회에서도 시민사회가 최근에 부상하기 시작하고 있다.

---

121) Leon Gordenker and Thomas G. Weiss, *NGOs, the UN and Global Governance*(Colorado: Lynne Rienner, 1996), pp.20-21. 이러한 정의에서 벗어나는 특수형태의 예외적인 NGOs가 존재한다. 그 같은 예외적인 것에는 ① 구공산권 국가들이 국가권익을 위해 만든 정부 NGOs(GONGO), ② 북구와 북미에서 많은 공적기금에 의존하는 유사형 NGOs(QUANGO), ③ 원조제공자가 지원의 편의를 위해 조직한 증여자 NGOs(DONGO) 등이 있다.

122) 김영래, 전게서, 324~325쪽.

(2) 비정부기구의 등장배경

NGO의 성장배경에는 일반적으로 국가정치권력과 경제권력에 대항하려는 신보수주의적 입장과 자유주의적 다원주의의 입장이 자리 잡고 있다. 시민사회는 국가와 항공기업 중심이었던 시장에서, 그들이 다하지 못하는 부분을 수행하겠다는 목표를 지닌다. 이러한 배경을 갖고 있는 NGO는 언제 어디에서 비롯되어 우리의 생활에 국가와 시장 이외의 제3의 섹터로 자리하게 되었는가. 정부와 시민사회와의 관계를 비교론적 시각에 따라서 분석해 보면 그 대답을 분명하게 알 수 있다.[123] 맥도날드(Laura Macdonald)에 의하면 국가와 시민사회를 규정하는 방식으로는 신보수주의 입장, 자유주의적 다원주의 입장, 신마르크스주의 입장의 세 가지가 지배적이다.[124]

첫째, 신보수주의적 입장(neo-conservative position)은 국가와 시민사회라는 이분법적 논리에 입각하여 시민사회를 국가가 관여할 수 없는 천부적 권리를 향유하는 사적인 영역으로 간주한다. 이는 고전적인 민주주의적 정치관과 시장경제의 결합이라고 볼 수 있다. 그들은 민주주의 가치를 지니고 있는 시민사회와 자본주의 이념을 가진 시장경제의 연계를 중요시한다. 또한 이러한 시민사회의 속성으로는 선택의 자유, 사유재산, 가부장적 가족제도, 관료제도의 불신, 인간의 자기 이기적 양심에 근거한 합리성과 유인체계 등을 꼽는다.

아울러 NGO는 세계화와 함께 도래한 경제의 전 지구화 상황에서, 개도국의 빈자의 욕구를 즉각 충족시켜 정치적 불안정을 회피할 수

---

123) 강명구, "정부와 NGO 관계의 비교론적 연구", 박재창 편, 『정부와 NGO』 (서울: 법문사, 2001), 52~58쪽.
124) Laura Macdonald, *Supporting Civil Society: the Political Role of Non-Governmental Organization in Central America*(New York: ST. Martin's Press, 1997), pp.13-22.

있는 유용한 대안을 제공하는 역할을 담당하며, 개도국의 민주화와도 깊은 관련을 이루고 있는 존재로 인식된다. 즉, NGO를 국가 간섭 없이도 사회적 에너지를 동원할 수 있는 사적 영역의 행위자들의 결사체(association)로 간주하는 것이다.

둘째, 자유주의적 다원주의 입장(liberal-pluralist position)은 토크빌(Alexis de Tocqueville)의 고전적 민주주의 시각에 입각하여 자발적(voluntary) 혹은 이해관계를 중심으로 결집한 사회조직의 존재를 국가, 시민사회, NGO 간의 관계 해석의 출발로 삼는다. 이는 사회 중심적(society-centered) 해석으로 볼 수 있는데, 시민문화론(civic culture)이나 사회자본론(social capital)은 이러한 사회 중심적 해석의 줄기를 이어오고 있다.

그들의 논의에 의하면 자발적 조직인 NGO는 사회적으로, 정치적으로 참여의 증진을 통하여 조직화되지 못한 대중을 국가에 매개하여 주는 역할을 하게 된다. 따라서 NGO의 발생은 정치적 민주화의 중요한 요소가 되는 것이다. 시민이 자발적으로 직접 민주정치에 참여하게 되는 오늘의 자유주의적 다원주의적 현상은 이를 극명하게 설명해 준다. 종래에 존재했던 미첼스(Robert Michels)의 '과두제의 철칙'(iron law of oligarchy)이 앞으로 살펴볼 인터넷의 발달과 정보기술의 혁신으로 설 위치를 잃게 될지 모르는 현실이 되어 가고 있다. 이러한 의미에서, NGO를 비정치적이고, 비영리적이며, 제3의 독립적 섹터로 보고 있다.

셋째, 신마르크스주의 입장(new-or post-Marxist position)은 앞의 두 가지 시각과는 달리 국가와 시민 간의 상호침투 가능성을 찾는 데 기원을 두고 있다. 신마르크스주의의 원류는 전통적 마르크시즘을 비판적 수용을 체계화한 그람시(Gramsci)의 시민사회 해석과 그의 추종자들의 주장에서 찾을 수 있다. 전통적 마르크시즘에서는 국가를 정치사회와 시민사회로 구성되어 있는 것으로 보고 시민사회가 부르주아적 사회질서와 연계된 것으로 생각하면서 그 개념에 대해 유보하는 입장을 보인다. 따라서 전통적 마르크시즘에서는 시민사회가 곧 부르주아적 사회질서를 상징하여, 계급갈등이 개입한 사상이라는 이유로 논의대상이 될 수 없었다. 그러나 그람시는 국가권력이 정당, 군대 등과 같은 제도적 실체를 통해서 직접적으로 행사될 뿐만 아니라, 시민사회에 대한 헤게모니를 통해서 간접적으로도 행사된다고 본다.

또한 그의 추종자들은 프롤레타리아를 역사적 변혁의 주체로 상정하는 계급투쟁적 성격 대신, 비계급적 지위에 근거한 또 다른 형태의 조직화된 사회운동(social movement)에 주의를 기울인다. 여기에서 신사회운동의 중요한 행동영역인 여성, 평화, 인종, 공동체 등이 비계급적 지위에 근거한 또 다른 형태의 조직으로 주목받은 것이다.[125] 이러한 시각은 NGO와 더불어 민주주의의 심화로 내부의 한계를 극복할 수 있게 한다. 이상의 세 가지 시각에서 NGO는 정부와 대별되는 양상을 보이고 있다.

이렇게 NGO의 기원을 통해 정부나 시장이 충분히 수행하지 못하는 부분과 냉전의 종식 이후에 급부상하고 있는 초국적 시민사회의 등장을 설명하는 과정에서, 특별히 고려해야 할 점이 있다. 그것은 국제사회에 있어서의 상호의존의 중요성과 사회의 발달에 따른 전문성과 합리적인 사고, 인식에 중점을 두지 않고는 협력 달성이 어려울 것이라는 점이다. 이는 앞에서 설명한 국제레짐이론과도 일맥상통한다.

---

125) Ernesto Laclau and Chantal Mouffe, *Hegemony and Socialist Strategy: Towards a Radical Democratization Politics*, Second Edition(New York: Verso, 2001), pp.85 – 88.

양 이론 모두 국제사회에서 국가 중심에서 이탈하여 다양한 행위자 중심으로 변화함으로써, 공동의 과제를 가지고 있다고 할 수 있다.

(3) 국가, 시장, 시민사회 삼분법적 접근

서구의 정치학자들은 오늘날의 사회를 분류할 때에 이분법이나 삼분법을 분석의 틀로 활용하고 있다. 이분법의 대표적인 학자로는 헬드(David Held)와 킨(John Keane) 등이 있다.[126] 이분법에 의하면 '국가-시민사회'라는 이론 틀로써 국가와 국가 이외의 모든 사회단체를 가리켜 시민사회로 지칭하는 경우이다. 가령 존 킨(John Keane)이 시민사회와 국가를 구분하는 경우 시민사회를 '비국가적 활동, 즉 경제적 문화적 생산활동, 가사활동, 자발적 결사의 활동에 종사하는 제도의 통합'이라고 보고, 또한 그는 '국가제도에 모든 유형의 압력이나 통제권을 행사함으로써 자기 정체성을 유지 또는 변형시켜 나가는 제도적 집합체'를 시민사회라고 본다. 따라서 이들의 논법에 의하면 국가사회와 이외의 사회제도를 통칭하여 시민사회라고 보는 것이다.

<그림 2> 이분법적 사회구분

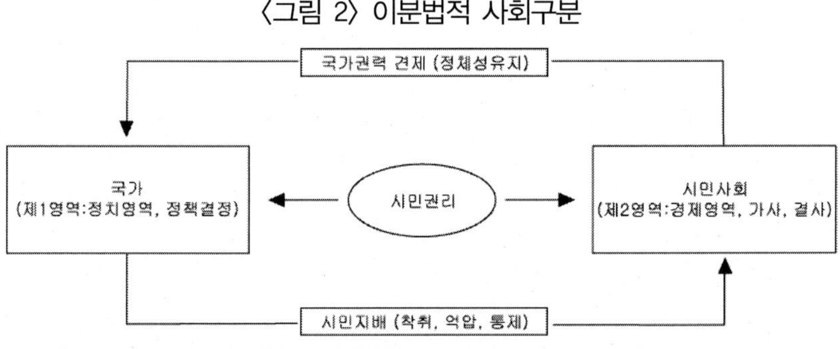

---

126) John Keane, eds., 'Introduction', *Civil Society and the State*(London: Verso, 1988), pp.1-31: David Held, *Political Theory and Modern State*(Standford, CA.: Standford University Press, 1989), pp.1-10.

삼분법을 분석 틀로 활용하는 학자에는 하버마스(Jürgen Habermas), 코헨과 아라토(Jean L. Cohen and Andrew Arato), 그람시(Antonio Gramsci), 네르핀(M. Nerfin), 코오턴(David C. Korten), 나잠(Adil Najam) 등이 있다.127)

비정부기구나 비영리기구에 대한 연구를 하는 서구의 학자들 네르핀(Nerfin), 코오턴(Korten), 나잠(Najam) 등과 같은 학자들은 사회를 세 가지의 기본 요소, 즉 국가(state), 사기업(corporate), 시민사회(civil society)로 나누고 있다. 이것을 그들은 정치권력을 대표한 군주(the prince), 경제적 권력을 대표하는 상인(the merchant), 인민적 권력을 구현하는 시민(the citizen)이라는 은유(metaphor)로 나타내곤 한다. 이때에 국가영역(the state sector)은 사회질서의 보존(preservation of social order), 시장영역(the market sector)은 재화와 용역의 생산(production of goods and services), 시민사회(the voluntary associational, or citizen, sector)는 특정사회 비전의 표출과 실현(articulation and actualization of particular social visions)을 시켜 나가는 영역으로 정의하고 있다. 또 다른 학자는 시민사회를 시민과 국가 간의 공적영역으로 정의하기도 한다.128)

---

127) M. Nerfin, "Neither Prince nor Merchant: Citizen－an Introduction to the Third System", *World Economy in Transition* edtied by K. Ahooja －Patel, A. G. Drabek and M. Nerfin(Oxford: Pergamon Press. 1986): Adil Najam, "Citizen Organizations as Policy Entrepreneurs", *International Perspectives on Voluntary Action: Reshaping the Third Sector* edited by David Lewis(London: Earthscan, 1999): David C. Korten, *Getting to the 21st Century: Voluntary Action and the Global Agenda*(Hartford: Kumarian Press, 1990): Sheelagh Stewart, "Happy Ever After in the Marketplace: Non－Government Organizations and Uncivil Society", *Review of African Political Economy*(Vol.24(71), 1997), pp.11－34.

128) Sheelagh Stewart, "Happy Ever After in the Marketplace: Non－

하버마스는 사회를 권력매체에 의해 조종되고 통합되는 국가와 화폐에 의해 조종되고 통합되는 경제, 그리고 생활세계로 구분한다. 그는 생활세계를 공적영역과 사적영역으로 구분하고 또 다시 공적영역을 문예적 공공영역(literary public sphere)과 정치적 공공영역(political public sphere)으로 나눈다. 문예적 공공영역은 사적 개인생활에 해당하는 개인의 주체성을 남에게 드러내어 보여주는 사회구조로서 공공성과 연결되는 영역이고, 정치적 공공영역은 계층의 자기 규제를 위해 형태(form)를 제공하고 정치제도(political organization) 속에는 공식화되지 않은 클럽, 결사, 위원회 등 이는 정치적 주제를 형성하는 장소로서 정치적 모임의 제도화로 발전하기 전 단계의 영역을 말한다. 그는 자기표현의 영역인 문예적 공공영역에서 공론화의 정치적 공공영역으로 그리고 이것이 공식적인 정치제도의 영역으로 발전하는 것으로 본다. 그의 공적 영역은 정치적 제도화 이전의 국가기능을 견제하고 사회를 통합하는 의견수렴을 통한 여론을 형성하는 사회생활영역－생활세계(life world)는 물상화 과정이 경제와 국가가 자아내는 억압적 통합의 단순한 반영물로서 나타나는 장소가 아니라 의사소통적으로 구조화된 행동영역이 물상화된 것을 반영하는 것으로 보는 의사소통행위이론(theory of communicative action)으로 규정하고 있다.129)

코헨과 아라토는 시민사회에 대한 주제를 이와 같은 하버마스에게서 찾는다. 그는 사회를 두 가지 하부체계, 즉 정치체계와 경제체계 그리고 생활세계의 의사소통 매체에 의해 통합되는 시민사회로 구성

---

government Organizations and Uncivil Society", *Review of African Political Economy*, Vol.24(71)(1997), pp.11－34.
129) Jürgen Habermas, *The Theory of Communicative Action, V.2. Lifeworld and System－a Critique of Functionalist Reason*(Boston: Beacon Press, 1987), pp.391－396.

되는 삼분모델을 제시한다. 그는 생활세계를 정치체계(국가)와 경제체계를 분화시키는 차별화된 제3의 영역으로 본다.[130]

삼분법적 사회분류에서 우리가 중요시하는 것은 후기 마르크스주의자들의 입장을 주목한다. 그것은 전통적 마르크스주의자들이 시민사회를 주로 경제영역으로 규정했던 것, 즉 국가를 정치사회(political society)와 헤게모니 쟁탈의 시민사회(civil society)로 규정했던 것에서 벗어나 그람시(Gramsci)는 시민사회를 비계급적인 존재로서 또 다른 사회조직으로서 경제외적 상부구조의 영역으로 재규정하고자 한 점이다. 즉, '두 개의 주된 상부구조 중 하나로서 흔히 사적(private)이라고 불리는 유기체의 총화'를 시민사회라고 본다.[131] 그의 시민사회는 정치사회와 경제사회와 구분되면서 정당과 노조를 포함하는 다양한 사적 결사체들이 광범한 동의에 기반을 둔 지적, 도덕적, 지도력의 헤게모니 창출을 위해 투쟁하는 공간으로 본다.[132] 그는 시민사회를 상부구조의 한 영역으로서 (국가를 중심으로 하는 정치사회라는) 정치적 상부구조의 기반, 즉 상부구조적 토대의 위치에 선다고 한다. 이러한 상부구조로서의 시민사회구조는 헤게모니적 계급지배의 구조에 대응하기 위한 새로운 전략으로서 국가에 대한 전면적 공격(frontal attack of the State)인 기동전(war of maneuver)에 대체되는 진지전(war of position) 전략을 강조하고 있다.[133]

---

130) Jean L. Cohen and Andrew Arato, *Civil Society and Political Theory* (New Baskerville: MIT Press, 1994), p.18.

131) Antonio Gramsci, *Selection from Prison Notebooks*(New York: International Publishers, 1971), p.12.

132) 그람시의 헤게모니의 개념은 Martin Carnoy, *The State and Political Theory*(New Jersey: Princeton University Press, 1984), pp.69-70을 참조 바람.

133) Martin Carnoy, *ibid.*, pp.80-85.

대표적인 정부 간 기구인 유엔의 경우는 국가, 정부 간 기구와 이외의 모든 민간단체를 비정부기구로 분류하는 이분법적 접근을 하고 있다. 이와 같은 시각으로 보면, 국제항공에 관한 것으로는 정부 간 기구인 ICAO를 제외하고 IATA와 최근에 등장하는 항공 주변의 관련 기구들 모두가 비정부기구의 범주에 해당한다. 그러나 본 연구에서는 국제항공레짐을 목적에 따라 분류하면 이미 논의한 바와 같이 국가, 항공사, 이용시민으로 나누어 논의하여야 한다. 즉, 국가, 기업, 시민사회로 삼분법적 접근이 이루어져야 한다.

<그림 3> 삼분법적 사회구분

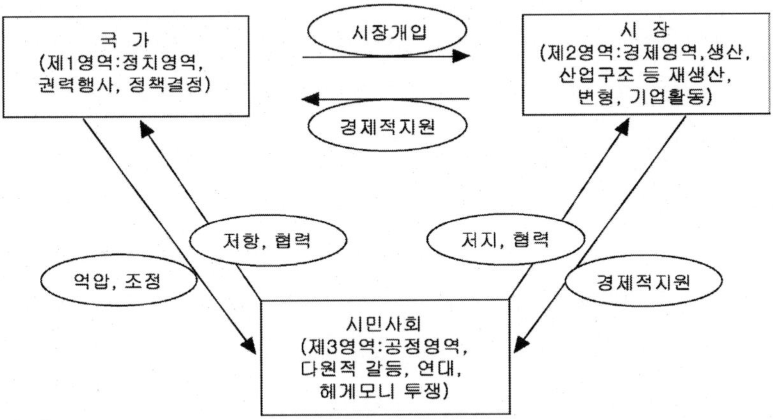

지금까지 이루어진 시민사회에 대한 연구를 종합하면, 영국을 비롯한 유럽 여러 나라에서는 대부분 시민사회를 국가라는 정치사회와 시장이라는 경제사회 이외의 자발적인 영역(voluntary sector)으로서 제3영역으로 분류한다. 즉, 이를 현대에서 비정부기구와 관련하여 시민사회를 해석하는 일반적인 관점으로 볼 수 있다. 이 경우 국가, 시장, 시민사회의 삼자관계를 <그림 3>과 같이 정리할 수 있다.

(4) 비정부기구의 역할

오늘날 인권, 여성, 환경, 질병, 전쟁, 테러 등에 관한 사회운동은 어느 한 나라만의 문제가 아니라 국가를 초월하는 초국적 시민사회운동(transnational social movement)으로 변해 가는 경향이 강하게 나타나고 있다. 그중 특히 항공과 관련되는 초국적 사회운동으로는 항공소음문제, 항공안전문제, 항공 관련 종사자들, 즉 파일럿(pilot) 파업이나 운항관제사의 파업 같은 노동운동, 그리고 소비자 시민연대의 소비자 권리 찾기 운동 등이 있다.

1) 초국적 사회운동조직

위에서 말한 쟁점사항들이 전 지구적 차원의 문제를 낳고 있기 때문에, 국제사회에서 국가 간 경계를 뛰어넘어 인류 공통의 목적을 위해 공조하는 사회운동조직(social movements organization: SMOs)에[134] 의한 초국적 국제사회운동 연구가 관심의 대상이 되고 있다. 이와 같은 현상, 즉 지역문제에서(local) 국가적인 문제(national)로, 그리고 나아가서 국제문제(global)로 발전한 한국 국내의 문제로는 '동강댐 건설 반대운동'과 람사협약(Ramsar convention)[135]과 연계된 '새만금 간척사업 반대운동' 등이 대표적 사례이다.

또한 항공 분야에는 이러한 예로 중국과의 항공공로 개설에 관한

---

134) 여기서의 사회운동조직(social movements organizations: SMOs)은 NGO(non-government organization), NPO(nonprofit organization), VO(voluntary organization), CSO(civil society organization), PO(public organization), MBO(membership organization), PBO(public benefit organization) 등을 총괄하는 개념으로 사용한다.

135) Ramsar Convention: 1971년에 이란의 Ramsar에서 채택된 물새 서식지로서 국제적으로 중요한 습지보전조약이다.

사례가 있다. 당시 중국민항(CAAC)이 불시착하고 한국 정부가 지원하는 과정에서 한국뿐 아니라 미국, 일본, 서방국가의 항공사들이 이러한 분위기를 지원하고 협조하여, 초국적 국제항공사회운동의 모습을 보인 것이다. 타 국가들이 그렇게 행동한 이유는, 당시 국제사회의 분위기상 한국 정부와 중국 정부가 국교를 개설하고 항로를 개설하면 미국, 일본, 서방국가의 항공사들 또한 경제적인 운항이 가능하게 될 것이라는 데 있었다.

이러한 초국적 사회문제를 다루기 위해, 초국가사회에서 전 지구적 공공영역(global public sphere)의 존재의 문제가 대두된다. 전 지구적 공역이란 개인, 집단, 지방, 국가 등이 시공적 제약을 초월하여 담론과 실천을 이룰 수 있는 공간으로 정의할 수 있다. 이에 대한 접근방식으로서 비정부기구의 역할 확대에 주목할 필요가 있다.

비정부기구는 초국적 인류의 문제를 해결하기 위해서 신제도주의적 지구문화의 확산, 세계 공역화하는 영공주권의 위협, 국제항공기구의 중요성 증대의 논의를 더욱 활발히 하기 위해 국민국가라는 경계를 넘어서고, 규범, 제도, 원칙, 관행 등 기존의 국제기준을 한곳에 수렴해 나가는 등의 과정에서 큰 몫을 해내고 있는 것이다.

또한 비정부기구는 사회적으로 형성되는 과정을 국제항공사회운동에서 규범이나 질서의 틀(framework)로써 전파하거나 학습화 과정을 이루는 데 있어서 중심적인 역할을 하고 있다. 지구시민사회는 국제항공문제에 대한 사회화 학습의 장으로서 국제민간항공기구(ICAO)와 민간 항공사 간의 국제항공운송협회(IATA)을 비롯하고 있으나, 이들은 정부권력, 경제권력을 대표하는 기관으로 간주된다.

최근에는 새롭게 등장하고 있는 항공에 관한 순수 민간단체들이 도약을 준비하고 있다. 이들은 아직 분명한 형체를 드러내고 있지 않지만, 국제항공사회와 세계지역을 연결하는 매개고리가 논의되어야 할 것이다. 그런 논의 없이는 초국적 항공사회운동에서 장애를 극복할 수 있는 대안이 없기 때문이다. 앞으로 이러한 차원의 지구항공사회(global aviation society) 논의가 적극 모색되어야 할 것이다.[136]

이러한 지구항공사회를 일반적으로 발전시킨 것이 지구시민사회이다. 지구시민사회 형성에 대해서는, 립슈츠는 상상의 공동체론(imagined commodity)을 통해서 가능하다고 본다. 그들은 초국적 환경운동단체, 인권운동단체 등과 같은 아래로부터 국민국가체제에 도전하는 상상의 공동체(imagined community)인 초국가적 정치적 네트워크(transnational political networks)가 될 국가의 경계를 넘어서 지역적 행위자들로서의 담론의 실천장을 형성하는 방법이 있을 수 있다고 한다.

메이어와 볼리(Meyer and Boli)는 국제기구를 통한 지구시민사회를 형성할 수 있다고 한다. 그들은 지구적 문화의 형성에 따라 세계적 정체성이 형성되고 있다고 본다. 국제비정부기구(INGOs)나 정부간기구(IGOs)를 활용하여 국제수준의 지식, 정보, 규범, 가치 등을 제공해 줌으로써 지구시민사회 형성에 기여할 수 있다.[137]

스미스(Jackie Smith)의 초국적 사회자본형성론이다. 사회운동조직에 의한 초국적 연대를 조성하여 국제사회의 사회자본(social capital)을 형성하여 지구시민사회를 형성함으로써 초국적 공공담론의 장을 제공할 수 있다.[138]

---

136) Ronnie D. Lipschutz, "Reconstructing World Politics: Emergence of Global Civil Society", *Millennium: Journal of International Studies*, Vol.21(3)(Autumn, 1992), pp.389-420.
137) John W. Meyer, John Boli, George M. Thomas and Francisco O. Ramirez, "World Society and Nation-state", *American Journal of Society*, Vol.103(1)(July 1997), pp.144-181.
138) Jackie Smith, "Global Civil Society?: Transnational Social Movement

2) 국제항공 부메랑전략(boomerang strategy)

이와 같은 국제항공협력을 논할 경우, 국제항공옹호망(Transnational Aviation Advocacy Networks: 이하 'TANs'로 약함) 개념이 국제항공관계론에서 부각될 수 있다. 이는 개도국 항공사회 운동단체가 자국의 정부를 압박하기 위해 선진국의 항공사회 운동단체 혹은 국제항공기구 특히 국가 간 기구인 국제민간항공기구(ICAO)와 항공사협회인 국제항공운송협회(IATA) 등을 동원하여 당면한 국제항공공로(air routes)문제와 같은 것을 해결하려는 전술적 효과에 초점을 맞추기도 한다.

초국적 사회운동과 지역운동의 연계활동방안에 대해서는 몇 가지로 나누어 보면 정체성 형성과 자원동원의 차원에서 ① 위로부터의 압박전략, ② 장기적 사회화 과정을 통한 도전, ③ 지역운동의 역량강화를 위한 지속적 네트워크의 활성화 등으로 볼 수 있다.

첫째, 압박전략은 초국적 사회운동조직들이 사회적으로 합의에 이른 국제규범들, 즉 환경, 인권, 평화, 여성에 대한 규범에 어긋나는 지역정치에 대해 국제적 연합을 형성하여 압박을 가하는 형태이다. 이때 후진 권위적인 독재국가에서 인권문제와 같은 것을 효과적으로 압박을 가하여 부메랑효과를 더 크게 하기 위해서는 국제옹호망(TANs: Transnational Advocacy Networks)전략을 취하기도 한다. 이 전략에는 켁과 시킨크(Keck and Sikkink)에 의하면 네 가지 전략이 있다. ① 구체적 사실에 입각한 객관적 정보확보를 통한 정당성 확보. ② 사건을 상징적으로 쟁점화하여 운동이념의 틀로서 활용하여 일반 시민들이 심정적으로 동조하거나 참여하는 상징적인 설득. ③ 구체적인 반규범적 사실을 공개하여 망신을 주게 하는 도덕적 압력. ④ 군사적,

---

Organizations and Social Capital", *American Behavioral Scientist,* Vol.42(1)(Winter, 1998), pp.93-107.

경제적 제재를 동원하는 물질적 제재전략이다.[139]

둘째, 장기적 사회화 과정을 통한 도전에 의한 초국적 사회운동은 지역사회국가나 정부가 국제규범, 즉 조약, 협정, 협약 등에 부합할 수 있도록 학습과정에 연계하는 형태이다. 이 경우 사회화 과정에서 외부의 제도, 즉 국제규범을 국내제도에 주입하게 되면 그 단계적 발전을 나누어 제도화시켜 나가는 방법이 있다. 초기단계에는 압력과 거부가 교차하고, 그다음 단계에는 전략적인 양보의 단계를, 세 번째 단계에는 국내법 제정 등 법 규정 단계, 그리고 마지막 단계에는 새로운 법규의 일상화 및 제도화 단계를 거치게 된다. 이러한 모델을 리스와 시킨크는 나선형 모델(spiral model)로 소개한다.[140]

코텐(David C. Korten)은 개발 NGOs의 경우 네 가지 전략적 단계를 거쳐서 발전하면서 상호 작용하는 것으로 본다. 첫째 세대에서는 구호와 복지를 직접 펴는 단계, 둘째 세대에서는 지방적 자기 의존의 단계, 셋째 세대에서는 지속 가능한 체제 개발, 넷째 세대에서는 민중운동 지원단계로서 인민 중심의(people-centered) 지구 우주호(global spaceship)의 경제적 비전을 제시하면서 발전하고 그 정당성을 확보해 나가는 활동을 한다고 보고 있다.[141]

셋째, 지역운동의 역량강화를 위해 초국적 사회운동단체들과 지속적인 네트워크 강화이다. 이는 국내문제를 초국적 사회문제로 관심을

---

139) Margaret E. Keck and Kathryn Sikkink, *Activists beyond Borders: Advocacy Networks in International Politics*(New York: Cornell University Press, 1998), pp.12-25.

140) Thomas Risse and Kathryn Sikkunk, "The Socialization of International Human Rights Norms into Domestic Practices: Introduction", *The Power of Human Rights edited by Thomas Risse*(New York: Cambridge University Press, 1999), p.33.

141) David C. Korten, ibid., pp.114-128.

높여 나가는 형태나 또는 이와 반대로 국제문제를 국내문제로 이행시 켜 나가는 과정에서 지속적 네트워크를 강화시켜 가는 형태이다.[142]

이러한 전략을 켁과 시킨크(Keck and Sikkink)는 부메랑전략(boomerang strategy)이라고 한다.[143] 현재 2000여 개의 비정부기구가 유엔경제사회이사회(UN Economic and Social Council)에서 자문활동을 하고 있지만, 그들의 활동 간에 연결고리가 약하거나 학습화 활동에 구심점 없는 대응을 보여, 유엔을 통한 활동단체에 대해 회의를 갖게 하는 단체들이 늘어나고 있다.

여기서 지구적 시민사회 형성에 대해 하나 언급하자면, 지방문제(local)나 국내문제(domestic)의 경우는 국가에 대항하고 기업에 압력을 가하며 시민사회의 권리를 확장시키려는 노력이 비정부기구의 역할로서 강한 효과를 얻을 수 있었다.[144] 그러나 전 인류적인 문제의 경우, 정부나 기업에 대항적인 자세보다는 지우그니와 파시(Giugni and Passy)의 주장과 같이 초국적 사회운동단체와 국가는 상호협력적 보완관계를 형성하는 경우가 더욱 문제해결이 용이할 수 있다. 앞에서 이미 언급한 국제항공의 공로(air routes)문제 해결은 한 국가나 한 개별 비정부기구로서는 해결할 수 없을 뿐만 아니라, 정부나 사기업 또한 예외 없이 함께 역량을 집결해야 전 지구적 총체적인(ensenbled) 시민사회를 위한 평화와 복지 증진에의 노력이, 효과가 배가될 수 있을 것이기 때문이다.

현재 NGO는 '못 하는 것이 없을 정도'라 불러도 좋을 만큼 수행하

---

142) Sidney Tarrow, *Power in Movement: Social Movement, Collective Action and Politics*(Cambridge: Cambridge University Press, 1994), p.2.
143) Margaret E. Keck and Kathryn Sikkink, *op.cit.*, 1998, pp.12–13.
144) 김영래, "한국 시민사회운동의 과제와 전망", ≪중앙일보≫ 시민사회, 『시민사회과제』 2003, 14쪽.

는 활동이 다양하다. 국가기능을 대신하여 국가가 할 수 없는 것을 감시하고, 국가가 꺼리는 것을 주장하며, 국가의 모자라는 부분을 혁신하고, 국가 여력이 닿지 않는 분야에 서비스를 제공한다.[145] 또한 NGO에 대한 논의는, 불완전한 국가와 불완전한 시장을 정책적으로 보완하고 시장과 국가를 민주적 질서하에 묶는 새로운 거버넌스로의 변환을 모색한다는 의미를 지닌다.[146]

3) 국제항공 비정부기구의 역할

앞에서 살펴본 지구항공사회(global civil aviation society)에 대해, 국제 NGO는 다양한 방법으로 많은 영향력을 미칠 수 있다. 다양한 NGO의 역할 중 고전적인 기본적 역할을 보면, ① 집행, 운용(executive operation)의 기능, ② 교육(education)의 기능, ③ 선전, 대변(advocacy)의 기능 그리고 ④ 감시활동(monitoring)의 기능 등이 대표적으로 언급된다.[147] 이런 일반적인 고전적 기능면에서 NGO는 스스로가 갖고 있는 자원, 즉 전문지식, 동원능력 그리고 실행력 등을 통해 영향력을 행사하고 있다.[148]

---

145) Adil Najam, "Citizen Organizations as Policy Entrepreneurs", *International Perspectives on Voluntary Action: Reshaping the Third Sectors* edited by David Lewis(London: Earthscan, 1999), p.148.
146) Charles Wolf Jr., *Markets or Governments: Choosing between Imperfect Alternatives*, Second Edition(Boston: The MIT Press, 1997), pp.90-94.
147) Shirin Sinnar, "Mixed Blessing: The Growing Influence of NGOs", *Havard International Review*(Winter 1995/96), pp.36-40: Lester M. Salaman, *America's Nonprofit Sector: A Primer*, Second Edition(The foundation Center, 1999), pp.15-17: 김영수, "세계사회의 거버넌스 형성과 NGO의 역할", 한국 NGO학회, 『2002년도 춘계학술대회』 16~18쪽.
148) P. J. Simmons, "Learning to live with NGOs", *Foreign Policy*, No.112(Fall 1998), pp.82-88.

국제항공 NGO의 역할을 정리하면 다음과 같이 볼 수 있다.

첫째, 먼저 국제항공 NGO는 사안별 의제설정(agenda setting) 역할을 한다. 국제항공사회에서 당면하고 있는 중요 사안별로 관심사에 대한 국제항공 여론 형성 및 공론화에 항공 NGO가 주도적인 역할을 한다. 여기서 국제항공 NGO는 정부나 국제기구의 의사결정권자들로 하여금 항공시민사회가 요구하는 쟁점사항에 관심을 갖도록 하고, 이를 의제로 설정하도록 공론화의 역할을 한다. 선진국 중심의 세계무역기구(WTO)의 질서편성 반대운동, 대인지뢰 금지운동, 전쟁반대운동 등과 같은 그 대표적인 공론 형성 활동을 우리는 지켜볼 수 있었다.

둘째, 국제항공레짐을 창출(creation)하는 역할을 한다. 국제항공 NGO는 고전적인 기본 NGO의 활동을 통해서 지구항공사회에서 새로운 국제항공레짐을 형성하거나 기존의 국제항공레짐을 강화하는 역할을 한다. 국제항공 NGO는 새로운 조약이나 협약을 창출해 내는 데에 공헌을 한다. 개별적인 인권, 환경, 항공조약이나 협약들을 모아서 지구적 인권레짐, 환경레짐, 항공레짐을 채택하는 데에 결정적인 역할을 한다.

셋째, 개발항공 NGO와 같은 국제항공 NGO는 대중적 지지동원과 공론화를 통해서 정부나 국제기구의 활동에 정당성을 부여하는 역할을 한다. 이와 같이 활동주체에게 정당성을 부여해 줌으로써 그 효율성을 증대해 준다. 효율적인 정부나 국제항공기구의 활동이 되게 하기 위해서 정부나 국제항공기구는 국제항공 NGO들과 정기적인 협의의 필요성을 갖게 된다.

넷째, 국제항공 NGO는 문제가 되고 있는 쟁점사항들을 해결하는 역할을 한다. 국제항공 NGO는 정부나 국제항공기구와의 협조를 통해 혹은 때로는 독자적인 힘으로 문제를 해결하기 위한 실질적인 활동을 전개할 수 있는 능력을 함양하게 된다. 난민이나 기아문제를 직접 해결하기 위해 구호활동을 펼치는 일, 개발원조 활동, 환경이나 인권감시 활동들을 수행하고 있는 NGO의 역할을 볼 수 있다.

이와 같은 국제항공 NGO의 활동은 먼저, 풀뿌리 민중에서부터 UN, IMF, WTO 등과 같은 국제기구에 이르기까지 수직적으로 이동하면서 의사결정권한을 보조하는 영역(subsidiarily)을 가진다. 즉, 국가나 국제항공기구에 대한 보조적 기능을 수행하는 경우이다. 또한 다른 한편으로는 수평적으로 국내뿐 아니라 초국가적인 시민연합을 결성하여, 개인의 힘으로는 상상도 못 할 강한 연대의 힘(solidarity)에 의해 커다란 일을 이루어 내기도 한다.149)

이를 가리켜 그라노베터(Mark S. Granovetterr)가 지적했던 '약한 네트워크에 강한 연결'(the strength of weak ties)의 경우라 말할 수 있겠다. 이와 같이 국내적으로나 국제적으로 중요한 쟁점사항에 대해 의사결정 수준을 수평적, 연대적 기능으로 재조정하게 된 것은, 1992년의 리우환경회의와 1999년의 시애틀 서방선진국 정상회담 반대운동 등 NGO의 활동이 범국제적인 조직화 현상을 보이면서 시작된 것으로 볼 수 있다.

국제연맹은 NGO을 분류함에 있어서, 공적 기구, 반공적 기구, 사적 기구의 삼분법적 분류방식을 사용하였다. 그러나 국제연합(UN)에서는 국가와 국가 간 정부기구, 그리고 그 이외의 비정부기구로 2분법적 분류방식을 사용하고 있다.150) 또한 프린센(Thomas Princen)은 NGO의 행동양식을 정부나 국제기구에 의사를 직접 전달하는 양식과 간접적인 압력행사를 가하는 양식으로 분류했으나151) 그라노베터(Granovetter)

---

149) Mark S. Granovetterr, "The Strength of Weak Ties", *American Journal of Sociology*, Vol.78(6)(1973), pp.1360−1380.

150) Chiang Pei−heng, *Non−Governmental Organization at the United Nations*(Hongkong: Praeger Publishers, 1981), p.60.

의 이론을 바탕으로 하여 보조성과 연대성을 기준으로 NGO의 행동양식을 분류하는 경우도 존재한다.

본 연구는 앞에서 검토한 NGO의 분류기준에 비해 다소 포괄적이기는 하나, 편의상 유엔의 이분법적 기준에 의해 국제항공레짐을 정부기구에 대비해 비정부적 행위자들이 주체가 되는 비정부기구로 분류한다. 이는 소비자 중심에서의 시민사회운동과 같은 단순한 투쟁적 행위에서 벗어나기 위함이고, 또한 앞서 언급한 초국적 국제옹호망 형성과 지구시민사회 형성에서 총체적인 인류복지와 공영을 이루기 위해서는 더욱 분할(fragment)을 줄일 필요가 있기 때문이다.

그리고 국제항공레짐과 시민사회운동 부문에서는 초국적 국제항공레짐 형성을 위하여 일반적인 NGO의 정부나 기업에 대한 투쟁적, 해방적, 독립적, 쟁탈적 성격을 벗어나고자 한다. 따라서 일반 소비 대중, 항공사, 항공 관련한 종사자, 즉 공항, 관제, 세관, 관련 시설 등 업종과 정부, 정부기구, 민간항공 관련 국제기구, 국가 간 국제항공기구 등이 초국가적으로 전 지구 인류적 평화와 복지 증진을 위한 환경, 노동, 안전, 항공공로 등의 문제에 접근하는 차원에서 초국적 시민사회운동을 전개하고 있다.

---

151) Thomas Princen, "NGOs: Creating a Niche in Environmental Diplomacy", *Environmental NGOs in World Politics: Linking the Local and the Global* edited by Thomas Princen and Matthias Finger(New York: Routledge, 1994), pp.36-38.

제2절 시민사회 중심 국제항공레짐의 특성

1. 권력구조의 개방

(1) 항공 외적 권력구조

국제사회의 권력구조는 과거의 전면적인 양차 대전과 최근의 구소련 붕괴를 겪으면서 다원주의 시대로 변모하여 왔다. 이러한 가운데 국제항공질서는 어떻게 변화하였는가? 커헤인과 나이의 분석과 같이, 냉전 시대에는 국제레짐의 변화요인이 패권적 논리에 따라 미국과 소련의 힘에 좌우되어 왔다.[152]

국제항공레짐의 변화요인에 대한 욘슨의 분석에 따르면, 제1차 세계대전 이후 국제항공질서 수립을 위한 1919년의 파리협약 초안 당시에 참가한 회원국들에는 다른 어떤 문제보다도 국가안보문제가 가장 중요했다. 그리고 제2차 세계대전 이후에 국제항공질서를 위한 시카고 회의에 참가한 회원국에게 여전히 국가안보문제가 가장 중요한 사안으로 받아들여졌다고 보았다. 따라서 욘슨은 양차 세계대전 이후에도 국제항공레짐에는 권력구조의 변화가 없었다고 판단하였다.[153]

그러나 1990년대 이후 구소련이 붕괴하고 다원주의 시대에 들어서면서, 권력구조 내부에 국가 이외의 각 쟁점영역에 관심을 갖는 다양한 행위자가 등장하게 되었다. 대표적인 것이 비정부기구(NGO)이다. 오늘날 비정부기구는 국경을 넘나들면서 쟁점영역에서 정부나 다른 이익집단의 부당한 의사결정이나 정책형성을 반대하고 있다.

특히 항공 분야에서 각국의 환경단체나 교통 관련 단체와 긴밀한

---

152) Robert O. Keohane and Joseph S. Nye, *op.cit.*, pp.42−49.
153) Christer Jönsson, *op.cit.*, 1981, pp.294−296.

협력하에 환경오염, 대기오염, 소음문제, 부당한 요금, 요율의 문제와 서비스 문제를 지적하고 있다. 그와 같은 대표적인 단체로서는 유럽에 본부를 두고 있는 유럽교통환경연합(European Federation for Transport and Environment)과 같은 단체가 있다.[154]

지난 수십 년간 새로운 경제적, 정치적 지역통합 현상은 관세나 기타 인위적 장벽의 방해 없이 상품과 서비스 교역의 자유로운 경쟁을 지향하는 뚜렷한 추세를 보여 왔다. 이 중 유럽연합(EU)은 정치경제적 통합에 가장 탁월한 제도적 선진화를 시현하게 되었다. 1993년 1월 7일자로 확정된 유럽연합의 항공운송정책은 시카고협약 조인 당시에는 감히 상상도 할 수 없었던 많은 자유화 요소를 도입하고 있다. 비록 유럽연합에 비해서는 그 제도적 장치들이 덜 분명하지만, 항공정책이 시장의 지역적 통합화를 지향하는 유사한 추세는 세계의 다른 지역에서도 분명하게 나타나고 있다.

앞서 논의한 바와 같이 이와 같은 지역적 그룹화가 장래에 국제민간항공기구와 같은 세계적 항공기구를 어떻게 바꾸어 갈 것인가가 주목되고 있는 가운데 1993년 12월에 합의에 도달한 세계무역기구(WTO)의 전신인 관세 및 무역에 관한 일반협정(GATT)은 결국 서비스 교역의 일부로 국제항공운송의 전 분야를 자신의 영역 속으로 흡수함으로써 국제민간항공기구의 역할과 범위에 변화를 제기하고 있다.

국제항공레짐에 대한 종래의 연구에서 특성과 시대를 구분하는 데에는 주로 영공주권의 개념변화에 따른 것이다. 국가주권의 개념은 유럽의 30년 전쟁 이후 전후 질서를 바로잡기 위해 세력균형을 목적으

---

154) 유럽교통환경연합은 유럽연합의 교통위원회(transport commission)에 대한 업무를 감시하는 순수 민간사회단체로서 1989년에 설립된 비정부기구이다.

로 체결된 1648년의 웨스트팔리아조약에 그 기원을 두고 있다. 그러나 항공과 관련한 영공의 개념은 1783년 열기구의 비상에서 1919년 파리협약이 체결되기까지는 영공에 대한 아무런 제한이 없는 영공무제한주의에 머물러 있었다.

그 후 제1차 세계대전이 발발하자 상대국의 항공기가 자국의 영공을 비행하는 것은 영공주권의 침범으로 보고 이를 규제하게 된 것이 지금까지의 항공에 관한 영공주권개념이다. 여기에서 영공주권에 관한 오늘날 세계화와 관련하여 살펴보면 세계화가 국가주권에 어떠한 영향을 미치고 있는가? 주권국가들의 존재가 세계화의 진전과 이상 실현에 기여하고 있는가? 아니면 방해하고 있는가? 여기에 대한 이론은 국가주권이 약화되었다는 이론과 국가주권이 강화되었다는 이론 두 가지로 나뉘어 있다고 할 수 있다.

국가약화론의 대표적인 이론가로는 영국의 스트레인지(Susan Strange)로 볼 수 있다. 스트레인지는 세계화 시대를 맞아 국가의 역할이 뚜렷이 쇠퇴하였다고 강력 주장하고 있다. 스트레인지는 "국가권위는 위로, 옆으로, 아래로 누수화 현상을 보이고 있다. 어떠한 문제에 대해서는 국가권위가 아주 사라져 버렸거나 증발되어 버렸다."고 한다.[155] 스트레인지는 이러한 국가권위의 쇠퇴를 다음과 같은 국가활동의 핵심적인 세 가지 영역에서 관찰하고 있다.[156]

첫째, 국방에 관한 영역이다. 스트레인지는 이제 국가 간의 전쟁은 더 이상 볼 수 없는 용도 폐기 단계에 이르렀다고 한다. 국가의 존재는 이제 전쟁에 의해서가 아니라 시장에 의해서 더 심각한 위협을 받

---

155) Susan Strange, *The Retreat of the State: The Diffusion of Power in the World Economy*(Cambridge: Cambridge University Press, 1996), p.56.
156) Susan Strange, "The Erosion of the State", *Current History*(1997), pp.368–369.

고 있다. 국가들의 생존을 위협하는 것은 영토의 획득 대신에 세계시장에서의 점유능력을 높이는 일로 대체되었다고 한다.

둘째, 통화와 금융의 영역이다. 전통적으로 국가가 통제권한을 가지고 있던 통화가치의 유지, 이자율의 통제, 인플레 억제 등에서 그 통제능력이 크게 훼손되어 버렸다. 오늘날의 신용은 국경을 초월하여 사용되고 창출된다. 자본의 국제적 이동에 따라 특정국가의 통화가치나 경제적 흥망이 크게 다른 국가에 영향을 미치게 된다. 이와 같은 현상은 1990년대 후반 전 세계를 휩쓸고 간 세계금융위기 때에 국가 간의 지불유예(moratorium)와 같은 현상을 겪었던 일을 보면 일 국가의 통제력이 얼마나 제한되고 무력화된 것인지를 쉽게 알 수 있다.

셋째, 국가의 복지제공의 영역이다. 우리는 시장경제의 확대와 함께 복지의 확대를 국가정책으로 펼치고 있는 것을 쉽게 볼 수 있었다. 조세천국의 등장과 조세 회피 목적으로 이러한 복지정책을 사용하는 경우가 증가하고, 개별 국가들이 자본유치를 목적으로 여러 가지 혜택을 제공함에 따라 국가들의 재정수입이 오히려 감소하고 있다. 국가소유의 항공기업의 민영화는 재정수입의 보전을 위한 방안으로 추진되기도 하였지만, 그것은 경제에 대한 국가의 통제력을 더욱 약화하는 결과를 초래하기도 하여 세계화는 복지국가를 위협하는 결과를 초래하였다는 것이다.

이와 같은 주요한 국가통제의 영역이 약화됨으로써 세계화는 국가의 쇠퇴를 초래하고 있다고 스트레인지는 주장한다.

한편 국가강화론의 입장에 있는 대표적 이론가는 미국의 크라즈너(Stephen D. Krasner)이다. 크라즈너는 "세계화가 국가주권을 약화하고 있다는 주장은 과장되고 역사적으로 근시안적(myopic)이다."고 한다.157) 그는 오늘날 거론되고 있는 세계화 현상이 역사적으로 새로운 것도 아니고, 세계화의 정도 또한 특별히 엄청난 것도 아니라고 본다. 19세기에 영국의 패권하에서 달성한 자유무역과 자본이동, 인구이동의 정도가 오늘날보다도 더 컸다고 한다.

그는 1970년대 이후에 진행되어 오고 있는 세계화 추세는 양차 대전의 전간기(interwar)에 붕괴되었던 무역과 자본이동의 수준이 회복한 정도에 불과하다고 평가하고 있다. 그리고 그는 경제적 교류증대가 국가의 활동을 위축시키는 것이 아니라 오히려 확대한다고 주장한다. 세계화와 국가활동 또한 함께 증가하였다는 것이다.158)

크라즈너는 세계화가 국가의 약화를 가져왔다고 주장하는 사람들을 가리켜 국가의 통제력과 국가의 권위를 혼동하고 있다고 비판한다. 세계화와 무정부적 국제체계는 국가의 통제력에 제한을 가한다. 이러한 현상은 새로운 것이 아니라 국제관계에서 항상 발견될 수 있는 현상이다. 약소한 개별 국가로서는 내부 통제력 확보에 한계가 있다고 본다.

최근 주목받는 인도주의적 국제개입도 새로운 것이 아니고 과거에도 종교문제, 민족문제 등으로 국제개입이 빈번하게 일어났던 일이다. 이러한 단순한 통제력의 약화가 국가권위를 약화시키는 것이 아니라 오히려 강화시킬 가능성이 크다고 본다. 다음의 주장은 그의 생각을 잘 집약해 보여준다. "세계화가 진척될수록 국제적 관리의 필요성이 증대하고 이러한 필요성은 국가 간의 협정 체결을 통해서 가능하므로 국가의 권위는 더욱 증대한다."는 근거를 들어서 크라즈너는 다음과 같이 주장하고 있다.159)

---

157) Stephen D. Krasner, "Globalization and Sovereignty", *States and Sovereignty in Global Economy* edited by David A. Smith, Dorothy J. Solinger and Steven C. Topik(London: Routledge, 1999), p.34.

158) *Ibid.*, p.40.

159) *Ibid.*, p.36.

  "세계화가 주권을 변화시키는 것이 아니다. 관찰자들은 상상으로 과거를 만듦으로써 현재의 변화를 과장한다. 통제에 대한 도전과 권위에 대한 도전을 구분하지 못함으로써 그들은 통제력 약화가 국제협력을 통한 국가권위의 약화를 가져오는 것으로 잘못 이해하고 있기 때문이다. 그렇게 되는 이유는 주권의 국제적 인정이 국제협력에 의존하고 있기 때문이다."

  이들의 논쟁은 극단적인 경우로 볼 수 있다. 현실적으로 국가라는 행위주체는 세계화에 ―세계무역기구, 세계은행, 국제통화기금 등과 같은 국제기구를 통하여―커다란 역할을 맡고 있다. 그렇지만 다른 한편으로는, 비정부기구(NGO)와 같은 새로운 행위주체들의 등장으로 그들과의 관계정립이 필요해졌으며, 국가들에 과거와 같지 않은 새로운 역할이 요구되고 있다는 것 또한 사실이다.

  따라서 국제항공레짐을 그 특성과 시대별로 구분할 때는 두 가지를 고려해야 한다. 하나는 그와 같은 구분이 시대적 단절을 의미하지 않는다는 점이고, 다른 하나는 과거의 체제를 바탕으로 하여 새로이 발전해 가는 형태라는 점이다. 특성과 시대를 구분하는 경우에 어떤 시대적 단절을 의미하는 것이 아니라 과거의 체제를 바탕으로 더욱 발전된 새로운 형태로 봄과 동시에 단지 그 시대의 특징적인 현상을 강조하는 것일 뿐이라는 점을 고려할 필요가 있다.[160]

  배링턴 무어는 일본의 근대국가 건설이 전 시대인 도꾸가와 막부(德川幕府)와의 단절이 아니라 도꾸가와 막부가 다져 놓은 봉건제도(封建制度)의 기초 위에서 1868년에 시작된 메이지유신(明治維新)에

---

160) Barrington Moore, Jr., *Social Origins of Dictatorship and Democracy: Lord and Peasant in the Making of the Modern World*(Boston: Beacon Press, 1966), pp.247-248.

의한 왕정복고(王政復古)운동의 전개로 공업기술의 발전과 함께 근대 국가를 건설한 것과 같은 논리의 맥락으로 볼 수 있다(The Tokugawa in their victory of 1600 had laid the foundations of a modern state. The Meiji completed the process).

(2) 항공 내적 권력구조

국제민간항공기구(ICAO) 내부의 권력구조를 살펴보면 1944년 시카고협약이 체결될 당시에는 국제민간항공조약에 서명한 52개 국가만이 국제사회를 대표하여 조약을 심의, 결정하였다. 그러나 현재 이 조약에 가입한 체약국(contracting states)은 2003년 말 기준 무려 188개 국가에 이른다.[161] 증가한 136개 국가(72.34%)는 시카고협약의 초안에 대하여 아무런 영향을 미치지 못하였다. 그러나 실질적으로 참여하지 않았더라도 총체적 합의에 동참하였다는 점에서 공식적으로 서명국가와 동일한 자격을 갖게 되었다.

세계의 지정학적 사정과 회원국들을 중심으로 하는 국제사회의 대립적 이해관계는 시카고협약 체결 이후 크게 변화하였는데, 그 양상을 살펴보면 다음과 같다. 1944년 당시는 구소련과 적성국가를 확연하게 배제하고 미국 중심의 제1세계 서방진영만이 서명에 참가했다. 그러나 1960년대와 1970년대의 탈식민지화를 거치면서 많은 민족국가들이 출현했고, 이들이 국제민간항공기구에 가입해 평등한 투표권을 행사하게 되면서 제반 발의사항의 방향이 바뀌었다. 이들은 국제항공사회에서 이해관계를 함께하는 새로운 집단세력으로 등장하고, 반수 이상의 발언권을 행사할 수 있는 세력으로 성장하면서, 국제사회의 다양한 갈래의 의견과 이해관계를 전면에 부각시켰다.[162]

---

161) ICAO, *Journal*, Vol.58(2003).

지금까지 국제항공에 관한 세계의 권력구조를 항공 외적 권력구조와 항공 내적 권력구조로 나누어 살펴보았다. 국제항공 외적인 면에서는 다원주의 사회의 도래로 비항공 기구인 새 행위주체—비정부기구 (NGO), 세계무역기구(WTO), 국제노동기구(ILO), 세계은행, 경제협력 개발기구(OECD), 환경단체 등이 등장, 그들의 주장을 개진하고 있다.

국제항공 내적인 면에서는 국제민간항공기구의 조직구성 변화를 들 수 있다. 기존의 52개의 조약 서명국에 서명 국가 이외의 독립국가들 이 가입하여 현재는 188개국이 되었고, 이로 인해 세력의 판도가 변화 한 것이다. 이와 같은 변화는 서비스 소비자를 위한 권력형태로 변모 해 갈 조짐이라 할 수 있다.

2. 경제적 중요성의 증가

국제항공 행위자들이 국제항공 협약, 협정 등 국제항공레짐을 추종 하는 이유로 세 가지 정도를 들 수 있다. 첫째, 단기적으로 이익이 되 지 않을지라도 장기적으로 봐서 자국이나 자사에 유리할 것으로 판단 할 경우에 국제적 의무에 협력하게 된다. 둘째, 국제항공레짐이 의사 소통과 학습을 촉진시켜 불확실성을 계도하며, 투명성의 정도를 높이 는 데에 기여하기 때문이다. 셋째, 국제항공레짐은 행위자의 기대를 안정화하고 상호간 쟁점의 범위가 확대됨에 따라서 여러 사안에 관련 되는 사실을 정기적으로 제도화함으로써 표준화와 단순화를 이룰 수 가 있다.

불확실성의 감소에 따라 거래비용도 줄어들기 때문에, 기술과 정보

---

162) 캐나다 맥길대학 부설 항공우주법연구소장 Michael Milde 박사의 1994 년 시카고협약 50주년 기념연설문 중에서.

통신의 발달을 이용해 불확실성의 감소와 거래비용의 최소화, 즉 경제적 이익을 극대화하는 것을 목적으로 삼는다. 경제적 이익을 극대화(maximization of economic gains)하기 위한 기술과 정보통신(information and technology)의 발달에 의해 불확실성의 감소와 거래비용의 최소화를 목적으로 한다.

커헤인과 나이(Robert O. Keohane & Joseph S. Nye) 역시 국제레짐을 경제적 이득(economic gains)을 극대화하기 위한 노력의 결과로 보고 있다. 그들은 경제적 과정설명(economic process explanation) 모델로 제2차 세계대전 이후 급속히 확대되고 있는 무차별적 무역(trade), 대규모 자본(capital)의 국제적 이동, 다국적기업(multinational corporations)의 급속한 성장 등을 특징으로 하는 국제경제적 현상을 제시하여, 이러한 국제경제적 변화현상에 의해 국제레짐은 변화를 초래하게 된다고 보았다.163) 구체적으로는 기술의 발달, 국민총생산의 증대, 생산요소의 국제적 이동 같은 요소들이 정부로 하여금 그 제도적 기반으로서 국제레짐을 수정하거나 재구성하게끔 한다는 것이다.

욘슨(Christer Jönsson)은 이러한 변화요인에 대해, 1930년대의 쌍발 엔진 프로펠러 항공기가 퇴진하고, 1960년대에 점보제트기가 출현하는 등 항공기술이 발달했음에도 국제항공레짐은 변화하지 않고 있다고 주장한다. 그는 국제항공산업을 비상업적, 비경제적으로만 고려할 경우 항공기술의 혁신에 따른 경제적 과정의 변화에 의해 작은 항공사가 퇴출하거나 큰 항공사에 합병되는 등 항공레짐이 변화를 일으킬 것이라고 말한다.

그러나 국제항공산업에서는 각국 정부가 자국 항공사가 외국의 항공기업에 의해 흡수되는 것을 허용하지 않을 것으로 보았다. 자국 항

---

163) Robert O. Keohane and Joseph S. Nye, *op.cit.*, pp.38–42.

공사의 독립성을 보전하고 항공협정(bilateral agreement) 상에서도 자국의 지정항공사(designated airlines)를 상대국에 통지하는 제도를 두고 있기 때문인 것으로 파악한다.[164]

(1) 경제성장(economic growth)의 영향

1) 새로운 여행목적지의 개발

경제성장의 문제는 국제항공레짐의 쟁점사항의 변화를 의미한다. 그것은 이제 국제사회에서 종래의 전쟁, 군사, 안보, 권력과 같은 상위개념의 정치영역이 선호의 정점에 놓이지 않는다는 논리에서 출발한다. 이제는 경제를 비롯한 기타 쟁점사항의 중요성으로 인해 무역, 금융, 환경, 인권 등의 쟁점사항들이 각각의 쟁점영역 내에서 그 주요 정도에 따라 협상하여 선호를 설정한다는 것이다. 이를 국제항공레짐의 영역에서 살펴보면, 경제발전과 과학기술의 발달이 항공 이용자들로 하여금 여행을 선호하게 하고, 그 결과로 수송실적이 증가하였다. 이와 같은 수송실적의 양적 증가와 더불어 다양한 이용자들의 선호가 변화하면서, 여행 행선지와 수송 목적지의 다변화가 형성되는 것이다.

여행의 증가율을 살펴보면, 단순 여행객 증가율은 2001년 대비 2002년에 중동지역이 10.5%, 아시아지역이 7.9%의 높은 성장을 보이는 반면, 북미지역은 0.6% 감소, 유럽지역은 2.4%의 증가로 전체 평균 증가율 3.1%에도 못 미치는 저조한 증가율을 보이고 있다〈표 5-2〉.

수송 톤-킬로미터(tonne-kilometers)로 볼 때, 여행관광객의 연간 증가율은 쇠퇴하지만 여전히 높은 성장률을 보이고 있다. 성장률이 불균등하다는 사실은 세계 여러 지역 간, 또는 여러 항공사 간의 다양한

---

164) Christer Jönsson, *op.cit.*, 1981, pp.293-294.

실적에서 알 수 있다. 지난 30년간의 지역별 연간 성장률을 보면 아시아 태평양지역의 항공사들이 타 지역의 항공사들보다 훨씬 빠른 속도로 성장하였다. 이는 〈표 5-2〉에서 보는 바와 같이 이 지역의 연간 성장률은 세계평균 성장률보다 더 높은 수준을 보이고 있다.

1970년대 초부터 1997년 말과 1998년의 동아시아 경제위기 때까지 거의 30년 동안, 일본과 동남아시아 신흥국가들이 구주와 북미지역의 전통적인 자본주의 경제체제 국가들보다 더 빠른 수송 점유율의 증가를 보인다. 그 나라들의 수출 지향 경제정책이 상당한 업무출장(business travel)을 발생시켰고, 1인당 국민소득(rising per capita incomes)의 증가가 여가 여행과 개인 여행을 자극했기 때문이다. 동시에 이들 국가에서 제조한 상품은 고부가가치의 상품으로서 항공수송에 적합한 것이었다.

태국, 싱가포르, 인도네시아와 같은 국가들은 급속하게 관광 인프라를 개발하였고, 그로 인해서 많은 관광객을 아시아 역내에서뿐만 아니라 역외에서도 유치해 왔다. 또한 아시아의 대부분의 국가와 주요 도시들은 바다로 에워싸여 여타의 지역과 분리되어 있는데, 이처럼 지리적 환경이 항공 이외에 교통대안(alternatives)이 없다는 점도 항공산업을 더욱 가속화할 수 있는 원인이 되고 있다.

1970년대와 1980년대에 아시아지역에서 싱가포르항공, 말레이시아항공, 태국항공, 인도네시아 가루다항공 등의 국가소유의 신규 항공사들이 대거 출현하였다. 케세이항공의 민영화, 에바항공, 한국의 아시아나항공 등 민간 항공사들도 항공산업에 새로이 가담하게 되었다. 이들 항공사 대부분이 IATA에 비회원사기 때문에 서비스 표준과 운송에 관한 IATA규칙을 쉽게 통과하였다. 이들 항공사들은 우수한 기내 서비스를 제공하면서 공격적인 마케팅을 함으로써 항공수요를 자극하여 시장 점유율을 차지할 수 있었다.

〈표 5-8〉 정기 국제항공 수송 지역별 점유율 (1973~2002, Tonne-kms)

지 역	1973(%)	1988(%)	1997(%)	1999(%)	2002(%)
아시아 태평양	14.1	29.0	32.6	30.4	33.7
북미지역	27.5	21.5	19.8	21.0	19.0
중동지역	4.0	4.9	4.3	4.5	5.2
라틴아메리카	6.3	5.7	5.0	5.0	4.0
유럽지역	44.3	35.5	35.8	35.5	35.5
아프리카지역	3.8	3.4	2.5	3.6	2.6
전 체	100.0	100.0	100.0	100.0	100

* 자료: ICAO, Air Transport Reporting Form A(2002 statistics)를 Mr. Attilio Costaguta, Chief, Statistics Section, ICAO를 통해 입수

아시아지역에서 세계 평균 성장률 이상의 수송실적과 아시아 항공사들의 다이내믹한 확대를 낳게 한 배경에는 전통적인 미국이나 유럽의 국제항공사와는 다른, 항공산업의 적극적인 구조조정(dramatic restructuring)이 있었다.[165] 〈표 5-8〉에서 보면 1973년에 아시아 태평양지역 항공사들은 국제정기항공편에 의한 수송이 전체의 14.1%에 불과했다. 그러나 2002년 말에는 전체의 3분의 1에 해당하는 33.7% 수준까지 향상되었다. 국제항공 수송실적의 거리중량(tonne-kilometers) 면에서 세계 톱-텐(top-ten)인 항공사 중에는 싱가포르항공, 일본항공, 대한항공, 홍콩의 케세이항공 등 아시아계 항공사가 네 개나 들어 있다.

이는 역설적으로 기존의 미국과 유럽의 항공사들이 그만큼 시장 점유율을 잃었다는 증거이다. 1973년에 미국과 유럽지역 항공사들은 3분의 2가 넘는 71.8%를 수송하였으나 2002년에는 54.5%로 하락하였으

---

165) Rigas Doganis, *op.cit.*, 2002, p.21.

며, 미국계 항공사들은 2위 지역에서 3위 지역으로 밀려나고 말았다. 반면 아시아지역 항공사들은 3위에서 2위 지역으로 상승하였으며 1위 지역인 유럽과도 큰 차이가 없는 동일 수준으로 상승하였다. 이 지역에서 더욱 위협적인 요소는 중국과 인도의 인구와 경제성장속도이다. 그들 국가들은 더욱 항공시장 성장 가능성을 잠재하고 있다.

공격적 현실주의(offensive realism)로 유명한 머쉬마이어(John J. Mearsheimer)는 "중국이 민주화와 세계적 자본주의 체제에 순조롭게 편입하게 되면 동북아의 현상유지에 만족할 것이나, 만약 불행히도 이같은 정책이 실패한다면 중국은 더욱 큰 경제 강대국으로서 경제적 힘을 군사적 힘으로 바꾸고 동북아를 지배하게 될 것이다."고 하였다. 그는 또한 중국이 부강해지고 민주화되면서 미국의 강한 경쟁대상국으로 성장하게 되는 것을 21세기 향후 20년간 국제체제에서 가장 높은 전쟁 잠재력으로 보고 있다.[166] 중국은 2001년 세계 무역기구(WTO)에 가입을 계기로 더욱 세계 경제강국의 중심에 진입하려고 노력하고 있다.

2001년 11월 11일에 세계무역기구(WTO)의 카타르 도하(Doha)의 신협상 테이블(New Round)에서 중국은 142개 회원국의 만장일치로, 143번째 정식 회원국으로의 가입 승인을 받아냈다. 이와 같은 중국의 세계무역기구 가입은 1978년 등소평의 개혁개방정책을 완성하는 의미로도 해석되고 있다. 이처럼 잠재력을 가지고 있는 중국, 인도 등이 새로운 여행 목적지로 개발되면서, 국제항공제도는 거래비용을 추가로 지불하지 않고도 국제항공사회의 영역을 넓혀 갈 수 있게 되는 것이다. 따라서 세계관광지도 또한 아주 빠른 속도로 달라져 가고 있다.

---

166) John J. Mearsheimer, *The Tragedy of Great Power Politics*(New York: W. W. Norton & Company, 2001), p.4.

2) 전통이론의 수정과 새로운 삶

21세기에 들어서 경제의 세계화가 더욱 진행되어, 기술의 발달과 인터넷 이용자 수의 증가로 인해 전 지구가 단일 경제권, 단일의 생활권으로 통합되었다. 이에 따라 항공고객의 요구가 다양화되고 세계화되는 과정(globalized process)에서 여러 가지의 욕구가 분출되고 있다. 그러한 항공고객들은 보다 편리하고, 신속한 서비스를 요구하게 된다.

대한항공 국제업무담당 전무는 면담에서 그는 이와 같은 고객의 요구를 적극적으로 수용하지 않고서는 앞으로 항공사의 생존을 보장받기 어려운 상황을 맞게 될 것이라고 말했다. 면담에서 제기한 고객의 요구사항을 구체적으로 다음과 같이 제시하고 있다.[167]

"첫째, 고객은 여행계획단계에서부터 여행을 종료할 때까지 중단 없는(seamless) 일관된 서비스 체제를 희망하고 이에 따라서 편안한 여행이 되기를 기대하고 있다. 이 중에는 연결 탑승의 경우에 연결편의 온라인 서비스를 선호하며 연결 대기 시간의 단축과 불편의 최소화를 요구하게 된다. 이러한 맥락에서 전 세계 일주노선과 같은 항공사 스케줄의 구성이 필요하다.

둘째, 고객은 편리하고 다양한 자기 선택의 여지가 많은 항공상품을 요구하게 된다. 그러기 위해서는 광범위한 노선망, 잦은 운항횟수, 경유지점의 다양화, 기내 서비스의 친절과 고객의 마음을 읽는 서비스, 노력과 비용이 적은 다양하고 편리한 상품을 개발하여 고객의 요구에 응할 수 있는 준비가 되어 있어야 한다.

셋째, 단골고객의 경우 항공사로부터 전 구간에 걸쳐 자기 인정을 받고자 하며, 마일리지 제공의 기회확대를 요구하게 된다. 이 같은 마일리지의 확대는 고객에게 여행기회의 확대를 만들어 주게 되는 것이다. 이러한 마일리지 확대는 항공사가 자기 상품 이외에 교차판매

---

167) 2003년 11월 19일 방문면담.

(cross selling)를 확대해 나가야 할 것이다. 이를 위해서는 원-스톱 서비스(one-stop services) 체제를 갖추어야 한다.

넷째, 항공고객들은 시대의 발달에 수반되는 최근 인터넷을 통한 항공사와 직접거래가 증가되고 있어 이 같은 부대 서비스의 지원에 원활한 확대를 기대하고 있다. 이를 위해서는 고객이 항공사를 통해서 여행 관련 정보를 얻을 수 있고, 목적지에서의 호텔예약, 자동차예약 등 다양한 연계서비스를 이용할 수 있게 항공사는 준비하고 있어야 한다."

이처럼, 인적 교류의 세계화(globalization) 현상이란[168] 종래의 국제항공레짐이 국가주권(sovereign states) 중심의 지배구조(governance)에서 변모하는 것을 의미한다.

인적 교류의 세계화 수준이 향상되면서, 1944년 시카고협약에서 비롯되어 전통적으로 국제항공레짐의 근간을 이루어 온 방법상의 근본적인 거버넌스(governance)에 대한 변화가 요청되고 있다.[169] 이러한 거버넌스 변화의 요구에는 전통적인 이론에 인적 자본(human capital)을 대입시킴으로써 이론의 수정이 불가피하게 되었다. 이는 항공이라는 특수한 전문 분야에서 고품질의 항공상품을 생산해 내기 위해서는 고

---

168) 포린 폴리시(Foreign Policy)는 2001년도부터 매년 연도별 각국의 세계화 지수를 산출해 내고 있다. 세계화를 13가지의 핵심지표를 결합하여, 네 가지 카테고리로 산출하는데 첫째, 경제적 지수로서 여기에는 무역, 해외직접투자, 포트폴리오 흐름, 소득이체, 둘째, 인적 세계화 지수로서 관광객의 이동, 전화 총통화의 개인당 비율, 해외 송금환 금액, 셋째, 기술적 지수로서 인터넷 사용자, 인터넷 호스트, 서버의 보유 수, 넷째는, 정치적 지수로서 국제기구에 가입 수, 세계평화활동 참여건수, 대사관 설치 수 등으로 계량화하여 세계화를 지수화하고 있다.

169) 김석준, 『뉴 거버넌스 연구』(서울: 대영문화사, 2000) 참조. 거버넌스에 관해서는 일반적으로 공동체 운영의 새로운 체제, 제도, 메커니즘 및 운영양식을 다루는 것으로 이해하고 있다.

도로 전문화한 기술과 지식을 갖춘 물적, 인적 자본을 필요로 하게 되기 때문이다.

국제항공의 전통적 레짐이론은 몇 가지 변화로 인해 상당한 수정이 불가피하게 되었다. 우선, 일반적인 규제성(regularity)을 지닌 영공주권주의에 의해 체결된 시카고협약에서, 하늘의 자유규범에 의한 국제항공의 거버넌스(governance) 기준이 변화했다. 국민국가개념이 수정되고 정보기술과 인터넷의 발달 등으로 전통적 이론에 인적 자본으로서 교육, 훈련, 노하우(know-how) 등 지식기반의 개념이 도입되었기 때문이다.

이러한 수정현상은 1992년에 미국과 네덜란드가 체결한 새로운 항공자유화협정에서부터 크게 나타나고 있다. 우선 하늘의 자유 면에서, 종래의 시카고협약에서는 제한되어 있던 제5의 자유가 제한 없는 행사(unlimited fifth freedom rights)로 허용되었다. 그리고 유럽연합(EU) 역내 국가의 항공자유화는 역내 15개국에 한해 2004년 5월부터 동유럽 10개국을 포함 25개국이 됨―지금까지 엄격하게 제한되었던 제8의 자유인 카보타지(cabotage)까지도 완전 철폐하여 운수권을 허용하게 되었다. 이는 종래의 영공주권주의의 시각에서 본다면 주권의 종말(end of sovereignty)이라고까지 말할 수 있다.[170] 이는 새로운 항공질서 형성에 신지식의 개념을 강조하고 있는 혁신과 변화의 논리로 이해되고 있다.

이러한 신지식의 개념의 논리는 오늘날 전개되고 있는 세계화를 지향하는 지역 간 전략적 항공제휴협력, 정보기술과 인터넷 발달에 의한

---

170) Joseph A. Camilleri and Jim Falk, *The End of Sovereignty: The Politics of a Shrinking and Fragmenting World*(Brookfield Vermont: Edward Elgar, 1992), pp.236-257.

항공 전자상거래로 고객과의 새로운 관계정립, 세계무역기구(WTO)
의 서비스 기준과 항공 서비스를 연계하여 소비자들의 요구에 부응하
는 방향으로 접근하는 방법이다.

(2) 기술발전의 영향

기술의 발달에 따라 항공기의 시간당 생산성은 점점 더 높아져 가
고 있다. 〈표 5-9〉에서 보는 바와 같이 항공기의 생산성은 1930년대
와 1950년대에는 평균 10톤-킬로 이하의 수준이었다. 그러던 것이
1970년대에 들어서면서 10톤-킬로 이상이 되었고, 1990년대 후반에는
30톤-킬로 이상의 높은 향상을 보이고 있다. 앞으로 신예기종으로 예
상되는 A380이 출시되면 52톤-킬로 이상을 실현할 수 있을 것으로
예상된다.[171]

〈표 5-9〉 급속한 기술발전의 영향: 항공기 시간당 생산성 향상 (t-km ph)

항공기	1936	1952	1956	1959	1969	1974	1976	1988	1995	2005
DC-3	0.5									
Lockheed		3.8								
Britannia			6.2							
Caravelle				4.7						
B747-100					31.5					
A300						19.8				
Concorde							19.3			
A320								11.9		
B777-200									33.5	
A380										52.5

주: 1930~1950년대 시간당 생산성: 0.5~6.2 t-km ph
　　1970~1980년대 시간당 생산성: 11.9~31.5 t-km ph
　　1990년대 이후 시간당 생산성: 33.5~52.5 t-km ph

---

[171] Rigas Doganis, *op.cit.*, 2002, p.10.

지금까지 검토해 본 경제적 추종동기에 따르면, 1990년대 이후 과학기술의 발달에 따라 인터넷과 전자상거래에 의한 대고객관계의 새로운 정립이라는 방향으로 국제항공레짐이 변해 가고 있음을 알 수 있다. 또한 기술의 발달이 불확실성을 감소시키고 거래비용을 줄여 줌으로써 새로운 여행 목적지와 생활양식의 변경을 가져다주어 많은 미래의 변화를 예고하고 있다.

3. 쟁점구조의 다양성

(1) 정치경제

커헤인과 나이는 국제정치경제적 역학관계에서, 상위의 군사, 안보, 정치가 아니라 새로운 쟁점영역인 식량, 1973년 중동의 석유위기 등이 최근 정치적 쟁점으로 부각되고 있으며, 이들 문제들이 국제레짐을 바꾸는 요인이 되고 있다고 주장했다.[172] 그리고 당시 국제무역과 관세에 관한 질서 면에서는, 관세 및 무역에 관한 일반협정(GATT)체제에 의해 세계질서가 유지되고 있다는 것을 설명하고 있다.

국제항공 분야의 질서체계 변화를 연구한 욘슨은, 항공이라는 쟁점영역에서 국제레짐을 변화시킨 요인으로 국가의 교통수요 발생능력을 중요시하였다. 국가의 항공수요는, 지정학적 위치로서 국제항공노선을 제한하고, 외국 항공사에 항공관문(gateway)으로 제한을 가할 수 있는 넓은 영토의 소유 등이 한 나라의 항공교통을 좌우할 수 있다고 한다. 그리고 급유(refueling), 운항 중 통신(en route communication), 운항지원(navigational aids) 등에 필요한 전략적 위치, 한 국가의 항공 노하우(know-how)와 항공산업 역시 쟁점의 하나로 중요하다고 본

---

172) Robert O. Keohane and Joseph S. Nye, *opcit.*, pp.49-54.

다.[173] 전간기에는 항공기의 운항거리의 제한과 서유럽 국가들 간의 경쟁으로 인해, 항공의 힘이 우선적으로 유럽 세계정치의 심장부에서 외교 군사적 중요성을 갖게 되었다. 독일은 제1차 세계대전의 폐허 속에서 일어나 항공 분야의 선도국이 되었으며, 제2차 세계대전 이후에는 양극체제에서 미국과 소련을 중심으로 하는 국제항공사회가 주도되어 왔다. 그러한 가운데에 영미 간의 버뮤다협정과 같은 양국 간 협정이 각국의 현실적인 국제항공조약으로서 명문화되었다.

(2) 시장질서와 항공사 소유권

여기에서는, 국가안보, 기업이익, 서비스 이용자 중 무엇을 위해 서비스를 창출할 것인가에 따라 국제항공레짐의 운영양상과 방향이 어떻게 달리 설정되어야 할지 확인하고자 한다. 제2차 세계대전 직후에는 취약한 항공사들의 경영상태를 개선하기 위해 민간 항공사들을 국가가 맡아 운영함으로써 국가가 의도하는 방향으로 항공질서를 운영할 수 있도록 체제를 형성하였는데, 이를 시장실패와 국가실패 이론으로 설명하고자 한다.

1) 시장실패의 대안(alternatives of market failure)으로서 국영화

이 이론은 일차적으로 기업이 시장에 제공하는 재화와 용역으로 사회의 기본적인 욕구를 충족시켜 주어야 한다는 것이다. 시장 메커니즘(mechanism)을 통해서 기업이 충족시키지 못할 경우에는 정부에 의하여 충족되어야 한다. 제2차 세계대전 직후 미국을 비롯한 일부 국가의 항공사를 제외하고는, 제2차 대전에 종사한 항공조종사가 퇴역한 후 설립한 항공사들은 재정적 기반이 취약한 상태였다. 그리고 이를 국가가

---

173) Christer Jönsson, *op.cit.*, 1981, pp.296-299.

인수하여 국유화 형태로 항공사를 운영한 경우가 대부분이었다.

제2차 세계대전 직후부터 국가가 인수받아 운영한 민영 항공사들은 그러나, 국가 중심의 규제와 항공사들의 만성적인 적자누적으로 인해 경쟁능력이 저하하게 되었다. 이에 따라 항공 서비스 이용자인 고객들에게 질 높은 서비스를 제공하고 경쟁력 있는 가격을 설정하는 일이 어렵게 되자, 정부는 규제완화, 자유화, 민영화 등을 추진하였다. 즉, 다시금 국가에서 민간으로의 소유권 이전이 이루어지게 된 것이다.

2) 정부실패의 대안(alternatives of government failure)으로서 민영화

일반적으로 사회의 기본적 수요를 충족시키는 것은 일차적으로 기업이 시장에 제공하는 재화와 용역으로 간주된다. 다만 시장의 구조상 기업의 이윤을 고려하지 않으면 안 되는 모순이 있기 때문에, 시장을 통해서 충족되지 못하는 경우는 정부에 의해 충족되어야 한다. 그러나 정부도 예산이나 조직구조상 실제 소요되는 비용보다 과도하게 투자해 예산을 편성하는 등 실효성이 없는 계획으로 실패할 경우가 발생할 수도 있다.

이 이론은, 이런 일이 발생할 경우 정부의 부족한 부분을 충족시켜야 한다는 대안적인 논리에서 민영화의 역할을 강조한다. 특히 갬손(Gamson)은 조직적 요인(organizational variables)인 인적, 조직적 자원(human and organizational resources)을 동원할 수 있는 능력이 많을수록, 민영화된 기업의 활동은 더 효과적이라고 보고 있다. 민영화된 기업의 인적, 조직적 자원의 활동분석 지표로는 구성원(membership)의 수, 수입(revenue), 지도력(leadership) 그리고 전문성(expertise) 등이 있다.

3) 공정한 경쟁기회 제공

인적이동(people's movement)의 세계화는 항공사들이 서로 공정하고 균등한 경쟁을 할 수 있는 기회를 제공해 준다. 세계관광기구(WTO)의 통계에 따르면 1960년의 전 세계의 관광객 수는 7천만 명에 불과하였으나, 1995년에는 5억 명으로 급격한 증가를 보였다. 오늘날에는 2002년 기준으로 세계 전체의 관광객 수가 7억 1천5백만 명에 이르고 있다. 연간 여행객 수가 전 세계 인구(약 6억 5천만)를 훨씬 능가하고 있는 것이다.

19세기 프랑스의 토크빌(Alexis de Tocqueville)은 미국 여행을 통해 미국 민주주의를 학습했다고 주장했다.[174] 따라서 이는 2002년 현재 연간 7억 명 이상의 사람들이 전 세계에 흩어져서 민주주의 이념과 관행뿐 아니라 각 지역의 고유한 문화를 배우고 또한 학습하고 있는 것과 같다. 세계 시민들은 세계 어디에서나 민주화와 투명한(democratized and transparent) 정치를 영위할 수 있도록 학습하는 동시에, 한편으로는 비정부기구(NGO)를 통해서 감시하고 교육하는 역할을 하고 있는 것이다. 비정부기구(NGO)가 국제레짐 형성에 기여하는 역할로서는 ① 조언하는 역할, ② 옹호하는 역할, ③ 정당화시키는 역할 ④ 조정과 중재역할 등을 들 수 있다.[175]

토크빌이 미국 민주주의를 배우기 위해 미국 여행을 시작한 1830년대에는 아직 국제정기항공운항이 이루어지기 이전 단계로서 여행의 기회가 극히 소수의 부유한 엘리트에 국한되었으나, 오늘날에는 이제 보통의 사람들에게도 19세기의 토크빌과 똑같은 수준의 여행기회가

---

174) Alexis de Tocqueville, *Democracy in America*(New York: Vantage Books, 1955).

175) 김영호, "국제레짐 형성과 NGO", 『한국동북아논총』(제20집, 2001), 30~33쪽.

열려 있다. 여행기회의 증대는 대중매체의 접근을 통한 정보획득의 증가와 함께 전통적인 주변(peripheral) 집단들로 하여금 더 자기주장이 강한 정치적인 역할(political roles)을 하도록 유도한다. 그리고 이로 인해 민주주의의 품질을 한층 높이는 데에 기여하게 될 것으로 보인다. 한편 정보획득의 증가는, 40여 년 전에 멕루한(Marshall McLuhan)이 지적하였던 지구촌(planetary village)의 꿈을 통신위성 문명, 세계 정보 고속도로, 글로벌 정보사회라는 슬로건하에 구체화해 가고 있다.

이처럼, 개방된 정보의 세계화는 모든 세계 시민에게 똑같은 균등한 기회를 제공해 줌으로써 국제항공운송에 있어서도 공정하고 균등한 경쟁의 기회를 제공하는 계기를 마련하고 있다. 이제 항공의 자유화와 세계화는 자유로운 경쟁뿐 아니라 공정한 경쟁의 관점에서 이루어져야 한다.[176] 그러기 위해서는 모든 항공사들의 효과적이고 지속가능한(sustainable) 참여를 보장하는 적절한 안정장치(safe guards)가 따라야 한다.

따라서 국제항공레짐 형성과 세계 시민사회의 인적 교류의 양상을 살펴보면, 어느 한쪽이 다른 한쪽을 창출해 내는 기본적인 원인변수(basic causal factor)가 되며, 그에 대해 상대 쪽은 결과변수(outcomes)가 되거나 정형화된 행위유형(patterned behavior)을 만들어 내고 있다. 특히 인적 교류라는 인간 행위의 미시적 분석을 통해 국제항공레짐 구축이라는 거시적 행위규범을 도출해 내는 작업은, 막스 베버(Max Weber)의 『청교도 윤리와 자본주의 정신』(Protestant Ethic and the Spirit of Capitalism)에서 그 기원을 찾을 수 있다.[177]

---

176) 제5차 세계항공운송 컨프런스(ATConf5/31.3.03) 결과(캐나다 몬트리얼 ICAO 본부, 2003. 3. 24~28): 이 회의 결과로 발표한 합의문에는 공정한 경쟁기회의 부여를 강조하고 있다.

177) Max Weber, *Die Protestantische Ethik und der Geist des Kapitalismus*

베버는 칼빈교도들의 종교적 교리에 대해, 개인적인 근면과 금욕을 통해서 자본주의와는 전혀 인과관계가 없는 의도하지 않은 자본의 축적을 통해 자본주의라는 새로운 거시적 행위규범을 창출했다고 주장하고 있다.[178] 따라서 근면, 자기희생, 충성, 명예 등 자본주의의 선행가치들 없이는 자본주의 체제가 붕괴할 것이라고 말한다. 이러한 양자관계, 즉 미시적 행위와 행위유형(patterned behavior) 간의 인식관계에서 인적 교류와 국제항공레짐의 양자관계도 설명할 수 있다.

이와 같이 열린 개방사회의 공정한 경쟁기회를 제공하는 데 대해 새로운 거시적 정형화된 행위유형으로 종래의 국가나 시장이 다하지 못한 것을 서비스 이용 관광객을 대신하는 소비자단체나 화주협회와 같은 경로를 통한 충당 가능성도 예상해 볼 수 있다.

4) 이용시민 편의제공 우선: 소비자 주권

지금까지 살펴본 바와 같이 경제적 이득의 극대화를 위한 추종동기의 변화가 경제의 성장과 과학기술의 발달에 힘입어 이루어졌다. 인터넷의 활용과 항공기의 발달로 거리의 단축은 이동과 운송비용을 줄여주고, 다양한 여행목적지의 개발과 인적 자본의 대입에 따른 고객과의 새로운 관계정립과 새로운 생활방식을 창출하는 변화를 가져왔던 것이다. 이 새로운 시대에는 영공주권의 개념도 공유성과 상대성을 특징으로 하고 있다. 항공질서에 있어 영공주권의 개념은 구주지역의 역내 항공자유화로 인해 그 개념이 흐려지고 있다. 주권 또한 인간생활의 편리성을 고려하여 설정된 것이며, 따라서 시대의 상호협력적 분위기

(1904): *The Protestant Ethic and the Spirit of Capitalism*(New York: Charles Scriber's Sons, 1958): 박성수 번역, 『프로테스탄티즘의 윤리와 자본주의 정신』(서울: 문예 출판사, 1988), 17~44 및 112~137쪽.

178) *Ibid.*

에 맞게 국제적으로 공유된 상대적 개념으로 간주된다. 이런 변화가 시민 주도형 항공질서의 특징을 이루고 있다.

세계 시민으로서 국제항공사회에 대한 시민이 얻을 수 있는 권리로는 소비자 주권에 따라 항공 예약공석을 이용할 권리, 마일리지 적용의 공정성, 소음문제로 인한 공해에 대한 정부와 항공사의 적절한 대응책을 요구할 수 있는 권리 등이 있다. 현재 우리의 현실에서는 성수기에 항공좌석을 예약한 고객이 취소 없이 유석(流席)할 경우, 항공사와 소비자 고객 사이에 긴밀한 협력관계를 유지해 공석을 방지할 수 있도록 최선의 노력이 강구되어야 한다.

또한 항공사의 마일리지 적용의 공정성에 관한 문제는, 항공사의 일방적인 약관변경으로 소비자에게 어떠한 불리한 점과 유리한 점이 있는지 국가와 시민사회단체들이 최대한 사실을 밝히려 노력함으로써, 소비자의 궁금증을 해소해 주어야 한다. 또한 항공기 소음문제로 인한 피해 주민의 권리 침해가 있는지도 시민단체와 국가가 밝혀내어 객관적인 사실을 알려야 한다. 이와 같은 현안들이 바로 소비자 주권(consumer's sovereignty)에 해당한다. 이는 절대적이었던 국가권력이 상대적인 시민사회로 이양되는 현상이라고 설명할 수 있다.

5) 세계무역기구의 서비스 교역 부분 흡수

세계무역기구에 의한 항공 서비스의 개방화는 서비스의 국제화 기준에 이르기를 요구하고 있다. 세계무역기구의 서비스 교역에 관한 일반협정(GATS)에 있는 항공운송 서비스에 관한 부속서(Annex On Air Transport Service) 제2항 항공 운수권 및 항공 운수권 행사와 직접 관련되는 서비스는 협정의 적용대상에서 제외하되 제3항에서 항공기 수리 및 정비(repair and maintenance), 항공운송 서비스의 판매와 마케팅(selling and marketing), 컴퓨터예약시스템(computer reservation system) 등 3개 부문 서비스만 협약을 적용한다고 규정하고 있다. 또한 동 부속서 제5항에는 항공운송 분야에서 서비스 교역에 관한 일반협정(GATS)의 추가적인 적용 가능성을 검토하기 위해 최소 매 5년마다 검토한다고 규정하고 있다. 이에 따라서 매 5년마다 항공 운수권 및 항공 운수권 행사와 직접 관련이 되는 서비스에 대해, 협정의 적용대상에서 제외되어 있는 현행 시스템의 존속 여부와 다른 부문을 포함할지의 여부에 관한 논의가 계속될 전망이다.

2003년 국제민간항공기구의 항공운송위원회(2003. 3. 24~28, 몬트리얼)에서 논의된 내용을 중심으로 항공운송 서비스에 추가 가능성이 있는 문제들의 내용을 보면 다음과 같은 항목이 지속적으로 검토되고 있다.

1. 항공자유화의 안전 및 보안(safety and security aspects of liberalization)
2. 항공사 소유 및 지배의 자유화(air carrier ownership and control)
3. 시장접근의 자유화(liberalization of market access)
4. 항공기 임대(aircraft leasing)
5. 항공화물운송의 자유화(liberalization of transport of air cargo)
6. 공정한 경쟁을 위한 안전장치(safeguards to ensure fair competition)
7. 지속 가능성과 참여(sustainability and participation)
8. 소비자의 이익(consumers interests)
9. 상품유통(product distribution)
10. 자유화 환경하에서 분쟁해결(dispute resolution)
11. 국제항공운송규정의 투명성(transparency)

12. 양자, 지역, 복수의 국가 간 모델 항공협정 기준 제시
    (review of template air services agreements: TASA)
13. 자유화 촉진기제(mechanism to facilitate further liberalization)

이들 중에서 각 국가, 비정부기구, 국제기구의 입장을 보면, 유엔무역개발기구(UNCTAD)는 서비스 교역에 관한 일반협정 부속서의 항공운송 서비스에 관한 협상에서 개도국의 입장을 고려하여야 한다고 제안하고 있다. 국제상공회의소(International Chamber of Commerce: ICC)는 항공화물 부문을 새롭게 포함하여야 한다고 주장하여, 2003년 ICAO 항공운송회의에서는 항공화물 부문에서 제7의 자유까지 개방을 주장하는 등 상당한 개방수용의 방향으로 의견 접근이 있었다.[179]

이와 같이 쟁점구조도 과거와는 달리, 1990년대 이후 무엇을 위한 항공질서인가에 따라 상당한 부분 이용자를 위한 방향으로 전개되고 있는 것이다.

4. 국제기구의 다양성: 새로운 연계망

커헤인과 나이는 국제레짐 변화를 가져오는 요인을 논의하면서 국제기구에 관하여, 다중적 네트워크, 규범, 제도 등이 일단 형성되고 나면 수정이 어렵게 되고, 중요한 권력구조와 레짐 변화 간에 총체적인

---

179) 이와 같은 여러 비항공기구의 주장에 대해서 한국의 입장은—더 구체적으로 항공사의 입장은 GATS의 최혜국(MFN) 조항을 항공 분야에서 받아들이는 문제에 대하여 ICAO의 입장과 같이 각국의 재량에 맡긴다는 것이다. 시장접근에 있어서의 자유화는 ICAO가 WTO의 주도권 행사는 주저하는 입장을 보였다고 하였다.(대한항공 국제업무담당 전무와의 면담에서, 2003년 ICAO항공운송회의 참석결과에 대한 입장을 언급: 2003. 11. 19. 면담)

조화를 차단한다는 것을 가정하고 있다. 레짐은 자원 분배에 일치해서 조직된다. 그러나 설정된 조직망과 규범, 제도는 행위자가 자원을 사용할 수 있는 능력에 영향을 미친다. 예를 들어, 브레턴우즈(Bretton Woods)협정은 국제금융통화질서를 지배하고 있으며, 유엔의 1국 1표제와 같은 것이 패권국의 힘을 평준화시켜 주고, 제도는 회원국을 구속하는 상황을 보인다고 한다.[180]

욘슨은 스칸디나비아항공(SAS), 콩코드(Concorde)와 에어버스(Airbus) 등 다국적기업이 비미주권(non-American)인 구주에서 나타나 항공레짐이 변화한다고 본다. 그는 또한 국제민간항공기구의 포럼(forum)형태의 회의체는 패권국인 강대국이나 작은 약한 국가나 평등한 의견 제시의 기회를 갖는 것으로 보았으며, 국제항공운송협회의 요율결정기구(rate-making machinery)의 만장일치제는 강한 자와 약한 자의 균등한 권리행사로 해석하면서 이 두 가지를 국제항공 분야에서 레짐이 변화하는 요인으로 분석하였다.[181]

(1) 항공 주변 제3의 기구

지역별 항공기구를 살펴보면, 정부기구(IGOs)로서 ICAO와 비정부기구로서 IATA, 그리고 제3의 항공행위주체들(identities)이 등장하게 되었다. 다른 제3의 행위주체(host of others)가 국제항공무대에 등장하면서 국제항공에 관한 정부의 관심이 감소하는 반면, 그 성격이 변질되고 있다는 것에 주목할 필요가 있다.[182] 이들 지역별 항공기구를 정부기구와 비정부기구로 구분해 보면 다음 〈표 5-10〉과 같다. 미국의 경

---

180) Robert O. Keohane and Joseph S. Nye, *op.cit.*, pp.54-58.
181) Christer Jönsson, *op.cit.*, 1981, pp.299-301.
182) *Ibid.*, p.285.

우는 정부 내의 항공 관련 기관으로 백악관, 교통성(DOT), 항공청(FAA) 등이 있고, 비정부기구로는 정기 항공사기구인 미국항공운송협회(ATA), 부정기 항공사기구인 미국항공사협회(NACA) 가 있다. 이 외에 제3의 행위자로는 항공노동조합(trade union), 소비자이익단체(consumer interest group)로 항공소비자행동계획(aviation consumer action project) 등이 있다.

〈표 5-10〉 국제항공기구의 정부기구, 비정부기구 구분

정부기구 (intergovernmental −)	항공사기구 (air carriers −)	제3의 행위주체 (host of others)
① 유럽연합교통위원회 　(EUTC) ② 유럽항공안전기구 　(EUROCONTROL) ③ 범대서양항공지대 　(TCAA) ④ 라틴아메리카민간항 　공위원회(LACAC) ⑤ 아랍민간항공위원회 　(ACAC) ⑥ 아프리카민간항공위 　원회(AFCAC)	① 유럽항공사협회 　(AEA) ② 아시아태평양항공사 　협회(AAPA, 구OAA) ③ 아랍항공사기구 　(AACO) ④ 아프리카항공사협회 　(AFRAA) ⑤ 국제부정기항공사협 　회(IACA)	① 국제공항당국조정이 　사회(AACC) ② 여행대리점협회세계 　연맹(UFTAA) ③ 세계관광기구(WTO) ④ 항공조종사협회국제 　연맹(IFALPA) ⑤ 항공화물주선업협회 　국제연맹(FIATA)

*자료정리: 1. Christer Jönsson, *op.cit.*, 1981, pp.284-285.
　　　　　　2. 홍순길, 전게서, 87~90쪽.

(2) 항공 전문 비정부기구

1) 국제항공운송협회(IATA)

국제항공운송협회(IATA)의 회원자격에 변화가 있었다. 요율결정기

구(rate machinery)에 의무적으로 가입해야 한다는 규정을 해제하여 가입을 자유롭게 하게 된 것이다. 신생 독립한 제3세계의 항공사들이 대거 진입함으로써, IATA 회원 수는 창설 초기에 비해서는 ICAO에서와 같은 새로운 세력집단으로 등장하고 있다.

<표 5-11> IATA 기능변화 (요율조정기구 가입완화와 자유재량)

구 분	1944~1978	1978~1992	1992~2003
1. 회원 항공사	1945년 쿠바 아바나에서 32국 61개 항공사	1970~1980년대 90~130개 회원사	2001년 246개 회원사
2. 요율조정 회의 참가 여부	참가 의무화	분리 가입제 도입	가입 자율화

*자료: Rigas Doganis, *op.cit.*, 2002, pp.39-43.

2) 유럽교통환경연합
(European Federation for Transport and Environment)

다원화의 단계에서는 정부기구만으로는 국제항공의 실마리를 다 풀지 못하는 단계에 진입하고 있다. 지역적 특성의 세계화, 세계무역기구(WTO)의 항공 서비스 개방화, 외적 요인에 의한 항공안전의 불확실성 등에서 국가와 항공사 이외의 새로운 다양한 행위주체가 등장하여 그들의 권익을 강화하고 있는 상태이다. 특히 시민사회단체로서는 항공소비자단체와 항공노동단체, 유럽교통환경연합(European Federation for Transport and Environment: 이하 'T&E'로 약함)과 같은 순수한 항공 NGO단체의 증가가 예상되고 있다.

T&E의 설립목적은 교통환경 분야의 책임지는 환경(environmentally responsible), 건전한 경제(economically sound), 정의로운 사회(socially just)의 실현을 위한 지속 가능한(sustainable) 교통발전을 목적으로 하면서 운송으로 야기되는 환경파괴에 영향을 미치는 많은 정치적 결정들이 유럽이라는 지역 차원에서 결정되도록 하는 데 있다. 그들은 정당한 가격결정, 차량의 배기 제한, 연료품질표준, 세금, 기초적인 시설기금, 안전유지, 대기오염의 표준화, 규제완화 등에 이르는 교통과 환경에 관한 전반적인 분야에 걸쳐서 활동을 하고 있다. 또한 협조와 정보교환을 목적으로 하는 정규 소식지와 월간 소식지, 기자회견 브리핑 자료 등을 발간하고 있다.

T&E를 구성하는 회원은 유럽자유무역연합(EFTA)과 중동부 유럽을 포함한 20개 국가의 40개 NGO단체이며, T&E 최고 의사결정기구인 연례총회와 3개월에 한 번씩 개최하는 정기회의로 이루어져 있다. 회원들과는 수평적 협조관계를 유지하고, 환경과 타 NGO와도 협조관계를 유지하고 있다. 특히 타 NGO, 철도, 자동차산업, 도로견인, 선박, 고용주와 기업인들에서부터 전문직업인까지 연결하고 있다. 교통 분야에 관해서는 도로, 철도, 항공, 해상운송, 비동력 운송 등 모든 분야에 관여한다. 2001년 9월 11일 뉴욕 테러사건 발생 이후에는 ICAO로부터 옵서버(observer)로서 최초로 인정받아, NGO단체로서 항공에 관한 세계 NGO 연합을 위한 조정자(coordinator)로 활동하기도 한다. 최근 소식지(T&E News: June 2003)에서는 유럽연합의 교통위원회가 공정한 가격결정의사를 포기하고 있음을 폭로하고 이를 정당하게 시정하려는 노력을 지속적으로 전개해 나아갈 것임을 시사한 바 있다.

유엔 차원에서는 유엔 헌장 제10장 71조에 명기된 내용에서 찾는다. "유엔 경제사회 이사회는 그 관할 범위 내에 속하는 문제에 관심을 가진 NGO 와 협의할 수 있는 적절한 장치를 마련할 수 있다. 그러한 장치는 국제 NGO기구와 그리고 적합한 경우라면 해당 유엔 회원국과 협의를 거친 후 국내 NGO기구와도 자문기회를 마련할 수 있다."고 명시한 UN과의 협의(consultation)라는 표현에 주목하고 있다. 이에 공식적인 자문에 응하는 기구로서 국제항공운송협회(IATA)가 가격결정 및 기술적인 자문에 응하고 있다. 이외에도 최근에는 유럽교통환경연합과 같은 새로운 기구가 등장하여 기능을 하고 있다. 또한 다른 국제기구와의 새로운 관계정립도 요구되고 있으며, 세계무역기구(WTO), 경제협력개발기구(OECD), 세계은행, 국제통화기금(IMF) 등과도 위상의 재고가 있어야 한다.

(3) 새로운 고객과의 관계정립을 위한 연계망

국제기구의 연계망은 고객과의 새로운 관계정립으로 변화하고 있다. 이 시대를 주도해 오고 있는 행위자의 이념적 특성은 인식적 공동체 이론을 중심으로 전개되고 있다. 여기서 인식적 공동체란 전문지식과 네트워크화를 가리킨다. 이는 권력과 이익의 국가 중심적 접근방식에 대한 대안으로서 다양한 행위자들 간의 접촉과 연대를 중요시하는 지식의 역동성, 의사소통, 정체성 등을 강조하고 그 같은 인식을 같이하는 전문가들의 공동체적 연대 이론이다.

이들은 항공 영업망의 네트워크도 중요하지만 항공기업과 그들을 이용하는 시민고객과의 관계정립을 위한 네트워크도 중요하다고 주장한다. 여기서 관계정립을 위한 네트워크란, 항공의 생필품화가 이루어진 현대생활에서 이용객이 용이하게 접근 가능하고 일상적으로 접근이 가능하여 불편함이나 부당함 없이 누구에게나 공평하게 개방적으로 이용할 수 있는 시스템의 확보를 말한다. 즉, 항공예약뿐만 아니라 호텔예약, 자동차예약, 관광, 쇼핑 등과 같은 연계상품의 판매에 이르는 전 지구적 유통체제(GDS)의 구축까지를 일컫는다. 이는 국내적인 네트워크가 아닌 세계적인 항공 연계망의 필요성이라고 할 수 있는데, 전 지구적 유통체제(GDS)의 구축을 통해 원-스톱 서비스 체제를 구축할 수 있기 때문이다.

이와 같은 네트워크 구축은 고객관리를 위한 자연스런 시스템으로 연계해 내는 기능의 개발이다. 이러한 기능개발 네트워크화는 새로운 차원의 고객관리체제(customers relationship managements)이다. 여기서 찾는 고객관리 네트워크 구축은 인위적인 것이 아니라 자연스럽게 연계되는 체제라야 한다. 고객의 정보를 단순히 이용하는 데 그치지 않고, 고객에게 보탬이 될 수 있게끔 정보와 편의를 제공하는 시스템이 필요하다. 인간에게 천부적으로 부여되는 자연적인 권리와 같은 항공기업에 대한 관계를 유지하는 것이다. 시장 주도적인 제도의 수행을 위한 지나친 중계시스템이 강요되지 않는―소비자 시민의 침해나 자유의 구속 또는 이용 목적의 시민의 권리양도를 강요하지 않는―자연적 권리의 향유로서 체제의 필요성이 강하게 대두된다. 이러한 항공레짐의 주도는 전문지식을 갖춘 인적 동원능력이 있는 집단에 의한 인식의 변형이라는 인식공동체적 형성이 가능해야만 한다.

지금까지 본 장에서 검토한 새로운 시대의 국제항공레짐의 흐름은 1992년에 미국과 네덜란드가 항공자유화협정을 체결하면서 서비스 이용자 시민을 위한 방향으로 옮겨 가고 있는 것이다. 이러한 진행의 과정에서는 순기능적 측면과 역기능적 측면이 공존하고 있다. 항공의 지역주의는 지역과 지역을 연결하는 중간적인 연계망으로서 역할을 다할 경우 순기능적 측면이 강할 것이다. 세계무역기구(WTO)가 국제항공 서비스 부분을 흡수하여 새로운 질서를 형성하고자 하는 것은 미래지향적인 여러 가지의 기능적 측면이 종합되어 추진되어야 할 것이다. 특히 21세기를 맞으면서 국제항공 분야에서 9·11 테러, 사스(SARS)

와 같은 불확실성은 저해하는 요인이 될 수 있다. 그러나 이것은 국제항공레짐의 제도적 측면에 새로운 질서를 수립하는 데 감안해야 할 사항임에는 분명하지만 장기적인 장애요소는 되지 못할 것이다.

국제항공레짐은 향후 소비자를 위해 편리한 운항노선구조와 항공사 간의 전략적 제휴를 통해 저비용의 질 높은 서비스를 제공할 수 있는 서비스 공급자인 항공사와 이용자인 시민사회가 협력하는 연계망을 구축하는 새로운 질서를 형성해 갈 필요성이 증대되고 있다.

새로운 시대의 국제항공레짐의 모델로서는 국가권력구조에 있어서 과거와 같은 정치권력이나 경제권력에 의해서가 아닌 다양한 행위주체의 등장에 의한 시민사회를 위한 국제항공질서를 편성해 가야 한다. 경제적 발전과 정보기술의 발달을 통해 세계는 한 생활단위가 되어 움직이고 있다. 이에 무엇보다도 국제항공에 전문성과 기술을 바탕으로 하는 새로운 고객과의 관계형성이 필요하다.

쟁점구조에서는 과거의 상위정치의 국가안보나 경제적 이익추구보다는 누구를 위한 서비스 체제가 정착되어야 할 것인가가 쟁점 서열의 정점에 놓고 추진되어야 한다. 국제항공 기구도 기능적으로 필요에 의해서 변화하여 왔듯이 지속적 개발이 가능한 방향으로 새로운 국제사회의 동맹세력들의 요구를 고려하면서 진행되어야 한다.

그동안 실질적인 운항을 위해 항공협정은 양국 간 협정을 중심으로 변화를 겪어 왔다. 새로운 행위주체의 등장으로 제7의, 제8의 자유를 허용할 것을 운운하고 있는 현재의 쟁점사항들은 패권국가의 자기 이익측면에서 국제사회에 제공되는 공공재가 아닌 약자의 편에서도 충분하게 고려되어야 한다. 이것이 진정한 이용자인 소비자를 위한 시민사회 중심 모형의 세계화를 지향하는 서비스가 될 것이기 때문이다.

제6장 결 론

최근 국제정치경제 환경의 급속한 변화와 더불어 국제항공레짐은 많은 변화를 겪고 있다. 이러한 국제항공레짐의 변화요인은 권력구조 측면에서 보면 항공 외적 측면뿐만 아니라 내적 측면까지 포함하는 모든 주체의 변화이다. 특히 외적으로 국가와 항공사 이외에 다양한 행위주체가 등장하였으며,[183] 한편 내적으로는 새로운 회원국이 등장하여 그들의 세력권을 새롭게 형성하는 변화를 맞이하고 있다.

경제적인 변화과정은 국민소득의 향상과 기술발전의 영향으로, 관광객의 수적 증가와 지역별 관광 실적의 변화는 관광지도 자체를 변형시키고 있다. 항공기술의 발전은 항공기의 속도와 안정성을 상당한 수준까지 향상시켰으며, 정보화 기술의 발전에 의한 인터넷의 활용은 서비스 제공자인 항공사와 이용자인 항공고객과 관계를 재설정하고 있다.

쟁점구조의 변화는 하위 변화요인으로 정치경제적인 변화를 가져왔으며, 이는 그 쟁점영역이 정치, 군사, 경제, 금융에서 더욱 다양한 영역, 즉 항공을 비롯한 환경, 자원, 평화와 같은 비정치적인 문제에 이르기까지 확대되고 있다. 항공시장 역시 제2차 세계대전 직후의 시장

---

183) Marek Zylicz, *op.cit.*, p.9. 그는 이 책에서 세 가지 중요한 항공 행위주체로서 항공산업을 행하는 항공사, 이들이 제공하는 서비스를 이용하는 고객, 그리고 이들 양자의 이익을 대표하는 국가로 분류하고 있다.

의 원리에 따른 시장실패에서부터 제2단계에서의 국가에 의한 항공사 운영권의 경영의 한계로까지 전개되어 왔으며, 이런 정부의 실패에 의해 다시 민간자본으로 이양하게 됨으로써, 이제 항공운영은 민간의 전문경영능력에 의존하고 있다.

국제기구의 변화는 그동안 국제민간항공기구(ICAO)의 역할이었던 서비스 분야를 새로운 세계무역기구가 주관하게 됨으로써 역할의 변화를 예고하고 있고, 국제항공운송협회(IATA)의 기능도 요율결정기능의 중요성에서 유지하고 있던 가입의무조항을 철회하고 있으며, 그 대신 자금조달기능으로 변형되고 있다. 새로운 제3의 국제항공 주변기구들의 등장 특히 유럽의 교통환경연합(T&E)과 같은 항공 관련 비정부기구단체(NGO)의 등장은 그들의 영향력을 증대하고 있다.

지금까지 연구된 국제항공레짐에 대한 시대별 변화 특성과 추이를 종합하여 국제항공레짐 변화요인을 시대별로 정리하면 다음 〈표 6-1〉과 같다.

〈표 6-1〉 국제항공레짐의 변화요인별 각 시대의 특성

분석요인		하위변수	국가 중심 (1919~1978)	기업 중심 (1978~1992)	시민사회 중심 (1992~2003)
1. 권력 구조		외적 구조	군사안보	경제쟁점	다양한 행위주체 등장
		내적 구조	ICAO 회원국 52개국으로 시작	제3세계 신생독립국 국제기구 가입	188 회원국, 개도국 세력형성
2. 경제과정	국민소득	수송구도	유럽〉미주〉아시아	유럽〉아시아〉미주	유럽=아시아〉미주
		관광객 (연간)	자료 없음	456.8백만 명	714.5백만 명
	기술발전	생산성 (시간당)	0.5~6.2 (t-kmph)	11.9~31.5 (t-kmph)	33.5~52.5 (t-kmph)
		컴퓨터	거의 사용 안함	예약(CRS)에 활용	인터넷 활용

분석요인	하위변수	국가 중심 (1919~1978)	기업 중심 (1978~1992)	시민사회 중심 (1992~2003)
3. 쟁점 구조	정치경제	정치, 군사, 안보	경제, 무역, 금융	자원, 평화, 환경
	시장질서	시장실패	국가실패	자원실패(불확실)
	소유권	국가경영	항공사경영	민간전문경영
4. 국제 기구	ICAO	포럼형	포럼형	포럼형
	IATA	요율가입의무	요율가입자율	자금조달기능
	NHOs	IATA, IGO 지역항공위원회	IATA, 지역기구 지역항공사협회	T&E, 제3의 이익단체

한편 시대별 국제항공레짐의 변화결과를 각 단계별로 요약하면, 그 모델은 다음과 같다.

첫째, 제1단계 모델은 국가 중심의 국제항공레짐 모형으로서 국가는 타국의 항공기가 자국의 영공을 비행하는 것을 통제하고, 국가 간에 엄격한 영공주권주의에 의해 대외적 독립성과 대내적 절대성의 쟁점 서열상의 최상위의 정점에 위치하고 있는 특징을 가지고 있다. 이런 시대적 특징은 항공기업의 이익추구의 목적이나 시민사회에 서비스 제공을 특징으로 하는 점은 찾아보기 힘든 양상을 보인다.

양국 간 항공협정(bilateral agreement)에서 시장에 대한 접근은 국가 간 구체적으로 합의한 지점 간에 제3, 제4의 자유만을 주로 하는 노선운영이었으며, 부정기편 운항을 강하게 제한하고 있었다. 지정항공사제는 항공협정에 명시되었는데, 이는 1국가 1항공사 지정을 원칙으로 하고 있었다. 공급좌석이나 화물공급 스페이스(space)는 양측이 균등하게 공급하는 것이 원칙이었고, 요율은 양국 정부당국의 승인을 얻도록 하는 등 엄격한 제한규정을 두는 조개껍질(hard shell)이나 당구공(billiard ball) 같은 외부에서 침투가 불가능한 특성을 지니고 있었다.[184)

둘째, 제2단계 모델은 기업 중심의 국제항공레짐 모형으로 항공기업에 경쟁촉진과 민영화, 자유화의 물결을 불어넣어 국가가 통제와 규제를 목적으로 하던 제1단계의 패러다임에서 벗어나 항공기업에 자유재량이 주어진 시대로 특징된다. 항공기업이 영업이익을 목적으로 기업 간의 항공제휴를 활발하게 전개하는 특징을 보이고 있으나 이는 시민사회 중심의 전략적 단계에까지는 이르지 못하고 있는 실정이다.

국가 간 항공협정은 합의된 운항노선별 제5의 자유와 부정기 운항의 제한을 완화, 이를 다소 허용하는 형태를 보이고 있다. 지정항공사 운영은 미국을 비롯한 대부분의 국가들이 복수항공사(multiple carriers) 제도를 지정할 수 있도록 하였다. 한국은 1985년 아시아나항공의 설립에 따라 한일노선에 제2민항이 운항하면서 복수항공사제도가 시행되었다. 공급 측면에서는 운항횟수와 공급기종에 제한이 없었고, 요율(tariffs)도 항공 당국이 승인하면 사용되도록 하고 있었다. 또한 항공사 간의 영업목적의 편명공유(code sharing) 등이 실질적으로 협정상 규정되지 않은 상태에서 기업 간 제휴로 실행되는 특징을 보인다.[185]

셋째, 제3단계 모델은 소비자 시민사회를 중심으로 하는 국제항공레짐 모형으로서 최근 서비스 이용 대상인 일반 시민을 위한 국제항공레짐이 전개되는 특징을 가진다. 이런 추세는 향후 특별한 국제항공레짐의 변화요인이 발생하지 않을 경우, 지속될 것으로 예상된다. 이와 같은 국제항공레짐의 발전은 제3섹터(third sector)인 시민사회와 그를 대표하는 일반 항공 서비스 소비자가 국가와 항공기업에 대한 신뢰와 협조를 바탕으로 견제와 협조의 이중구조하에 갈등적 협력관계로 발전할 것이다.

---

184) Rigas Doganis, *op.cit.*, 2002, p.59.
185) *Ibid.*, pp.58 & 65.

<표 6-2> 양국 간 항공협정의 변화

구 분	제 1 단계	제 2 단계	제 3 단계
1. 시장접근 (market access)	구체지점 확정	합의지점 간 운항	제한 없음
2. 지정항공사 (designation)	5자유 제한	확대 5자유	무제한 5자유
	부정기편 제한	부정기편 제한해제	부정기편 개방 7자유, 카보타지를 불허, 허용주장도 강함
	단수(single)	복수(multiple)	복수(multiple)
3. 소유권 (ownership)	국가통제	국적소유	실질적 소유권 정부통제이나 완화
4. 공급력 (capacity)	양측 공히 50 : 50 분할	운항횟수, 공급력 제한 해제	무제한 운항횟수와 공급력
5. 요 율(tariffs)	양국 정부당국 승인 (double-approval)	일방 정부당국 승인 (double-disapproval)	항공사 자유 가격결정 (pricing)
6. 기업제휴와 편명공유 (code share)	없 음	양국 간 협정사항 아님	편명공유와 서비스 질에 대한 재량 허용

양국 간 항공협정은 시장접근에는 제한이 없으며, 제5의 자유제한도 완화되고, 부정기편 운항제한도 사라진다. 제7의 자유와 카보타지 (cabotage)는 허용을 제한하고 있으나 유럽연합(EU)의 역내 항공사에 허용되고 있는 것과 같이 점차 개방하자는 주장이 강하다. 지정항공사 는 통상 복수제로 하고 있고, 운항횟수에 제한이 없으며, 기종공급과 가 격, 편명공유를 자유롭게 결정할 수 있게 개방하고 있다.186)

항공행위 핵심주체인 국가와 기업, 시민사회의 관계를 살펴보면, 국

---

186) *Ibid.*, p.59.

가 중심형의 국제항공레짐은 종래의 항공기업과 이용자인 시민사회에 대해 지배, 통제, 관리형의 태도를 취하는 형태라는 특징을 갖는다. 그러나 국제항공질서를 형성하는 레짐 구축의 경우에는, 국가를 중심으로 하여 항공사와 개별 관심 있는 전문가집단에 대해서 총력적(ensembled) 체제를 요구하는 독특한 양상을 보이고 있다.

이러한 총력체제의 구축은 사회질서 형성 면에서 볼 때 항공기업이나 시민사회의 능동적인 참여를 유도하기보다, 항공사나 시민사회를 수동적으로 관여하는 형태로 이끄는 원인이 되었다. 국가 중심형의 국제항공레짐은 항공기업에 대해 종래에는 관리, 지배, 통제적인 관계에 있었으나 자유화, 국제화, 개방화 등의 영향으로 인하여 향후 상황에 따라 협조, 대립, 긴장, 갈등적 협력관계를 맺을 것으로 전망된다.

한편 시민사회에 대한 국가의 태도는 종래에는 견제, 지배, 통제의 관계로 나타났으나 21세기에는 상당한 수준으로 시민사회의 의견을 수렴하려는 태도를 취하게 될 것으로 전망된다.

기업 중심형의 국제항공레짐은 항공기업이 자사의 이익을 위한 노력에는 전심전력을 다하나 그렇지 못한 이용자의 편익을 위하는 사업이나, 공공의 이익 증대에는 소극적인 관여를 보이는 성향을 띠게 된다. 또한 기업이 국가 중심형의 시기에는 보조적 기능만을 한 반면, 기업 중심형 시기에는 자사의 이익 증대와 거래비용 절감을 위해 적극 노력하게 된다. 또한 민영화, 전문화가 이루어지면서 기업 중심에서 항공기업이 정보기술(IT)과 연구개발(R&D)을 위해 적극적인 노력을 기울이는 특징을 보인다. 또한 기업이 국가에 대해 종래에는 보조적 기능만을 수행했으나, 앞으로는 국가와 대립하며 긴장관계를 유지하되 필요에 따라 협력도 하는 갈등적 협력관계(conflictive cooperation)를 유지할 것으로 전망된다.[187]

시민사회에 대해서는 그들이 흔히 말하는 '고객은 왕'이라는 문구처럼, 활발한 개방과 소비자 보호의 차원에서 외부의 객관적 압력에도 노력할 것으로 예상된다. 물론 외부적인 압력 때문만이 아니라 항공기업 스스로의 발전을 위해서라도 고객의 목소리에 귀를 기울이게 된다.

여기서 기업의 사회적 책임문제가 대두되는데 이 문제는 크게 기업의 사회적 책임을 인정하는 시각과 부정하는 시각 두 가지로 나누어진다. 하나는 전통적인 신고전학파의 경제학적 시각에서 기업의 사회적 책임을 부정하는 시각이다. 이는 기업의 역할을 이익을 내는 본업에 충실하는 것으로 보며 기업이 사회의 제반 문제들에 신경을 쓰게 되면 다른 비용이 증가해 주주들에게 돌아갈 혜택이 감소할 것이라고 한다. 사회문제들에 관여함으로써 발생하는 비용이 생산하는 상품가격에 전가되어 상품가격이 올라가게 되고, 그렇게 되면 결국 고객에게 피해가 돌아가게 되어 상품의 경쟁력이 떨어지기 때문에 결과적으로 새로운 고객 창출에 실패하게 된다는 논리이다. 따라서 주주들의 이익을 극대화하는 것이 기업의 최대 역할이 된다.[188]

다른 하나는 최근 새로운 시각에서 기업의 이익 창출과 사회적 책임을 결합하는 시각이다. 즉, 종업원이나 지역사회 같은 이해관계자(stakeholder)의 요구에 충실하면서 동시에 주주(stockholder)들의 이익극대화를 실현시켜 줄 수 있는 새로운 기업의 사회적 책임론을 주장한다.[189] 이와 같은 시각에 의하면 장기적으로 보았을 때 기업의

---

187) Marco G. Giugni and Florence Passy, "Contentious Politics in Complex Societies: New Social Movements between Conflict and Cooperation", *From Contention to Democracy* edited by Marco G. Giugni, Doug McAdam and Charles Tilly(Boston: Rowman & Littlefield, 1998), pp.81-108.

188) J. L. Himmelstein, *Looking Good and Doing Good: Corporate Philanthropy and Corporate Power*(Bloomington: Indiana University Press, 1997).

주주들에게 이익이 되는 것은 동시에 이해관계자들의 이익이 된다. 주주도 이해관계자에 포함되기 때문에 장기적 관점에서는 이들 두 집단의 이해가 궁극적으로 하나로 수렴된다는 것이다.[190] 기업의 목표는 이익추구지만 기존의 단기적 이익추구와는 구별이 되는 장기적인 이익의 극대화에 초점을 맞추어야 한다는 것이다.

이러한 수렴론은 기업이 사회적 투자(social investment) 내지는 심층적 책임(meta responsibility)을 다할 경우, 이를 이타주의적 시각이나 이익추구적 시각 같은 일방적 관점에서만 바라볼 수 없다고 주장한다. 이익과 사회적 책임은 별개의 것이 아니라 하나가 되어야 한다는 것이다.[191] 그러나 한편으로는, 임금, 노동시간, 노동조건, 경영참여, 복지환경, 여성문제, 세금, 경영합리화 같은 분야에서는 긴장관계가 유지되거나 계급적 불평등이 어느 정도 존속할 것으로 예상된다.[192]

시민사회 중심형에서는 소비자 권리 찾기 운동 등 적극적 시민 능동형의 사회형태를 보인다. 국가와 기업과 거기에서 분리된 시민사회라는 삼분법적 형태를 취하면서 군왕의 권력에서도 상인의 경제력에

---

189) Archie B. Carroll, "A Three-Dimensional Conceptual Model of Corporate Social Performance", *Academy of Management Review*, Vol.4(1979), pp.497-505. 경영학자 캐롤의 경우, 기업의 사회적 책임을 경제적 이윤 창출(economic responsibility), 법률의 준수(legal responsibility), 윤리적 책임(ethical responsibility), 자발적 영역의 자선적 책임(philanthropic responsibility) 등 네 가지로 분류하고, 첫째의 경제적 이익 창출의 책임을 기업의 생존을 위한 행위이고, 나머지 세 가지는 기업이 남을 위해 행하는 기업시민정신(corporate citizenship)이라고 명명하였다.

190) *Ibid.*

191) Robert B. Reich, "The New Meaning of Corporate Social Responsibility", *California Management Review*, Vol.40(2)(Spring, 1998), pp.8-17. 라이히(Robert B. Reich)는 이를 장기적 수렴(long-term convergence)이라고 한다.

192) *Ibid.*

서도 독립되어 있는 시민 고유의 권한을 획득하려는 노력을 경주하고 독자적인 이득과 정책추진운동의 결과를 얻으려고 노력한다. 국제사회에서는 제3세계항공기업의 독자적인 경영을 위하여, 국제기구를 통해 선진 제1세계와 제2세계의 협력과 지속 가능한 지원을 이끌어 내고자 적극 노력하고 있다.

또한 시민사회가 국가나 기업 양쪽 모두에 대해서 독립적으로 자기 목소리를 낼 수 있는 시민사회 중심형의 구도가 이루어질 때, 비로소 자연발생적 자유시민사회의 형성이 가능할 것으로 본다. 앞서 기업의 사회적 책임에서 본 바와 같이 국가나 기업이 자신의 책임을 다하면서 사회나 국민에게 공헌하는 방향의 참된 기업활동이나 국가정책을 펼칠 때에 시민사회 역시 적극적으로 협조하는 관계의 정립이 이루어져야 한다. 이렇게 될 때 비로소 자유, 질서, 안전, 공익을 앞세우는 세계적인 자유민주주의형의 국제항공레짐이 형성될 수 있을 것이기 때문이다.[193]

시민사회 중심의 국제항공레짐의 발전방향에 대해서는 우리에게 서비스를 제공해 주는 국제항공레짐을 역사적으로 개괄해 볼 경우, 이들 국제항공레짐을 구성하고 있는 협약과 협정들을 그 목적이 누구를 위한 것인가를 기준으로 보면 다음과 같이 세 가지로 분류할 수 있다.

첫째, 제2차 세계대전 직후에는 국가 간의 규제가 중심이 되어 타국으로부터 자국의 영공을 보호하려는 목적이 제1차적 목표였다.

둘째, 이와 같은 국가 중심의 규제로는 시장의 자유화와 경쟁의 유발이 어렵다는 판단을 하게 되고, 항공사 간 경쟁을 위한 규제완화법

---

193) Friedrich A. Hayek, *Law, Legislation and Liberty, Volume 3: The Political Order of a Free People*(London: Routledge and Kegan Paul, 1982), pp.34 – 39.

과 경쟁촉진법이 제정되었다.

셋째, 세계무역기구(WTO), 다양한 국제기구(IGO) 그리고 비정부기구(NGO) 등이 등장하면서, 이들에 의해 항공 서비스의 개방화를 이루고, 소비자의 권리를 주장하는 목소리가 더욱 커져 간다.

이제는 소비자를 위한 국제항공레짐이 형성되어야 하며 실제로 이미 이와 같은 방향으로 변해 가고 있다. 이런 사례로서 항공사들의 기업제휴동맹을 통해서 이용자들에게 서비스의 편의를 제공하고, 전자상거래를 통해 항공기가 출발시간 직전까지 상용(常用)고객에게 서비스 가능한 좌석상태를 알려줌으로써 서비스 편의를 제공하는 시스템 등이 최근 들어 활발히 구축되고 있다.

〈표 6-3〉 행위주체별, 목적별 국제항공레짐(협정, 협약)의 분류

체결목적 계약주체	국 가 (states)	항공사 (airlines)	이용자 (civil users)
국 가	파리협약(1919) 시카고협약(1944) 버뮤다협정(1946)	규제완화법(1978) 경쟁촉진법(1980)	자유화협정(1992)
항공사	특정노선별 상무협정	포괄 마케팅제휴협정	항공제휴동맹, 상용고객우대약관 (소비자 보호약관)

한편 항공사, 서비스 이용자, 국가 등 세 가지 행위주체(identities)를 중심으로, 누구를 위한 것인가를 기준으로 국제항공레짐을 목적별로 분류하면 〈표 6-3〉과 같다. 즉, 국가 중심의 레짐에는 1919년의 파리협약, 1944년의 시카고협약, 1946의 영미 간 버뮤다협정, 그리고 항공협정의 보조적 기능을 하는 특정노선별 항공기업 간 협정이 포함된다. 항공사 중심의 레짐에는 1978년의 미국항공규제완화법, 1980년

의 미국국제항공경쟁촉진법, 그리고 기업 간 협정 중에 포괄적 마케팅 제휴협정이 해당된다. 그리고 이용자 중심의 레짐에는 1990년대부터의 항공제휴동맹이나 상용고객우대약관, 1992년의 항공자유화협정 등을 포함시킬 수 있다.

이와 달리 계약체결 행위주체를 중심으로 분류하면, 국가 중심의 항공레짐으로 다자협정(multilateral agreement)과 양국 간 협정(bilateral agreement)인 파리협약, 시카고협약, 버뮤다협정이 있고, 항공기업 중심의 국제항공레짐으로 항공사 간 상무협정(commercial agreement)인 특정노선별 항공기업 간 협정, 포괄적 마케팅제휴협정, 범세계적 항공제휴협정을 들 수 있다.

1992년에 이루어진 미국의 항공자유화협정 체결의 의미와 목적은 서비스 제공을 자유롭게 함으로써 서비스를 이용하는 소비자들에게 편의를 제공하는 데 있다. 앞으로 국제항공레짐의 중요한 원칙, 규범, 규칙 및 절차는 서비스 이용자인 소비자를 위한 방향으로 바뀌어야 한다. 향후의 국제항공레짐 모델은 이러한 시각에서 구축되어야 하며 이는 다양화와 개방화의 시대를 준비하는 자세로서 바람직한 것이기도 하다.

1990년대 이후 국제항공레짐을 주도해 온 방향은 주로 이용고객의 편에서 편성, 운영되는 현상을 보이고 있다. 세계무역기구(WTO)가 요구하는 항공 서비스 개방 면에서도 서비스를 제공하는 목적이 이용자의 편의 위주로 재편성되고 있다. 항공 전자상거래를 통해 고객에 대해 실시간 서비스를 제공해 주는 시스템의 구축 역시 고객과 새로운 관계를 모색하는 일환이다.

항공산업 발전에 따른 개발에 있어서 피해자 측을 배려하고 항공 이용자들에게 편의를 제공하는 것을 우선적인 고려의 대상으로 삼는 것이다. 운항관제사의 노동쟁의 등 노동운동 분야 또한 민주화의 노선을 걷고 있는 것이 오늘날의 추세이다. 이러한 현상을 비정부기구(NGO)의 시각으로 보면 국가권력이나 기업의 권력이 아니라 이용고객인 시민사회에 의하여 항공운송질서가 재편성되고 있는 것이다.

이와 같은 국제항공레짐의 변화에 관한 연구결과를 바탕으로, 본 연구는 국제항공레짐의 발전을 위해 이론적인 틀을 제시하였다. 또한 실질적인 정책 차원에서 국제항공정책 결정자들을 위한 국제항공레짐의 변화를 분석할 수 있는 방안을 제시하였다. 본 연구를 통하여 앞으로 국제항공레짐은 세계화 시대를 맞이하여 항공 서비스 이용자를 위한 시민사회 중심 모델로서 발전할 것으로 분석하고 있다. 국제항공레짐의 이용자 모델(user-model)을 기존의 국가 모델(state-model), 항공기업 모델(enterprise-model)과의 시대별 관계를 고찰하여 볼 때, 시민사회 중심의 국제항공레짐 모델은 소비자인 일반 시민의 입장을 더욱 충분히 고려하여 새로운 시민사회 중심의 모델로 발전시켜야 할 것이다.

참고문헌

1. 국내 문헌

가. 단행본

김석준, 2000. 『뉴 거버넌스 연구』, 서울: 대영문화사.

김영래, 1997. 『이익집단정치와 이익갈등』, 서울: 한울 아카데미.

김영래, 윤형섭, 이완범 공저, 2003. 『한국정치 어떻게 볼 것인가』, 서울: 박영사.

김용학, 1996. 『사회구조와 행위: 거시적 현상의 미시적 기초를 찾아서』, 서울: 사회비평사.

박재영, 2000. 『국제정치 패러다임: 현실주의, 자유주의, 구조주의』, 서울: 법문사.

송효경, 1979. 『국제항공법』, 서울: 광림사.

안병영, 임혁백 편, 2000. 『세계화와 신자유주의: 이념, 현실, 대응』, 서울: 나남 출판.

홍순길, 1999. 『신항공법정해』, 서울: 동명사.

홍순길, 신홍균 공저, 1996. 『신국제항공 우주법강의』, 서울: 항공대 출판부.

나. 논 문

강명구, 2001. "정부와 NGO 관계의 비교론적 연구", 박재창 편, 『정부와 NGO』, 서울: 법문사.

김영래, 2003. "한국 시민사회운동의 과제와 전망", 중앙일보 『시민사회』
　　　1~15쪽.

김영수, 2002. "세계사회의 거버넌스 형성과 INGO의 역할", 한국 NGO학
　　　회 『2002년도 춘계학술대회 발제문』.

김영호, 2001. "국제레짐 형성과 NGO: NGO역할 개념화 및 영향력 분
　　　석", 『한국동북아논총』 제20집

김유은, 1991. "국제레짐(International Regimes)의 변천에 관한 이론적
　　　고찰: GATT를 중심으로", 정치학 박사학위논문, 한양대학교 대
　　　학원.

김종복, 2002. "미국항공보안법소개", 『항공우주법학회지』 제16호.

윤덕영, 1992. "국제항공의 환경변화와 그 전망", 『아시아나항공』 41~43쪽.

이재열, 1994. "개인의 합리성에서 제도의 신화까지: 조직과 시장의 사회
　　　학", 『사회비평』 제11호.

정연정, 2002. "인터넷과 집단행동논리: Olson의 집단행동논리를 중심으
　　　로", 『한국정치학회보』 제36집 1호.

채형복, 1999. "세계적 지배의 개념에 관한 소고", 경북대학교 『법학논고』
　　　제15집.

다. 자료집

대한항공. 『항공업무 GUIDE』 (2002. 1. 14.)

대한항공. 『Sky News』 제72호 (2003. 2. 16.)

대한항공. http://www.koreanair.co.kr

대한항공. http://www.skyteam.com

대한항공. http://dcappl.koreanair.co.kr

아시아나. http://www.asiana.com

인천국제공항. http://www.airinfo.co.kr

한국관광공사(KNTO). 『관광통계자료』 (2003)

한국외교통상부. 한미항공협정집 및 주요 국가 간 항공협정집

Peter F. Drucker. 2004. "지식은 21세기의 최대 자본이자 에너지" 동아일
보 『새해 특집』 (2004. 1. 8.)

2. 외국문헌

가. 단행본

Aggarwal, Vinod K. 1985. *Liberal Protectionism: The International Politics of Organized Textile Trade.* Berkeley California: University of California Press.

Alt, James. and Shepsle, Kenneth Shepsle. eds. 1990. *Perspective on Positive Political Economy.* Cambridge, NY: Cambridge University Press.

Amin, Samir. Giovani Arrighi. Andre Gunder Frank. and Immanuel Wallerstein. 1990. *Transforming the Revolution: Social Movements and the World-System.* New York, NY: Monthly Review Press.

Bachrach, Peter. and Morton Baratz. 1970. *Power and Poverty; theory and Practice.* Oxford: Oxford University Press.

Camilleri, Joseph A. and Jim Falk. 1992. *The End of Sovereignty: The Politics of a Shrinking and Fragmenting World.* Brookfield, Vt.: Elgar.

Carnoy, Martin. 1984. *The State and Political Theory.* New Jersey, NJ: Princeton University Press.

Cheng, Bin. 1962. *The Law of International Air Transport.* London: Stevens & Sons Ltd.

Chiang, Pei-heng. 1981. *Non-Governmental Organizations at the United Nations.* Hongkong: Praeger Publishers.

Chilcote, Robert H. 1994. *Theories of Comparative Politics: the Search for a Paradigm Reconsidered.* Westview Press.

Cohen, Jean L. and Andrew Arato. 1994. *Civil Society and Political Theory*. New Baskerville: MIT Press.

Dicken, Peter. 1998. *Global Shift: Transforming the World Economy*. Third Edition. New York, NY: The Guilford Press.

Doganis, Rigas. 2002. Flying Off Course: *The Economics of International Airlines*. Third Edition. London, UK: Routledge.

Doganis, Rigas. 2001. *The Airline Business in the 21st Century*. London, UK: Routledge.

Downs, Anthony. 1957. *An Economic Theory of Democracy*. New York, NY: Harper & Row.

Gamson, William A. 1990. *The Strategy of Social Protest*. Second Edition. Belmont: Wadsworth Publishing Company.

Giddens, Anthony. 1990. *The Consequences of Modernity: Time−Space Distanciation*. Standford, CA: Standford University Press.

Gilpin, Robert. 1987. *The Political Economy of International Relations*. New Jersey, NJ: Princeton University Press.

Gilpin, Robert. 2001. *Global Political Economy: Understanding the International Economic Order*. New Jersey, NJ: Princeton University Press.

Gordenker, Leon. and Thomas G. Weiss. eds. 1996. *NGOs, the UN and Global Governance*. Colorado: Lynne Rienner Publishers. Inc.

Gramsci, Antonio. 1971. *Selection from Prison Notebooks*. New York, NY: International Publishers.

Haas, Ernst B. 1957. *The Uniting of Europe: Political, Social, Economic Forces, 1950~1957*. Stanford, CA: Stanford University Press,

Haas, Ernst B. 1964. *Beyond the Nation−State: Functionalism and International Organization*. Stanford, CA: Stanford University Press.

Habermas, Jürgen. 1987. *The Theory of Communicative Action. V.2. Lifeworld and System−a Critique of Functionalist Reason*. Boston: Beacon Press.

Hasenclever, Andreas. Peter Mayer. and Volker Rittberger. 1997. *Theories of International Regimes.* Cambridge, NY: Cambridge University Press.

Hayek, Friedrich A. 1982. *Law, Legislation and Liberty, Volume 1: Rules and Order.* London, UK: Routledge and Kegan Paul.

Hayek, Friedrich A. 1982. *Law, Legislation and Liberty, Volume 3: The Political Order of a Free People.* London, UK: Routledge and Kegan Paul.

Held, David. 1989. *Political Theory and Modern State.* Standford, CA: Standford University Press.

Himmelstein, J. L. 1997. *Looking Good and Doing Good: Corporate Philanthropy and Corporate Power.* Bloomington: Indiana University Press.

Hirst, Paul. and Grahame Thompson. 1999. *Globalization in Question: The International Economy and the Possibilities of Governance.* Second Edition. Cambridge UK: Polity Press.

JÖnsson, Christer. 1987. *International Aviation and the Politics of Regime Change.* New York, NY: St. Martin's Press Inc.

Katzenstein, Peter J. 1985. *Small States in World Markets—Industrial Policy in Europe.* Ithaca, NY: Cornell University Press.

Keane, John. eds. 1988. 'Introduction', *Civil Society and the State.* London: Verso.

Keck, Margaret E. and Kathryn Sikkink. 1998. *Activists beyond Borders: Advocacy Networks in International Politics.* Ithaca, NY: Cornell University Press.

Keohane, Robert O. 1984. *After Hegemony: Cooperation and Discord in the World Political Economy.* New Jersey, NJ: Princeton University Press.

Keohane, Robert O. and Helen V. Milner. 1996. *Internationalization and*

Domestic Politics. New York, NY: Cambridge University Press.

Keohane, Robert O. and Joseph S. Nye. 1989. *Power and Interdependence.* Second Edition. Cambridge, NY: Harper Collins Publishers.

Korten, David C. 1990. *Getting to the 21st Century: Voluntary Action and Global Agenda.* Hartford: Kumarian Press.

Krasner, Stephen D. 1983. *International Regimes.* Ithaca, NY: Cornell University Press.

Laclau, Ernesto. and Chantal Mouffe. 2001. *Hegemony and Socialist Strategy: Towards a Radical Democratic Politics.* Second Edition. London, UK: Verso.

Lichbach, Marking Irving. and Allan S. Zuckerman. eds. 1997. *Comparative Politics: Rationality, Culture and Structure.* Cambridge, NY: Cambridge University Press.

Lukes, Steven. 1974. *Power: A Radical View.* London, UK: MacMillan Education Ltd.

Macdonald, Laura. 1997. *Supporting Civil Society: the Political Role of Non-Governmental Organization in Central America.* New York, NY: St. Martin's Press.

McGrew, Anthony G.. & Paul G. Lewis. 1992. *Global Politics: Globalization and the Nation-states.* London, UK: Polity Press.

McIntosh, Robert W. Charles R. Goeldner. and J. R. Brent Ritchie. 2000. *Tourism: Principles, Practices, Philosophies.* Eight Edition. John Wiley & Sons, Inc.

Mearsheimer, John J. 2001. *The Tragedy of Great Power Politics.* New York, NY: Norton & Company.

Moore, Jr., Barrington. 1966. *Social Origins of Dictatorship and Democracy: Lord and Peasant in the Making of the Modern World.* Boston: Beacon Press.

Morrison, Steven A. & Clifford Winston. 1995. *The Evolution of the*

Airline Industry. Washington D.C: The Brookings Institution.

Morse, Edward L. 1976. *Modernization and the Transformation of International Relations.* New York, NY: Free Press.

Najam, Adil. 1999. "Citizen Organizations as Policy Entrepreneurs", *International Perspectives on Voluntary Action: Reshaping the Third Sector* edited by David Lewis. London, UK: Earthscan.

North, Douglass C. 1981. *Structure and Change in Economic History.* New York, NY: W. W. Norton & Company, Inc.

North, Douglass C. 1990. *Institutions, Institutional Change and Economic Performance.* Cambridge, NY: Cambridge University Press.

Nye, Joseph S. 2002. *The Paradox of American Power: Why the World's only Superpower can't go it alone.* London, UK: Oxford University Press.

O'Connell, B. 1994. *People Power, Service, Empowerment.* New York, NY: Foundation Center.

Osherenko, Gail. and Oran R. Young. 1993. "The Formation of International Regimes: Hypothesis and Cases", *Polar Politics: Creating International Environmental Regimes* edited by Gail Osherenko and Oran R.Young. Ithaca, NY: Cornell University Press.

Dugger, William M. 1993. "Transaction Cost Economics and the State", *Transaction costs, Markets and Hierarchies* edited by Christos Pitelis. Oxford: Basil Blackwell Ltd.

Polanyi, Karl. 1944. *The Great Transformation: The Political and Economic Origins of Our Time.* New York, NY: Rinehart.

Przeworski, Adam. and Henry Teune. 1970. *The Logic of Comparative Social Inquiry.* New York, NY: John Wiley& Sons, Inc.

Princen, Thomas. and Matthias Finger. 1994. *Environmental NGOs in World Politics: Linking the Local and the Global.* New York, NY: Routledge.

Rosenau, James N. and E-O. Czempiel. 1992. *Governance without Government: Order and Change in the World Politics*. Cambridge, NY: Cambridge University Press.

Rueschemeyer, Dietrich. Everlyne Huber Stephens. and John D. Stephens. 1992. *Capitalist Development and Democracy*. Cambridge, UK: Polity Press.

Salaman, Lester M. 1999. *America's Nonprofit Sector: A Primer*. Second Edition. The Foundation Center.

Skocpol, Theda. 1979. *States & Social Revolutions: A Comparative Analysis of France, Russia & China*. Cambridge, NY: Cambridge University Press.

Sochor, Eugene. 1991. *The Politics of International Aviation*. Iowa: University of Iowa Press.

Steinmo, Sven. Kathleen Thelen. and Frank Longstreth. 1992. *Structuring Politics: Historical Institutionalism in Comparative Analysis*. New York, NY: Cambridge University Press.

Strange, Susan. 1996. *The Retreat of the State: The Diffusion of Power in the World Economy*. Cambridge, NY: Cambridge University Press.

Suzuki, Naoki. 1998. *Inside NGOs: Learning to Manage Conflicts between Headquarters And Field Offices*. London, UK: Intermediate Technology Publications Ltd.

Taneja, Nawal K. 1989. *Introduction to Civil Aviation*. Second Edition. Lexington Books, D.C. Heath and Company: The Ohio State University Press.

Taneja, Nawal K. 1988. *The International Airline Industry: Trends, Issues & Challenges*. Lexington Books, D.C. Heath and Company: The Ohio State University Press.

Tarrow, Sidney. 1994. *Power in Movement: Social Movements, Collective Action and Politics*. Cambridge, NY: Cambridge University Press.

Tocqueville, Alexis de. 1955. *Democracy in America.* New York, NY: Vantage Books.

Toffler, Alvin. 1980. *The Third Wave*(유재천 번역, 1981, 『제3의 물결』 서울: 주우)

Viotti, Paul R. and Mark V. Kauppi. 1999. *International Relations Theory: Realism, Pluralism, Globalism and Beyond.* Third Edition. Allyn and Bacon.

Weber, Max. 1904. *Die Protestantische Ethik und der Geist des Kapitalismus(The Protestant Ethnic and the Spirit of Capitalism* (New York: Charles Scriber's Sons. 1958): 박성수 번역, 1988, 『프로테스탄티즘의 윤리와 자본주의 정신』 서울: 문예 출판사, 17~44쪽 및 112~137쪽.

Wolf, Jr., Charles. 1997. *Markets or Governments: Choosing between Imperfect Alternatives.* Second Edition. Boston: The MIT Press.

Young, Oran. and Gail Osherenko. 1993. *Polar Politics: Creating International Environmental Regimes.* Ithaca, NY: Cornell University Press.

Zacher, Mark W. 1996. *Governing Global Network.* New York, NY: Cambridge University Press.

Zylicz, Marek. 1991. *International Air Transport Law.* The Netherlands: Martinus Nijhoff Publishers.

坂本照雄. 三好晉. 1999. 『新國際航空法』. 東京: 有信堂高文社.

나. 논 문

Axelrod, Robert. 1981. "The Emergence of Cooperation among Egoists", *American Political Science Review,* Vol.75, pp.306‒318.

Axelrod, Robert. and Robert O. Keohane. 1985. "Achieving Cooperation under Anarchy: Strategies and Institutions", *World Politics,*

Vol.38(1), pp.226−254.

Carroll, Archie B. 1979. "A Three−Dimensional Conceptual Model of Corporate Social Performance", *Academy of Management Review*, Vol.4, pp.497−505.

Cerny, Philip G. 1995. "Globalization and the Changing Logic of Collective Action", *International Organization*, Vol.49(4), pp.595−625.

Chiu, Daniel Y. 2003. "International Alliances in the Power Cycle Theory of State Behavior", *International Political Science Review*, Vol.24(1), pp.123−136.

Clark, Ann Marie. 1995. "Non−Governmental Organizations and their Influence on International Society", *Journal of International Affairs*, Vol.48(2), pp.507−525.

Coase, Ronald H. 1960. "The Problem of Social Cost", *Journal of Law and Economics*, Vol.3, pp.1−44.

Collier, David. and James E. Mahon, Jr. 1993. "Conceptual Stretching Revised: Adapting Categories in Comparative Analysis", *American Political Science Review*, Vol.87(4).

Dahlman, Carl J. 1979. "The Problem of Externality", *The Journal of Law and Economics*, Vol.22(1), pp.141−162.

Donnelly, Jack. 1986. "International Human Rights: A Regime Analysis", *International Organizationm*, Vol.40(3).

Finlayson, Jock A. and Mark W. Zacher. 1983. "The GATT and the regulation of trade Barriers", *International Regimes* edited by Stephen D. Krasner. Ithaca and London: Cornell University Press.

Finnemore, Martha. 1996. "Norms, Culture and World Politics: Insights from Sociology's Institutionalism", *International Organization*, Vol.50(2), pp.325−347.

Fischer, Joschka. 2000. "From Confederacy to Federation: Thoughts on the Finality of European Integration", *Speech at the Humboldt*

University in Berlin(12 May 2000).

Frantz, Telmo Rudi. 1987. "The Role of NGOs in the Strengthening of Civil Society", *World development*, Vol.15(Supplement).

Frieden, Jeffrey A. and Ronald Rogowski. 1996. "The Impact of the International Economy on National Politics: An Analytical Overview", *Internationalization and Domestic Politics* edited by Robert O. Keohane and Helen V. Milner. Cambridge University Press.

Garrett, Geoffrey. and Peter Lange. 1996. "Internationalization, Institutions and Political Change", *Internationalization and Domestic Politics* edited by Robert O. Keohane and Helen V. Milner. Cambridge University Press.

Giugni, Marco G.. and Florence Passy. 1998. "Contentious Politics in Complex Societies: New Social Movements between Conflict and Cooperation", *From Contention to Democracy* edited by Marco G. Giugni. Doug McAdam. and Charles Tilly. (Boston: Rowman & Littlefield). pp.81 – 108.

Gordenker, Leon. and Thomas G. Weiss. 1995. "Pluralizing Global Governance: Analytical Approaches and Dimensions", *Third World Quaterly*, Vol.16(3), pp.358 – 387.

Gourevitch, Peter B. 1978. "The Second Image Reversed: The International Sources of Domestic Politics", *International Organization*, Vol.32(3).

Granovetterr, Mark S. 1973. "The Strength of Weak Ties", *American Journal of Sociology*, Vol.78(6), pp.1360 – 1380.

Grieco, Joseph M. 1988. "Anarchy and the limits of cooperation: a realist critique of the newest liberal institutionalism", *International Organization*, Vol.42(3).

Haas, Ernst B. 1990. "Reasons and Change in International Life: Justifying a Hypothesis", *Journal of International Affairs*, Vol.44(1), pp.209 – 240.

Haas, Ernst B. 1975. "Is There a Hole in the Whole? Knowledge, Technology, Interdependence and the Construction of international Regimes: A regime Analysis", *International Organization*, Vol.29(3), pp.827-876.

Haas, Peter M. 1992. "Introduction: epistemic communities and international policy coordination", *International Organization*, Vol.46(1), pp.1-35.

Haggard, Stephan. and Beth A. Simmons. 1987. "Theories of International Regimes", *International Organization*, Vol.41(3), pp.491-517.

Hainsworth, Brad E. 1990. "The Distribution of Advantages and Disadvantages", *Public Relation Review*, Vol.XVI(1), pp.83-89.

Hall, Peter A. 1997. "The Role of Interests, Institutions and Ideas in the Comparative Political Economy of the Industrialized Nations", Marking Irving Lichbach and Allan S. Zuckerman eds. *Comparative Politics: Rationality, Culture and Structure*, pp.174-207.

Holsti, Karl. 1980. "Change in the International System: Interdependence, Integration and Fragmentation", *Change in the International System* edited by Ole Holsti (Boulder: Westview Press, 1980), pp.23-54.

Immergut, Ellen M. 1998. "The Theoretical Core of the New Institutionalism", *Politics & Society*, Vol.26(1), pp.5-34.

Jervis, Robert. 1985. "From Balance to Concert: A Study of International Security Cooperation", *World Politics*, Vol.38(1), pp.58-79.

Jönsson, Christer. 1981. "Sphere of Flying: the Politics of International Aviation", *International Organization*, Vol.35(2), pp.273-302.

Keohane, Robert O. and Joseph S. Nye, Jr. 1987. "Power and Interdependence revisited", *International Organization*, Vol.41(4), pp.725-753.

Kim, Young Ho. 2001. "When do NGOs make Differences in World Politics: an Analysis of the US NGO Policy Advocacy for International Environmental Treaties", *Dissertation of the Degree of Ph.D. The* Ohio State University.

Kitschelt, Herbert. 1986. "Political Opportunity Structure and Political Protest", *British Journal of Political Science,* Vol.16, pp.57 – 85.

Korten, David C. 1987. "Third Generation NGO Strategies: A Key to People – centered Development", *World Development,* Vol.15(Supplement), pp.145 – 159.

Krasner, Stephen D. 1983. "Structural Causes and Regime Consequences: Regimes as Intervening Variables", *International Regimes.* Ithaca, NY: Cornell University Press, pp.10 – 20.

Krasner, Stephen D. 1999. "Globalization and Sovereignty", *States and Sovereignty in the Global Economy* edited by David A. Smith. Dorothy J. Solinger. and Steven C. Topik. London: Routhledge.

Kratochwil, Friedrich. and John Gerard Ruggie. 1986. "International Organization: a State of the Art on an Art of the State", *International Organization,* Vol.40(4), pp.754 – 778.

Laitin, David D. James A. Caporaso. David Collier. Ronald Rogowski. and Sidney Tarrow. 1995. "The Qualitative – Quantitative Disputation: Designing Social Inquiry", Scientific Inference in Qualitative Research by Gary King. Robert O. Keohane and Sidney Verba (Princeton University Press, 1994). *American Political Science Review,* Vol.89(2).

Lijphart, Arend. 1971. "Comparative Politics and the Comparative Method", *American Political Science Review,* Vol.65, pp.682 – 692.

Lipschutz, Ronnie D. 1992. "Reconstructing World Politics; The Emergence of Global Civil Society", *Millenium: Journal of International Studies,* Vol.21(3), pp.389 – 420.

Manning, Susan. 1999. "Introduction", *Journal of World – Systems Research* edited by Christoper Chase – Dunn, Vol.5(2).

Mathews, Jessica T. 1997. "Power Shift", *Foreign Affairs,* Vol.76(1), pp.50−66.

McAdam, Douglas. John D. McCarthy. and Mayer N. Zald. 1988. "Social Movement". *Handbook of Sociology* edited by N.J. Smelser.

Meyer, David S. 1993. "Protest Cycle and Political Process", *Political Research Quarterly.* Vol.46(3).

Meyer, David S. and Douglas R. Imig. 1993. "Political Opportunity and Rise and Decline of Interest Group Sectors", *The Social Science Journal.* Vol.30(3), pp.253−270.

Meyer, John W. John Boli. George M. Thomas. and Francisco O. Ramirez. 1997. "World Society and The Nation−State", *American Journal of Society.* Vol.103(1). pp.144−181.

Milner, Helen. and Robert O. Keohane. 1996. "Internationalization and Domestic Politics: An Introduction", *Internationalization and Domestic Politics* edited by Robert Keohane & Helen Milner. New York, NY: Cambridge University Press.

Mitchell, Neil. 1987. "Liberalism, Human Rights and Human Dignity", *American Political Science Review.* Vol.81(3). pp.921−927.

Najam, Adil. 1999. "Citizen Organizations as Policy Entrepreneurs", *International Perspectives on Voluntary Action: Reshaping the Third Sectors* edited by David Lewis. London, UK: Earthscan, pp.140−158.

Nayar, Baldev Raj. 1995. "Regimes, power and international aviation", *International Organization.* Vol.9(1). pp.139−170.

Nerfin, M. 1986. "Neither prince nor merchant: citizen− an introduction to the third system", *World Economy in Transition* edited by K. Ahooja−Patel. A.G. Drabek. and M. Nerfin. Oxford. UK: Pergamon Press.

North, Douglass C. 1990. "Institutions and a Transaction Cost Theory of Exchange", *Perspective on Positive Political Economy* edited by

James Alt and Kenneth Shepsle. Cambridge, NY: Cambridge University Press.

North, Douglass C. 1991. "Institutions", *Journal of Economic Perspectives*, Vol.5(1), pp.88–113.

Nye, Joseph S. 1988. "Neorealism and Neoliberalism", *World Politics*, Vol.40, pp.235–251.

Nye, Joseph S. 1990. "Soft Power", *Foreign Policy*, No.80, pp.153–171.

Onuf, N. G. and V. Spike Peterson. 1984. "Human rights from an International Regimes Perspective", *Journal of international Affairs*, Vol.37(2), pp.329–342.

Oye, Kenneth A. 1985. "Explaining Cooperation under Anarchy: Hypotheses and Strategies", *World Politics*, Vol.38(1), pp.1–23.

Philpott, Daniel. 1995. "Sovereignty: An introduction and Brief History", *Journal of International Affairs*, Vol.48(2).

Princen, Thomas. 1994. "NGOs: Creating a Niche in Environmental Diplomacy", *Environmental NGOs in World Politics: Linking the Local and the Global* edited by Thomas Princen and Matthias Finger. New York, NY: Routledge.

Puchala, Donald. and Raymond Hopkins. 1983. "International Regimes: Lessons from Inductive Analysis", *International Regimes* edited by Stephen D. Krasner. Ithaca, NY: Cornell University Press, pp.61–91.

Reich, Robert B. 1998. "The New Meaning of Corporate Social Responsibility", *California Management Review*, Vol.40(2), pp.8–17.

Risse, Thomas. and Kathryn Sikkunk. 1999. "The Socialization of International Human Rights Norms into Domestic Practices: Introduction", *The Power of Human Rights* edited by Thomas Risse. New York, NY: Cambridge University Press.

Risse, Thomas. and Tanja A. Borzel. 2000. "Who is afraid of a European

Federation? How to constitutionalize a multi-level Governance System", *Symposium: Responses to Joschka Fischer*, pp.1-20.

Rochester, J. Martin. 1986. "The rise and fall of international organization as a field of study", *International Organization*, Vol.40(4), pp.777-813.

Rosenau, James N. 1992. "Citizenship in a changing Global Order", *Governance without Government* edited by James N. Rosenau and Ernst-Otto Czempiel. Cambridge, NY: Cambridge University Press.

Ruggie, John Gerard. 1975. "International Responses to Technology: Concepts and Trends", *International Organization*, Vol.29(3), pp.570-586.

Ruggie, John. 1983. "Continuity and Transformation in the World Polity: Toward a Neorealist Synthesis", *World Politics*, Vol.35(1), pp.261-285.

Sartori, Giovanni. 1970. "Concept Misformation in Comparative Politics", *The American Political Science Review*, Vol.64(4). p.1033.

Simmons, P. J. 1998. "Learning to live with NGOs", *Foreign Policy*. No.112.

Sinnar, Shirin. 1995/96. "Mixed Blessing: The Growing Influence of NGOs", *Havard International Review*.

Sklair, Leslie. 1999. "Competing Conceptions of Globalization", *Journal of World-Systems Research* edited by Christoper Chase-Dunn, Vol.5(2).

Smith, Jackie. 1998. "Global Civil Society?: Transnational Social Movement Organizations and Social Capital", *The American Behavioral Scientist*, Vol.42(1), pp.93-107.

Snidal, Duncan. 1985. "The Game Theory of International Politics", *World Politics*, Vol.38(1), pp.25-57.

Snyder, Glenn. H. 1984. "The Security Dilemma in Alliance Politics", *World Politics*, Vol.36(4), pp.461-495.

Stein, Athur A. 1982. "Coordination and Collaboration: Regimes in an Anarchic World", *International Organization*, Vol.36(2).

Stewart, Sheelagh. 1997. "Happy Ever After in the Marketplace: Non-government Organizations and Uncivil Society", *Review of African Political Economy*, Vol.24(71), pp.11-34.

Stoker, Gerry. 1995. "Regime Theory and Urban Politics" *Theories of Urban Politics* edited by David Judge. Gerry Stoker. and Harold Wolman. London: SAGE Publication Ltd.

Strange, Susan. 1972. "The Dollar Crisis 1971" *International Affairs*. 48(2), pp.191-216.

Strange, Susan. 1983. "Cave ! Hic Dragones: a Critique of Regime Analysis" *International Regimes* edited by Stephen D. Krasner.

Strange, Susan. 1997. "The Erosion of the State", *Current History*, *pp*.368-369.

Tarrow, Sidney. 2001. "Transnational Politics: Contention and Institutions in International Politics", *Annual Review of Political Science*, Vol.4, pp.1-20.

Weir, Margaret. 2002. Theda Skocpol "Probing the Institutional Roots of Politics", *American Political Science Association Online*. (http://www.apsanet.org/ps/dec02/weir.cfm)

Young, Oran R. 1980. "International regimes: Problems and Concept Formation", *World Politics*, Vol.32, pp.331-356.

Young, Oran R. 1986. "International Regimes: Toward a New Theory of Institutions", *World Politics*, Vol.39(1), pp.104-122.

Zacher, Mark W. 1987. "Trade Gaps, Analytical Gaps: Regime Analysis and International Commodity Trade Regulation", *International Organization*, Vol.41(2), pp.725-753.

Zacher, Mark W. 1990. "Toward A Theory of International Regimes", *Journal of International Affairs*, Vol.44, pp.139-157.

다. 자료집

Airline Business (June 1998, July 1999, September 1999).

Air Transport World. 2000. "Alliance Paradox"

Chicago Convention (1944)

Financial Times (17 February 1999).

Foreign Policy. 2003. "Measuring Globalization: Globalization Index" A. T. Kearney, Inc.

Freedom House. 2001 annual Report.

IATA. *International Air traffic Drops.* http://iata.mondosearch.com (2003/06/15검색).

IATA. *Statistics* (1996)

ICAO.ATConf/5(31/3/2003): *Consolidated Conclusions, Models, Clauses, Recommendations and Declaration.*

ICAO. *Air Transport Reporting Form A. Statistics* (2002).

ICAO. *Journal* Vol.58(2003).

T&E: *European Federation for Transport and Environment.* (http://www.t−e.nu/2003.5).

Travel Weekly (14 October 1998).

UN Charter. Chapter 10. Article 71.

US Departmenr of State. http://www.State.gov

World Bank. list of economies (July 2002)

WOW Homepage. http://www.Wowtheworld.com

WTO(World Tourism Organization). 2003. *Data collected by WTO* (January 2003).

WTO. 2003. "World Tourism in 2002: Better than Expected" *News Releases*(27 January).

http://www.world−tourism.org/newsroom/Release/2003/jan/numbers.

제 2 부

국제항공체제의 유형과 사례:
한미간, EU와 미국간 항공협정

제1장 국제항공레짐의 변화유형과 전망:
한미항공협정을 중심으로

제1절 서 론

제2차 세계대전 이후 국제항공질서를 형성하기 위하여 전쟁 말기인 1944년 11월에 미국을 중심으로 시카고에서 국제민간항공에 관한 국제회의를 개최하였다. 당시 52개 국가의 대표가 참가하여 국제민간항공에 관한 협약을 체결하고 국제항공의 기초질서를 형성하여 지금까지 운영하여 왔다. 지난 2005년 12월 7일이 그 국제민간항공에 관한 시카고협약이 성립된 지 61주년을 기념하는 날이 되었다. 60년의 시간이 경과함에 따라 국제정치질서에도 많은 변화가 있어 왔다. 제2차 세계대전 직후의 국가 간의 주권개념에서부터 시작한 현실주의적 패권의 논리에서부터 1970년대 후반부터의 신자유주의이론의 등장으로 많은 시장경제 중심의 국제정치질서의 변화가 뒤따랐다. 이에 따라서 국제항공질서도 1970년대 후반에 미국 중심의 국제항공의 규제완화정책(deregulation policy)을 통하여 항공운임의 자유화와 항공사의 민영화를 통한 자유경쟁의 원리를 도입하게 되었다. 1990년대에 들어서면서 국제민간항공의 발전에 제약이 되는 제반 규제사항을 대폭적으로 완화하는 항공자유화협정(open skies agreement)을 미국과 네덜란드 간의 체결을 비롯하여 점차로 확대되어 왔다. 그리고 항공사 간에는 자유로운 영업망을 전개할 수 있는 항공사제휴협정(airline alliance)이 다양하게 형성되는 등 변화가 엄청나게 컸던 것이다. 이러한 많은 변화를 경과하면서 국제항공레짐은 어떠한 유형으로 변화, 발전하여 왔고 또 앞으로 발전할 것인가를 전망해 보는 일이 국제정치의 영역확대에도 크게 기여할 것으로 판단하여 본 연구를 시도하고자 한다.

이들 국제정치와 국제항공 양자 간의 상호연계성을 설명할 수 있는 국제레짐의 변화요인을 가지고 국제정치영역과 국제항공영역을 연계해 보고자 한다. 이에 따라 국제항공질서의 변화로서 항공규제완화정책과 항공자유화협정은 물론, 한국과 관련한 대표적인 국제항공관계로서 한미 간의 항공협정의 개정경과를 살펴봄으로써 그 변화양상을 비교하여 어떤 일정한 유형을 형성하고 있는지를 살펴보고 그 다음에 향후의 국제항공레짐의 발전방향을 전망해 보고자 한다.

본 논문에서는 국제항공레짐을 그 형성, 변화, 발전을 단계별로 다음과 같이 살펴보기로 한다. 제2절에서는 국제항공레짐의 정의와 그 변화요인을 살펴본다. 제3절에서는 국제항공레짐의 형성과 유지에 관한 검토를 하고자 한다. 1944년 시카고회의에서 설정한 영공주권에 관한 총론적 질서규범으로서 하늘의 자유와 그리고 실제의 국가 간 항공운항의 기본 원칙을 정한 각론으로서의 양국 간 국제항공운송협정을 살펴본다. 제4절은 하늘의 자유와 국제항공질서의 커다란 변화를 처음으로 보이게 된 것이다. 1970년대 후반의 영국과 미국을 중심으로 하는 경제적 시장자유주의를 중요시하는 신자유주의 대두와 함께 미국의 항공자유화정책이 세계를 주도하여 온 것에서 찾는다. 제5절에서는 1990년대부터 지구화와 관련하여 등장한 두 번째의 국제항공질서의 변화를 보인 부분에 관해 논의하고자 한다. 전문적 기술이나 지식을 갖춘 전문지식인들의 공유된 지식(shared knowledge)이 국제항공에서 협력을 달성하는 데에 중요하다는 구성주의(constructivism)적 사고와 깊은 관계를 가지고 있다.(Wendt 1992, 391－426.) 제6절에서는 국제항공레짐의 지금까지의 검토 내용을 요약하고 변화유형을 살펴본다. 제7절에서는 간략하게 결론으로써 향후 국제항공레짐의 발전 방향을 전망해 본다.

제2절 국제항공레짐의 정의와 그 변화요인

국제항공레짐이 무엇인가? 국제항공레짐, 그 상위체계인 국제레짐이론은 1980년대에 국제정치이론으로 발달한 국제정치의 한 질서체계이다. 이와 같은 국제레짐이론은 여러 가지의 정의를 하고 있으나 그중에서 대표적으로 크라즈너(Stephen Krasner)의 국제레짐(international regimes)의 정의를 가장 많이 인용하고 있다. 본 연구에서도 이들의 정의에 따라 그 하위개념인 국제항공레짐을 정의해 보면 '국제항공이라는 이슈영역에서 행위자인 국가, 항공사, 이용자의 기대가 하나로 수렴하는 일련의 원칙, 규범, 질서 그리고 의사결정절차'라고 할 수 있다.(Krasner 1983, 2.)[1] 이러한 정의에 따라 국제항공레짐의 형성과 변

---

1) Stephen D. Krasner, "Structural Causes and Regime Consequences: Regimes as Intervening Variables", *International Regimes* edited by Stephen D. Krasner(Cornell University Press: Ithaca and London, 1983), p.2. "Regimes can be defined as sets of implicit or explicit principles, norms, rules and decision－making procedures around which actors' expectations converge in a given area of international relations. Principles are beliefs of fact, causation and rectitude. Norms are standards of behavior defined in terms of rights and obligations.

화를 추적하여 보고 향후 전망을 해 보고자 한다.

국제항공레짐의 형성에서 설명하게 되는 국제항공질서의 핵심은 시카고협약에서 설정한 영공주권의 개념인 '하늘의 자유'(freedom of the air)의 설정, 국제항공의 안전과 인류의 행복증진을 위한 국제민간항공협약(convention on international civil aviation)의 체결이다. 그리고 이러한 국제항공협약의 유지를 위한 국제민간항공기구(ICAO)의 형성이다.(Lee 2005, 60.) 이에 따라서 국제항공레짐의 변화요인으로서는 크게 두 가지 요인을 지적할 수 있다.(Keohane and Nye 2001, 33-52.)[2] 먼저 영공주권개념의 변화를 설명할 수 있는 국가권력과 국가의 패권적 힘의 요소인 권력구조의 변화이다. 그리고 두 번째는 국제민간항공협약에서 설정한 제 규정의 변화를 초래하는 경제의 발달과 기술의 향상(economic growth and technological development)이다. 이들의 하위개념으로서 쟁점별 위계(issue hierarchy)와 국제기구(international organization)의 변화들이 있다. 이들 국제레짐의 변화요인의 경우 국제항공의 영역에서는 1970년대 후반 신자유주의의 도입과 1990년대 세계화와 더불어 세계무역기구(WTO)의 다자간 협약에 의해 변화를 야기한 규제완화(deregulation policy)와 항공자유화협정(open skies agreement)이라는 두 가지의 커다란 변화를 겪어 왔다.

Rules are specific prescriptions or proscriptions for action. Decision-makingprocedures are prevailing practices for making and implementing collective choice."

2) Robert O. Keohane and Joseph S. Nye, Power and Interdependence Third Edition, New York, NY; Longman, 2001, pp.33-52. 그들은 국제레짐의 변화를 설명하는 네 가지 모델로서 경제적 과정, 세계권력구조, 쟁점영역 내에서의 권력구조(power structure), 국제기구에 의한 힘의 장악능력(power capability) 등을 들고 있다.

제3절 국제항공레짐의 형성

제2차 세계대전 이후의 국제정치질서의 변화는 미소 간의 양극 시대를 거치면서 1950년대와 1960년대의 힘을 바탕으로 하는 현실주의적 국제사회에서의 세력균형을 취하면서 상대의 힘을 견제하려는 움직임을 보여 왔다. 이 시기에는 국제사회를 무정부 상태로 보고 국가의 군사력을 바탕으로 하는 힘에 의해서 전쟁을 방지하고 국제질서가 유지되는 것으로 일단의 학파들이 이해하고 있다.

1. 현실주의적 국제정치와 국제항공레짐의 형성

제2차 세계대전 이후의 국제항공질서를 형성하기 위해 시카고에서 체결한 시카고협약에서는 영공에 대한 총론적인 국가주권주의를 분명하게 표방하고 있다. 그리고 실제로 국가 간 실제 항공운항에 대해서는 각론적인 양국 간 항공협정에 의해서 질서를 유지해 왔다. 예를 들어 영미 간에는 국가 간 협정의 표본으로서 오랫동안 국제항공사회의 질서 형성에 근간이 되어 왔던 버뮤다협정이 그것이다.

(1) 파리레짐(1919~1944)

1919년 파리평화회의에서 체결된 항공규칙에 관한 협약(Convention on the Regulation of Aerial Navigation) 제1조에서는 "체약국은 각국이 자국의 영역상의 공간에서 완전하고도 배타적인 주권을 보유할 것을 인정한다."라고 규정하고 있어, 영공주권의 원칙을 처음으로 명문화하였다. 이 협약을 보통 '파리협약'이라고 하며, 이로써 각국의 영토상공은 해당 국가의 천연자원으로 인식하게 되었고, 영공은 해당 국가의 통제하에 운영되게 되어야 한다는 인식, 즉 영공에 대한 독립성과 절대성이 인정되는 시대로 접어들게 되었다. 이에 따라 다른 나라의 영공을 통과하는 일은 양국 간이나 다자간의 국제항공협정에 의해서만 가능하게 되었다.

이와 같은 상황에서 파리협약은 국가 간에 항공기의 사용과 비행에 관한 국제항공의 기본 질서를 수립하는 항공협약으로서 민간항공을 위해 세계적으로 통일된 항공사법(私法)을 제정하려는 목적을 갖고 있었다. 한편, 실제 항공운항은 제1차 세계대전이 끝난 후인 1919년 3월 22일에 국제정기항공운송업무가 파리와 브뤼셀 간에 시작된 것이 최초의 사례이며, 1919년 6월에는 처음으로 항공기를 이용해 대서양을 횡단하는 데 성공하였다. 이에 따라 국제항공질서도 외연이 뚜렷하게 확정되는 단계에 이르렀을 뿐만 아니라, 그 내용도 충실하게 되어 질서가 자리를 잡게 되는 성숙함을 갖추게 되었다.

국제항공에 관한 질서를 세우기 위한 국제협약으로서는 파리협약 이외에도 국제항공질서체계로는 1926년의 이베로 아메리칸 상업항공조약, 1928년의 팬아메리카 상업항공에 관한 아바나조약, 1933년의 국제항공위생조약, 1934년의 국제항공연료조약 등이 있고, 국제항공법률문제위원회(CITEJA)가 설립되어 이 기구에 의해 여러 가지 중요한 국제항공에 관한 조약으로서 1929년에 바르사바조약, 1933년에 로마조약, 1938년에 브뤼셀조약 등이 성립을 보게 되었다. 1944년 시카고협약이 이루어지기 이전 단계에도 산발적이지만 상당히 많은 기초질서가 형성되는 단계를 거쳤다.

1939년의 제2차 세계대전은 항공기의 발달은 물론 국제항공에 관한 항공질서에도 비약적인 발전을 가져왔다. 물론 전쟁 중에 개발된 것은 군용항공기였지만, 이들 항공기는 종전 후에 민간 상업용으로 전환되면서 민간항공에도 비약적인 발전을 가져오게 하였다. 이러한 물량적으로 크게 발전함에 따라 국제항공질서도 파리조약과 아바나(Havana) 조약이 재검토되어야 한다는 주장이 제기되었다. 그 결과 1944년 11월 1일에 미국의 초청으로 시카고에서 국제민간항공회의(International Civil Aviation Conference)가 개최되었다.

이 회의는 항공운송에 관한 국제적 규율체계를 수립했다는 점에서, 국제항공사회에서 상당히 중요하게 평가를 받고 있다. 이 회의에서 성립된 문서는 소위 시카고협약이라고 하는 국제민간항공조약과 나머지 네 개의 조약들, 즉 국제항공업무통과협정, 국제항공운송협정, 국제민간항공에 관한 잠정협정, 이국 간 협정의 표준(standard text of bilateralism) 등이다. 이와 같이 형성된 시카고협약은 대표적인 국가간 다자협정(multilateralism)으로, 국제항공규칙의 대헌장(Magna Charta) 격으로 현재까지 국제항공질서의 기준이 되고 있다.

(2) 시카고 – 버뮤다레짐(1944~1978)

양국 간 협정의 효시로는 영미 간의 최초의 항공운송협정인 1946년의 버뮤다(Bermuda)협정이 있다. 이 버뮤다협정과 앞서 언급한 시카고다자협정, 이 두 가지가 전통적인 종래의 국제항공레짐의 주류를 이루어 왔다고 할 수 있다.

1) 시카고협약

제2차 세계대전이 끝날 무렵인 1944년 11월에 미국 시카고에서 개최된 국제민간항공운송질서 형성을 위한 시카고회의의 주요 의제(agenda)는 하늘의 자유 확립, 국제민간항공협약 체결, 국제민간항공기구의 설립이었다.

먼저 하늘의 자유를 확립하기 위한 다자간 협약에서 합의된 영공주권에 대한 다섯 가지 유형의 하늘의 자유는 국제항공질서의 가장 대표적인 규범이다. 영공주권규범(norm of sovereignty over the airspace)은 시카고영공주권규범(Chicago norms)과 후기 시카고영공주권규범(post-Chicago norms)으로 구분할 수 있다.(Finlayson & Zacher 1983, 275.)[3]

시카고영공주권규범은 시카고협약 부속 협정인 국제항공운송협정과 국제항공업무통과협정에 상업항공권 또는 운수권에 관하여 다섯 가지의 자유를 규정하고 있다. 그 구체적인 내용은 하늘을 다섯 가지 유형의 자유로 구분하는 것이다. 국제항공질서의 기본 원칙으로서 하늘에 대한 다섯 가지 유형의 자유가 시카고협약에 의해 기존에 산재되어 있던 것을 종합한 것이다. 그 내용을 보면 제1의 자유는 타국의 영공을 통과할 수 있는 자유, 제2의 자유는 타국에 기술적 이유로 착륙할 수 있는 자유, 제3의 자유는 자국의 객화를 상대국으로 수송할 수 있는 자유, 제4의 자유는 상대국으로부터 자국에로 객화를 수송할 수 있는 자유, 제5의 자유는 자국과 상대국 사이의 중간지점이나 상대국의 이원지점으로 객화를 수송할 수 있는 자유 등이다.

후기 시카고영공주권규범은 제6~8의 자유로서 시카고협약 이후에 성립된 개념이다. 제6의 자유는 상대 체약국으로부터 제3국으로 향하거나, 혹은 제3국으로부터 상대국으로 향하는 승객이나 화물을 자국을 경유하여 수송하는 자유로 이는 제3자유와 제4자유의 조합이라 할 수 있다.(Taneja 1989, 162.) 예를 들어, 한국 국적 항공사가 일본출발 파

---

3) Jock A. Finlayson & Mark W. Zacher, "The GATT and the Regulation of Trade Barriers", International Regimes edited by Stephen D. Krasner(Ithaca NY: Cornell University Press, 1983), p.275. 규범(norms)이란 일반적인 권리의무로 정의된 행동의 표준이라고 정의한다. (norms of sovereignty over the air space)

리행 승객을 서울을 경유하여 수송하게 되면, 이는 한일 간의 제4자유와 한불 간의 제3자유를 연결한 것이 된다. 따라서 제6자유는 양국 간 항공협정상 교환되는 운수권에 포함되지 않고 있으나 일부 국가에서는 이를 제3국과 체약국 간을 수송하는 제5자유의 일종으로 간주하여 양국 간 항공협정에 포함하는 경우도 있어 항공교섭에 커다란 논란거리가 되는 등 논의의 여지가 있는 개념이다. 제7의 자유는 자국(home state)에서 출발하거나 중간 기착하지 않은 채, 순전히 상대국(grantor state)과 제3국 간만을 왕래하며 여객, 우편물 및 화물을 수송하는 자유이다. 제8의 자유는 통상적으로 카보타지(cabotage)라고 하는 개념으로서 상대국내의 지점 간의 여객, 화물을 수송하는 자유로 일반적으로 외국 항공기에 대해서는 허용되지 않는다.(Taneja 1989, 160.)

의제인 국제민간항공조약은 1947년 4월 4일에 발효되어 국제민간항공에 대한 국제공법으로서 오늘에 이르기까지 50여 년간 전 세계 민간항공산업에 대한 지배적인 규칙체계로 작용해 왔다. 이 조약은 국제항공의 안전성 확보와 국제항공운송질서의 감시를 목적으로 하며, 나중에 국제민간항공기구(ICAO)의 설립을 보게 되었다. 국제민간항공조약은 1919년의 파리조약, 1926년의 마드리드조약,[4] 1928년의 아바나조약[5] 등에서 채택된 국제항공에 관한 원칙을 통합하여 제2차 세계대전 이후 국제항공의 건전하고 질서 있는 발전을 위하여 필요한 기본 원칙과 법적 질서를 확립하기 위해 체결되었다.

본 조약의 전문에는 국제민간항공이 안전하게 그리고 질서 정연하게 발달할 수 있도록, 그리고 국제항공운송업무가 기회균등주의를 기

---

4) 1926년 10월에 스페인 정부의 주최로 마드리드에서 개최된 중남미 21개국 항공회의에서 그 원안이 작성되어 동년 12월 1일에 서명된 조약이다.
5) 1928년 2월 22일에 아바나에서 범미 연합국 간에 서명된 조약이다. 이 조약의 기본 원리는 파리조약과 같다.

초로 확립되고, 건전한 발달과 경제적인 운영을 기하기 위해, 체약국이 일정한 규칙과 원칙에 합의할 것을 그 목적으로 한다고 명시되어 있다. 이 조약은 제1부에서 체약국의 영공주권의 원칙, 체약국의 영공비행, 항공기의 국적, 항공운항을 용이하게 하기 위한 필요한 조치, 항공기가 구비해야 할 요건, 국제표준 및 권고방식 등에 대해 규정하고 있다. 그리고 이러한 규정 모두가 국가 간에 지켜야 할 질서의 기본적인 원칙을 설정하고 있다.

특히 본 조약에서 규정하고 있는 영공주권의 원칙은 자국의 영공을 외국의 항공기가 운항하는 것에 대해서 안보의 차원에 있어서 당연히 통제되어야 한다는 것으로, 그 필요성이 미국과 구주제국에 의해 이미 인정된 바 있다. 그러한 인식을 바탕으로 영공주권의 원칙은 국제관습법으로서 지위를 가지는 것이나 다름이 없었다. 1919년의 파리협약은 그것을 최초로 성문화한 법이기도 하다.

시카고조약은 그와 같은 파리협약의 영공주권주의를 인정하는 국가 간의 다자협약으로 볼 수 있다. 이 조약의 제1조에서는 이와 같은 정신을 반영하여 "각 체약국은 자국영공에서 완전하고 배타적인 주권을 향유하고 있음을 인정한다."고 규정하고 있다. 이처럼 절대성의 원칙, 그리고 대외적으로 독립성의 원칙하에서 극히 일부만의 인정이나 허용을 하고 있는 것이 영공통과에 대한 자유이다.

여기에서 인정되는 영공통과도 반드시 국제표준과 권고방식에 의한 인정이라는 면에서 볼 때, 매우 엄격한 영공에 대한 제한주의를 채택하고 있었음을 알 수 있다. 이때의 국제항공질서를 주도한 국가는, 전통적인 현실주의의 본질적 가정에서의 국가개념인 단일의 가장 중요한 행위자(the single most important actor)요, 절대주권을 가진 다른 세력에 의해 침투되지 않는 딱딱한 껍질을 가진 단위체(hard-shelled unit)인 당구공(billiard ball)과 같은 존재로 이슈쟁점에서 위계서열 (hierarchy in issue areas)의 가장 상위에 위치하는 존재로 남아 있다. (박재영 2000, 39-41.)

한편, 1944년 제2차 세계대전 말기에 전후 세계 국제항공질서를 확립하기 위한 시카고회의에서는 전쟁의 피해가 적었던 미국과 피해가 컸던 구미 각 패전국을 비롯한 여타의 국가들 사이에 항공기업의 경쟁력의 차이가 매우 현저하게 나타났다. 따라서 미국의 항공개방정책에 대해 영국을 비롯한 많은 국가들은 반대의 뜻을 표명하였다. 이러한 미국의 주장에 반대하는 국가들은 국제항공운송에서 얻을 수 있는 이익을 자국 항공사를 위해서 미리 얻어 두지 않으면 안 되겠다는, 이른바 국제거래상 게임의 법칙을 먼저 생각하게 되었다. 따라서 무제한의 경쟁능력을 가진 미국은 다국 간에 제한 없는 국제항공운송협정을 성립시키는 데에 실패했으며, 영공통과와 기술착륙의 자유만을 교환하는 국제항공업무통과협정만을 다자간 협약(multilateral agreement)으로 체결하게 되었다.(홍순길 1999, 28.) 이와 같이 국제항공업무통과협정은 국제항공운송체계에서 이른바 총론으로서 다자주의의 완전한 실현을 보게 되었으나, 반면 각론에 해당하는 국제항공운송협정은 행위주체(actor)인 국가 간의 다자교섭 실패로 결론이 나게 되었다.

시카고회의의 마지막 의제는 국제민간항공기구(ICAO)의 설립이다. 일반적으로 국제기구라는 개념은 복수의 국가가 국경을 초월하여 합의에 의해 설립한 국제조직으로서, 구성하는 국가나 회원의 공동적인 이익이나 이념을 용이하게 실현하고자 하는 목적으로 조직된 것을 의미한다. 국제기구는 정기적으로, 상설적으로 활동하는 기관을 구비하고 있으며, 이 경우 구성회원국의 주권은 총론적으로 시카고협약에 의해 인정되지만 각론에 해당하는 국제항공운송협정은 그 국가의 의사와 행동이행은 양국 간 조약에 정한 내용에 따라서 규율되고, 제한되는 것이 일반적이다.

그러나 최근에는 국제적인 규모나 기능을 갖는 민간단체도 비정부기구(NGO), 즉 국가 이외의 행위자로서 해외의 여러 단체나 개인과 교류하며 국제관계에 지대한 영향을 미치고 있으므로 광의의 국제기구에 포함하는 것이 일반화되는 추세이다.(홍순길 1999, 75.) 국제민간항공기구의 회원국은 당연히 시카고조약의 체약국으로 구성되며, 오늘날 그 회원국은 세 부류의 국가로 구분된다. 첫 번째는 시카고조약 서명국으로서 비준서에 동의를 한 국가, 두 번째는 시카고조약 서명국 이외에 연합국 또는 중립국으로서 시카고조약에 가입을 수속한 국가, 세 번째는 일본, 독일, 한국과 같은 제2차 대전의 패전국이나 제2차 대전 이후에 독립한 국가들이다. 한국은 제2차 대전이 끝나고 한국전쟁이 휴전이 성립된 후인 1953년 12월 13일에 가입을 하였다.

국제민간항공기구의 목적규범으로는 국제민간항공의 발달과 안전의 확립, 능률적이고 경제적인 항공운송의 실현, 항공기술의 증진, 체약국의 권리존중, 국제항공기업의 기회균등 보장 등이다.[6] 이 기구의 조직은 총회, 이사회, 운항위원회, 운송위원회, 법률위원회, 재정위원회, 공동유지위원회, 지역항공회의, 사무국(본부, 지역) 등으로 구성되어 있다. 이 중에서 운송위원회가 세계무역기구의 개방화 요구에 대응하는 중요한 항공 서비스에 관한 기준을 설정하는 역할을 하고 있다.

이와 같은 성격의 국제민간항공기구는 국제연합의 전문기관으로서 그 특권을 갖는다. 따라서 국가 간에 결성된 기구의 특유의 성격을 갖고 있다. 최근에는 운송회의에서도 국가 이외의 많은 비정부기구나 국제전문기구로서 세계무역기구(WTO), 세계은행(world bank), 경제협

---

6) 국제민산항공조약 제44조 참조.

력개발기구(OECD), 각종 이익단체들이 참여하여 서면을 통한 비공식적 의견을 제출하면서 자기 소속단체의 의사를 반영하고 있다.[7]

2) 버뮤다협정

국가 간 수송력을 구체적으로 결정할 국제항공각론으로서 국제항공운송협정이 다자간 협정으로 합의를 보지 못하였기 때문에, 실제 정기항공업무를 담당하는 항공사는 그 수와 운항하는 특정노선, 수송력(capacity), 운임에 대한 원칙을 정하는 항공협정을 양 당사국 간에 개별적으로 체결할 수밖에 없었다. 1946년에 미국과 영국이 체결한 버뮤다협정이 그 대표적인 예이다. 이 협정에서 미국은 그들이 원하는 만큼의 항공개방정책(open sky policy)과 자유로운 경쟁주의 원리를 도입하지는 못하였지만, 수송력(capacity)만은 사후심사주의(ex post facto review)를 채택하고 취항항공사 수를 복수로 하는 등 어느 정도 뜻을 달성하였다.

그 후 영국은 30년 뒤인 1976년에 동 양국 간의 항공협정을 폐지할 것을 통고하고[8], 공급력과 항공사 수도 사전에 협의할 것과 노선권도 영국 측에 일부 양보할 것을 강력하게 요구하여, 1977년 6월 23일, 일 년 간의 교섭 끝에 영국 측의 뜻을 어느 정도 반영한 제2버뮤다(Bermuda Ⅱ)라는 새로운 항공협정을 체결하는 데 성공하였다.(윤덕영 1992, 41-43.)[9] 이 같은 과정을 거치면서 양국 간 항공협정(bilateralism)은 기

---

7) 2003년 항공운송회의 결과보고서(ATC 2003) 참조.

8) 1976년 6월 22일 영국의 대미 항공협정 폐기 통고문 내용: "Her Majesty's Government believe that the time has come to renegotiate the Bermuda Agreement as a whole. Accordingly, they request consultations under the terms of Article 13 and, pending the outcome of such consultations, they serve notice of termination of the Bermuda Agreement."

반을 이룩하여 최근까지 국가 간 항공운송질서의 근간을 이루고 있다.

〈표 1-1〉 버뮤다협정 Ⅰ과 버뮤다협정 Ⅱ의 내용 비교

	버뮤다 Ⅰ (Bermuda Ⅰ)	버뮤다 Ⅱ (Bermuda Ⅱ)
1. 체결일자	1946년 2월 11일	1977년 6월 23일
2. 지정항공사 (designation)	복수항공사제	1노선 1항공사 원칙하에 항공사 수를 특정노선별 제한 1) 수요가 많은 대서양노선에 2개 항공사 2) 화물전용노선에 3개 항공사 3) 일방의 체약국이 3년 이상 항공사 미지정 또는 지정항공사가 연간 100회 미만 운항할 경우 2개 항공사 지정 가능
3. 수송력 (capacity)	사후심사주의 (ex post factoreview)	노선별 운항횟수 규제의 사전심사주의(이용률 개념을 도입한 시장의 혼란방지 목적) 1) 북대서양노선은 사전심사주의 2) 기타 노선은 사후심사주의 혼합
4. 운 임 (fare)	1) IATA 운임결정기구를 통해 설정한 운임과 항공사에 의한 특별운임 인정 2) 운임시행 30일 전 신청과 항공 당국의 승인 필요	1) 좌 동 2) 운임에 관한 합의사항은 여행개시 105일 전 신청과 항공사에 의한 양국 간 운임은 75일 전 신청 의무(항공기업 간 요율협의를 명시) 3) 저운임개발원칙 명시 4) 운임전문가 그룹 구성을 규정

---

9) 영국은 새로운 Bermuda Ⅱ협정이 향후 항공협정의 모델이 될 것이라고 하였으나, Bermuda Ⅰ과는 달리 이것이 새로운 항공협정의 모델이 되지 못하고 단발적으로 끝나고 말았다.

	버뮤다 I (Bermuda I)	버뮤다 II (Bermuda II)
5. 노선권 (routes)	1) 노선확정을 보류(영국: 7개 노선, 미국: 13개 노선) 2) 제5자유 운수권 제한사항 없음	1) 노선의 구체적 명시 ① 추가노선권 교환 영국: 시애틀, 휴스턴, 달라스, 애틀랜타, 뉴올리언스 미국: 맨체스터 ② 미국 내 5개 지점 신규 지정(앵커리지, 애틀랜타, 달라스, 휴스턴, 추후 결정할 1개 지점) 2) 제5자유 운수권 축소 영국: 로스앤젤레스에서 파나마, 휴스턴에서 페루 운수권 삭제 3) 화물전용노선 신설 4) 블라인드 구간(blind sector)개념 도입10)
6. 부정기 운항	– –	부정기 운항에 대한 원칙 천명(부정기 운항 관련한 다자간 협약 추진하되 양국 간 협정 우선 체결)
7. 수수료	– –	커미션(commission) 규제방법 규정

지금까지 고찰한 내용에 의하면, 국제항공레짐의 형성기로서 1783년에 열 기구(hot air balloon)가 공중에 부상한 이후 1919년에 파리협약이 체결되기 이전까지는 영공에 대한 아무런 제한이 없었다. 그러나 제1차 세계대전 이후 국가 간에 비행이 자주 발생하게 됨에 따라서 자국의 영공을 제한 없이 방치한다는 것은 곧 타국의 침범에 무방비

---

10) 블라인드 구간(blind sector)란 운수권 행사를 제한하는 구간을 말한다. 예를 들어 항공자유화협정 이전(1998년) 한미항공협정에서 앵커리지와 미국 본토 간(뉴욕, 로스앤젤레스 등)에는 한국 측 항공사에 운수권을 제한하였다. 이와 같이 자국의 본토와 거리상으로 멀리 떨어져 있는 지점 간의 구간에 외국 항공사에 운수권을 제한하는 현상을 말한다.

하는 일로 간주되었고, 전쟁의 발발을 사전에 방지할 목적으로 영공에 대한 규제의 필요성이 대두하게 되었다. 1944년의 시카고회의를 즈음하여 국제항공에 관한 기초질서가 수립되면서 영공에 대한 제한주의를 원칙으로, 1648년의 웨스트팔리아조약에 의한 국가주권은 더욱 철저하게 항공 분야에서도 적용되게 되었다.

2. 현실주의적 국제항공레짐과 한미항공협정 체결

현실주의 국제정치에서 한미항공협정의 그간의 경과를 보면, 1957년 4월 24일에 워싱턴에서 서명된 대한민국 정부와 미합중국 정부 간의 항공운송협정이 체결되었다. 1971년 3월 26일에 워싱턴에서 각서교환으로 개정, 1979년 3월 22일에 서울에서 양해각서교환으로 1957년에 체결한 한미항공협정을 개정하게 되었다.

(1) 한미항공협정 체결 (1957. 4. 24.)

한국은 한국전쟁 이후 국가 간에 민간항공운항능력이 없는 시기에 양국 간 항공협정을 체결하였다. 그러한 한미항공협정의 附表에서 다음과 같이 국가규제를 중심으로 하는 미국 일방적인 노선구조를 갖추고 있다.

"1. 미합중국 정부에 의하여 지정된 1 또는 2 이상의 항공사는 특정한 각 항로의 중간지점을 경유하여 양쪽 방향으로 항공업무를 운행하며 본 항에 특정한 대한민국 내의 지점에 정기적으로 착륙할 수 있는 권리를 향유한다.
  - 미합중국 내의 지점으로부터 '서울'과 그 이원
2. 대한민국 정부에 의하여 지정된 1 또는 2 이상의 항공사는 특정

된 각 항로의 중간지점을 경유하여 양쪽 방향으로 항공업무를 운행하며 본 항에 특정된 미합중국 내의 지점에 정기적으로 착륙할 수 있는 권리를 향유한다.

  - 대한민국 내의 지점으로부터 '알래스카'와 '시애틀'"

(2) 1차 개정 부표 (1971. 3. 26.)

다음과 같이 노선구조를 변경하고, 한국의 당시 남북분단과 중공과 소련에 대한 적성 국가 규정에 의해 부표에 추가사항을 설정하고 있다.

"1. 미합중국 정부에 의하여 지정된 1 또는 2 이상의 항공사는 지정된 각 항공 노선상에 양 방향으로 항공업무를 수행하며 본 항에 지정된 제 지점에서 대한민국 내에 정기적으로 착륙할 권리를 향유한다.
   - 미합중국으로부터 일본 내 제 지점을 경유하여 서울과 그 이원
2. 대한민국 정부에 의하여 지정된 1 또는 2 이상의 항공사는 지정된 각 항공 노선상에서 양 방향으로 항공업무를 수행하며 본 항에 지정된 제 지점에서 미합중국 내에 정기적으로 착륙할 권리를 향유한다.
   - 대한민국으로부터 일본 내 제 지점을 경유하여 '호놀루루'와 '로스앤젤레스'
3. 부표에 추가하여 다음사항을 합의하였다.
   1) 부표 제1항에 규정되어 있는 노선에 관하여, 대한민국에 의하여 현재 승인되고 있지 아니한 어떤 국가로의 서울 이원은 대한민국 정부가 한국 항공사 및 제3국의 항공사에 대하여 대한민국과 그러한 국가 간의 항공운항을 허가하지 아니하는 한, 또는 그러한 국가가 대한민국 정부에 의하여 이후 승인되지 아니하는 한, 항공운항을 할 수 없다.
   2) 부표 제2항에 규정되어 있는 노선에 관하여, 모든 화물 및 우편 운송 비행을 제외하고, '로스앤젤레스'로 운항하는 모든 비행은 '호놀루루'에도 운항하여야 한다."

이상에서 부표와 이에 추가하고 있는 협정이나 협정개정의 내용들이 국가의 인허를 전제로 하는 강한 규제적 표현이 포함되어 있다.

이렇게 하여 제2차 세계대전을 전후하여 형성되기 시작한 국제정치질서의 패권적 냉전의 논리가 국제항공의 영역에 영향을 미쳐 국제항공레짐의 체계도 국가 간의 엄격한 영공주권주의의 원칙하에서 형성, 유지되어 왔다.

제4절 국제항공레짐의 변화 Ⅰ: 항공규제완화정책

그 후 1973년과 1978년의 중동의 석유파동으로 인해 자원을 무기로 하는 자원외교를 펼쳐 왔다. 그 후 1970년대 후반부터 1980년대 경제외교를 중심으로 하는 신자유주의 질서를 전개하여 왔다. 이러한 신자유주의 질서가 국제사회에 등장하게 됨에 따라 국제항공사회에서도 미국을 비롯하여 항공의 각종 국가규제를 완화하고 항공사를 민영화하는 등 자유화의 변화를 겪어 왔다.

1. 신자유주의와 항공규제완화 정책

미국은 세계 유수의 항공사를 가지고 있으며, 전후 계속하여 국제항공질서를 이끌어 왔다. 그러나 그 상대적 지위는 점차로 낮아져 온 것이 사실이다. 제2차 세계대전 직후의 미국은 절대적인 정치적, 경제적 우위를 배경으로 미국에 유리한 항공협정을 각국들과 체결하고, 1947년에는 세계의 국제선 항공시장에서 50% 이상의 수송실적을 자랑했다.

그러나 그 후 구주, 아시아, 라틴아메리카 등의 국가들의 항공기업이 급속하게 성장함에 따라 미국의 시장 점유율은 계속 저하되어 1970년대 말에는 25% 정도에도 못 미치게 되었다. 한편 일본, 영국, 프랑스, 이탈리아 등 여러 나라는 그들의 경제적 지위 향상에 따라 미국과의 항공협정상의 불평등 시정과 국가 간 항공질서의 재구축을 요구하게 되었다. 미국은 이 같은 세계의 동향을 묵과하지 못하고 1980년 2월 15일에 J. Carter 행정부에 의해 국제항공운송경쟁법(International Air Transport Competition Act)을 제정하게 되었다.(홍순길 1999, 28-29.)

이 법률은 국제항공운송에 있어서 경쟁을 촉진하고 미국항공기업에 보다 큰 경쟁기회를 제공하는 미국의 국제항공 교섭정책을 전개하기 위한 목표설정을 목적으로 미국연방항공법을 개정한 것이다. 이와 같은 경쟁법의 개정은 미국 국내 규제완화를 위해 채택한 1978년의 국내항공규제완화법(Airline Deregulation Act)을 국제선에 확대 적용한 것이다.

이런 기득권 이익의 기반 위에서 일방적인 항공자유화정책을 재강화하는 데 역점을 두고 있는 미국의 태도는, 본래 국제적 협조에 기초를 두고 운영하여야 할 국제항공운송질서에 커다란 문제점을 야기하기도 하였다.(홍순길 1999, 29.) 이 법률의 주요 내용은 국제선 면허기준의 완화(multiple permissive awards), 표준 국제선 운임수준의 설정(standard foreign fare level), 외국 항공사에 대한 보복조치의 강화(safe guard), 항공교섭정책의 목표설정 등이다.

이 중 외국 항공사에 대한 보복조치의 강화는 무역 분야의 통상법 제301조처럼 미국 항공사가 외국 정부나 외국 항공사에 의해 반경쟁적인 효과를 가져오는 부당한 제한이나 차별을 받는다고 판단될 때, 미국 정부가 그 상대국의 항공사에 대해 보복조치(safe guard)를 할 수 있는 권한을 부여한 것이다. 미국의 통상법 제301조는 1974년에 제정된 것으로 "대통령은 불공정하고 불합리하며 차별적이고 모순된 외국의 법률, 정책, 조치를 제거하기 위해 자신의 권한 범위 내에서 모든 적절하고도 가능한 정책을 취해야 한다."는 내용이다.

이 법은 외국 정부에 의한 불합리한 행위로, ① 미국 기업에 시장참여기회를 주지 않는 경우, ② 기업설립기회를 주지 않는 경우, ③ 적절한 지적소유권의 보호를 하지 않는 경우 등을 들고 있으며, 동 조항의 발동대상에 수출산업육성정책, 노동권 침해, 시장개방 거부, 지적소유권의 부적절한 보호조치 미비 등을 추가하고 있다. 또한 미국통상무역대표부(USTR)로 하여금 매년 외국의 무역장벽 사례를 의회에 보고하고, 30일 이내에 그중에서 시장개방협상을 벌일 나라의 우선순위를 선정한 후, 다시 21일 이내에 우선순위의 국가를 상대로 301조 무역보복협상을 의무적으로 벌이도록 규정했다.

1988년 4월에 미국통상무역대표부가 취해야 되는 보복조치의 정도는 '적절한 것'에서 '미국이 입은 손해와 상응한 것'으로 강화되었으며, 대통령이 갖고 있던 보복조치결정권도 통상대표부로 이관되었다. 단지 대통령의 지침이 있을 경우 이 지침에 따르도록 규정한 것 정도가 발동의 남용을 제한하고 있을 뿐이다.[11] 그리고 항공교섭정책의 목표로는, 경쟁강화를 위해 다수 기업의 시장진출, 운임결정의 자유화, 운항 및 운영활동에 대한 제한의 철폐, 부정기 운항에 대한 규제의 축소, 불공정한 경쟁행위의 배제, 미국 항공사와 대중 여행객들이 동등한 권익을 획득할 수 있을 경우 외국 항공사에 대해 새로운 미국 취항 지점을 부여한다는 것 등이 있다.

국제항공운송체제는 시카고협약이 체결된 이래로 약 30년 동안 양국

---

11) 1974년에 제정된 미국통상법 301조 참조.

간 체제와 다자간 체제의 국제항공레짐에 따라 합리적으로 잘 운영되어 왔다. 그러다가 다자간 체제의 국제항공레짐은 1970년대 중반부터 항공자유화, 규제완화, 민영화 등으로 인하여 동 체제에 위축이 일어나기 시작하였는데, 이와 같은 체제의 변화에는 다음과 같은 다섯 가지의 요인이 중요한 작용을 하였다고 볼 수 있다.(Taneja 1989, 162.)

① 제2차 세계대전 이후 정기 항공사의 증가와 신규 항공사들이 각기 다른 목적 추구.

② 저운임 전세편(charter) 운항 항공사 수의 확대

③ 대형 항공기 도입에 따라 공급증대와 노선구조 및 항공운항 스케줄의 변화

④ 초과공급(excess capacity) 발생에 따른 항공사들의 금융손실 발생

⑤ 1970년대 중반 미국 국제항공정책의 급격한 변화와 항공 서비스의 양, 질, 가격 등을 결정하는 시장경쟁력에 높은 의존도.

한편 양자 간 체제의 국제항공레짐도 1977년에 제2버뮤다협정(Bermuda Ⅱ)이 체결된 이후에 미국의 국제항공정책은 더욱 자유화의 방향으로 박차를 가하게 되었다. 이 같은 정책변화의 근거로는 다음과 같은 세 가지 요인이 주로 설득력이 있는 것으로 본다.(Taneja 1989, 162－163.)

① 미국 정부의 고위관리가 진정한 항공사의 경쟁이 경제적 이익을 가져다줄 것으로 믿고 있었다.

② 미국 국내시장에서 초기단계를 통해, 저운임 정책 도입과 규제완화가 국내항공시장에서 좋은 결과를 낳는다면, 국제항공시장에서도 유사한 결과를 가져올 수 있을 것으로 믿었다.

③ 당시 카터(Carter) 행정부는 보다 자유로운 항공환경이 북대서양에 운항하는 미국 항공사들의 감소하는 시장 점유율을 안정화할 수 있을 것이라고 믿었다.

이러한 배경에서 1978년에 미국은 항공사규제완화법(Airline Dere-gulation Act)을 통해 국내시장에서 어느 정도 성공을 거둔 뒤, 1980년에는 이 국내시장 규제완화를 확대 적용하여 국제항공운송경쟁법(International Air Transport Competition Act of 1980)을 제정하였다. 이 경쟁법을 통해 미국 항공사들의 국제항공시장에서의 경쟁기회를 확대해 나아갈 수 있는 발판을 마련하게 되었다. 동시에 이 법은 대외 경쟁력 향상을 위해 운항 항공사의 재량권이 넓혀지게 되면서 신자유주의적 항공자유화 레짐이 전 세계적으로 설득력을 갖게 되었다.

2. 항공규제완화정책과 한미항공협정 개정

신자유주의적 국제정치에 의한 국제항공자유화레짐의 시각에서 한미항공협정 개정은 1979년 3월 22일에 서울에서 각서교환으로 이루어졌다. 이후 1988년 9월 15일에 서울에서 각서교환으로 협정에 민간항공 안전규정의 도입을 위한 개정이 이루어졌고 1991년 9월 10일과 1991년 11월 22일에 서울에서 각서교환으로, 1957년에 체결된 한미항공협정을 보충하고 개정하였다.

(1) 2차 개정 (1979. 3. 22.)

대한민국의 민간항공이 미국 뉴욕에 처음 취항을 하게 되는 이 개정협정에서 양국 정부대표단이 합의한 내용은 다음과 같이 그들 대표단들의 합의록에 나타나 있다.

"양국 정부의 대표단은 양국의 항공사의 항공운수기회를 확대하기 위한 교섭을 위하여, 항공운수협정에 반영된 바와 같이 그들의 항공

사에 대한 공정하고 평등한 기회 부여의 원칙을 인정하고, 또한 양국
정부가 항공사 간의 공정한 경쟁에 입각한 국제항공 체제를 증진시킨
다는 중요성을 인식하며, 항공사로 하여금 여행자와 화주에게 저운임
과 경쟁적인 서비스 및 전세운항을 위한 증대된 기회를 제공할 수 있
도록 하는 것이 양국 정부의 의도이며, 또한, 양국 정부가 가능한 가
장 많은 제한을 제거하고 항공운수의 최대한의 확장을 위한 기회를
부여할 것을 희망하므로, 양국 대표단은 각각의 정부에 다음의 규정
이 외교각서의 교환으로써 확인되고 나아가 1957년의 항공운수협정
(개정포함)의 개정을 구성할 것임을 권고하는 데에 합의하였다."

노선권에 관해서는 1971년의 개정 내용보다 확대하여 다음과 같이
합의하였다.

"1. 대한민국 정부가 지정한 항공사 또는 항공사들은 노선상 명시된
   각 구간을 양 방향으로 운항할 권리가 있고, 아래 항에 명시된 미
   국 내 제 지점에 정기적 착륙권이 있다.
   (ⅰ) 대한민국 / 일본 내 제 지점 / 호놀룰루 / 로스앤젤레스
   (ⅱ) 대한민국 / 앵커리지, 뉴욕
 2. 미국 정부가 지정한 항공사 또는 항공사들은 노선상 명기된 구간
   을 양 방향으로 운항할 권리가 있고, 대한민국 내에서 정기적 착
   륙권이 있다.
   (ⅰ) 미국 / 중간 제 지점 / 대한민국 내 제 지점 / 이원지점
 3. 각 지정항공사는, 상기 규정된 제 노선상의 어떠한 구간 또는 제 구
   간에서 기종 및 운항횟수의 변경에 대한 제한 없이 운항할 수 있다."

현실주의적 상황에서 보다 상당하게 노선권 확대뿐만 아니라 양국
정부대표 간의 합의문에서 명시된 바와 같이 전세편, 가격경쟁, 지상조
업, 공정한 경쟁 등에 있어서도 확대되고 있다. 이때는 전단계의 규제
일변도에 비해 신자유주의적 시각에서 노선권의 확대와 각종 규제완화

의 형태를 띠고 있는 국제항공자유화레짐의 특징을 보이고 있다.

제5절 국제항공레짐의 변화 Ⅱ : 세계화와 항공자유화협정

지금까지 우리는 국제관계를 현실주의와 자유주의의 두 시각에서 살펴보아 왔다. 최근에는 세계화의 등장과 함께 이들에 대한 새로운 해석도 시도되고 있다. 전자(현실주의)를 구조주의(structuralism) 또는 지구주의(globalism)로 보려는 한 시각과 후자(자유주의)를 구성주의(constructivism)로 이해하려는 또 다른 한 시각이 있다.(Smith 2001, 224-249.) 지구주의 혹은 구조주의는 마르크시즘의 영향을 강하게 받고 있어 국가 간의 갈등과 협력보다는 국제적 지배와 불평등의 문제이며 그 근원은 지구적 구조인 세계 자본주의의 성격에 있다고 본다. 자본주의 세계체제의 중심부와 주변부의 구조의 생성과 변동을 설명하고 있다. 한편 구성주의자들은 보다 직접적으로 현실주의와 자유주의의 핵심적인 문제들에 의문을 제기한다. 현실주의자들과 자유주의자들에게서의 구조는 물질적 능력의 분포이며, 국가이익은 이에 따라서 결정된다는 것이다. 그러나 구성주의자들은 구조가 객관적으로 외부에서 주어지는 것이 아니라 행위자들에 의해 사회적으로 상호작용관계에서 결정된다고 본다.(백창재 2004, 364-367.)

1. 구성주의적 국제협력과 항공자유화협정

구성주의적 사고에서는 항공 이용자들의 스케줄, 요금, 요율, 안정성 등 편의성을 중요시하는 인식을 같이하는 계획입안자들의 인식이 결정

적인 역할을 한다. 구성주의 국제정치에 의한 국제항공레짐은 항공자
유화협정, 세계무역기구의 서비스 교역에 관한 일반협정, 그리고 항공
사 간의 항공제휴협정 등 세 가지 정도의 특징적인 현상을 들 수 있다.

　첫째, 1992년 미국과 네덜란드 간 항공자유화협정(open skies agreement)
체결을 시작으로 각국과 다자간 항공자유화의 일환으로 항공자유화협정
을 추진하고 있다. 전통적인 항공협정에서 엄격히 제한하고 있는 운항횟
수, 운항지점 등 운항조건을 완전히 철폐하여 항공사가 이용자들의 편의
를 위한 시장상황에 따라 자율적으로 운항할 수 있도록 한 항공협정이라
고 할 수 있다. 이러한 미국의 항공자유화협정의 기본적인 요소는 다음과
같은 것을 조건으로 하고 있다.(Doganis 2001, 30-37.)

① 목적지에 대한 아무런 제한 없이 모든 노선에 대해 항공사 운항
　 이 가능
② 무제한적 공급, 즉 운항횟수와 공급량 및 운항항공기종의 무제
　 한적 제공
③ 제4의 자유 행사 시 요금의 양국 공동반대 없는(double disapproval)
　 정책 채택
④ 화물 및 부정기편 운항의 자유화와 시장의 자유로운 상업적 기
　 회 보장
⑤ 항공사 주식양도와 교환의 경우 만족할 수준의 협의
⑥ 편명공유의 자유와 같은 항공사 간 제휴협정의 보강
⑦ 시설사용료 등 소비자 친환경 조성
⑧ 예약시스템의 접근 및 운영의 중립화 등

　위의 조건들 중에서 특히 편명공유의 자유를 포함한 항공사 간 제
휴협정과 시설이용료의 소비자 친환경 조성, 그리고 예약시스템을 통
한 이용자에게 실시간 서비스 제공 등은 유관 전문지식을 가진 항공

종사자 간의 공유된 지식과 인식의 중요성을 강조하고 있는 부분이다. 항공사 간 제휴협정을 통해 전 지구적 항공 노선망을 연계하는 판매전략은 항공전문인들이 이용자의 편에서 활동하는 가장 대표적인 특징적 현상이다. 즉, 인식과 지식을 바탕으로 하는 예약과 서비스를 이용자에게 직접 제공해 주는 항공사와 이용자들의 관계관리개선(CRM: customers relationship management)을 보이고 있는 구성주의적인 접근방법들이다.

또 한편으로 항공자유화협정이라는 명칭은 공식적 명칭은 아니며, 1994년부터 미국이 자유화된 항공협정에 대한 별칭으로 붙인 이름이다. 기존의 협정범위 내에서 운항횟수를 대폭 증대하거나 제5의 자유(이원권)를 허용하여 자유화에 근접하는 내용의 협정을 체결하여도 항공자유화협정이라고 명명하지 않는다. 항공자유화협정은 제휴 항공사의 항공기를 이용한 영업까지를 포함하는, 편명공유(code-sharing), 좌석교환(seat swapping), 공급임대(block space)까지도 허용하기 때문에 거래비용(transaction cost)을 감소시키면서 영업망의 확충이 가능하도록 하는 특징을 가지고 있다.

초대형 항공사를 보유하고 있는 미국 주도의 항공자유화정책추진으로 항공자유화협정은 시장 자유화를 더욱 촉진하였다. 2003년 6월 현재 개발도상국을 포함하여 85개의 양자 간 자유화협정이 체결되었다.12) 2005년 11월 현재 미국과 협정을 체결한 국가는 74개 국가이다. 우리나라와는 1998년 6월 9일에 서명하였으며, 미국과 항공자유화협정을 체결한 전체 국가는 다음과 같다.

---

12) 제5차 ICAO 세계항공운송회의 결과보고: 2003년 3월 24~29일에 몬트리얼에서 125개 회원국 및 35개 국제기구의 대표 등 약 1,000명 참가. 한국 측은 강영일 건교부 항공정책심의관을 대표로 한 한국대표단이 참가한 동회의의 참석결과보고서에서 확인하였다.

〈표 1-2〉 미국과 항공자유화협정 체결국가

체결연도	항공자유화협정을 체결한 나라
1992	네덜란드 (1개 국가)
1995	룩셈부르크, 핀란드, 아이슬란드, 오스트리아, 스위스, 노르웨이, 스웨덴, 벨기에, 덴마크, 체코 (10개 국가)
1996	타이완, 요르단 (2개 국가)
1997	타이완, 싱가포르, 파나마, 니카라과, 과테말라, 온두라스, 엘살바도르, 코스타리카, 브루네이, 뉴질랜드, 말레이시아, 아루바, 칠레 (13개 국가)
1998	우즈베키스탄, 이태리, 페루, 한국, 안티유, 루마니아 (6개 국가)
1999	아랍 에미리트, 파키스탄, 바레인, 아르헨티나, 도미니카 공화국, 오스트레일리아, 카타르, 탄자니아, 포르투갈 (9개 국가)
2000	나미비아, 감비아, 터키, 브르키나 파소, 나이지리아, 가나, 르완다, 몰타, 베닌, 슬로바키아, 모로코, 세네갈 (12개 국가)
2001	폴란드, 오만, 프랑스, 스리랑카 (4개 국가)
2002	사모아, 케이프베르데, 자마이카, 우간다 (4개 국가)
2003	알바니아, 통가 (2개 국가)
2004	마다가스카르, 가봉, 인도네시아, 우루과이 (4개 국가)
2005	인도, 파라과이, 몰디브, 에티오피아, 태국, 말리, 캐나다, 보스니아와 헤르제고비아 (8개 국가)

(as of 7 April 2006)

*자료: 미국무성 홈페이지 http://www.state.gov/e/eb/rls/othr/2006/22281.htm (2006. 4. 7.)

이 외에 아시아 태평양지역 경제협력이사회(APEC) 내에서 브루나이, 칠레, 뉴질랜드, 싱가포르, 미국 등이 체결한 다자간 항공자유화협정(plural-lateral open skies agreement)은 지역 내 자유화의 길을 모색하는 것으로 주목받고 있다. 미국은 그간 자유화(open skies) 협정을 체결한 국가들을 주축으로 다자간 자유화 협약을 모색하여, 양국 간 항공협정으로 분리된 시장을 단일의 개방된 국제항공시장으로 교체하려 하고 있다. 그 목적은 이미 국제경쟁력을 검증받은 자국 항공사가 외국 시장에서 완전경쟁을 통한 실리를 확보할 수 있게 하려는 것이다.

이에 따라서 미국의 항공사들은 중추공항(hub and spoke)체제와 같은 경쟁적인 노선구조의 조성, 정보통신기술을 활용하여 컴퓨터예약시스템(CRS) 구축 등 항공권 판매의 효율화, 상용고객우대제도를 통하여 비즈니스고객 유도로 수익성 증대, 항공편명공유제(code sharing)를 통한 효율적인 네트워크 구축 등 규모의 경제(economy of scale)를 실현하려는 전략을 구축하고 있다.

1992년 항공자유화협정 체결부터는 항공사의 자유재량권이 폭넓게 인정되었고, 항공행위주체로서 항공사 역할 역시 높은 수준으로 향상되었다. 이는 항공사의 역할을 통해, 서비스 소비자인 일반 시민에게 편의제공을 주목적으로 하는 다자간 항공협정의 기반을 모색하려는 노력의 일환으로 볼 수 있다.

둘째, 서비스 교역에 관한 일반협정(GATS)이다. 이는 세계무역기구(WTO)의 산하 세계화의 일환으로 추진되고 있는 각국의 규제를 완화하여 서비스에 대한 국제표준화를 설정하려는 것이다. 이는 현재 추진 중에 있다. 도하개발의제가 추진에 난항을 격고 있는 형국이지만 진행과정을 지켜보고 있는 중이다. 특히 서비스의 문제라고는 하나 항공교통의 문제를 세계무역기구가 어떻게 처리해 갈 것인가는 하나의 숙제로 남아 있다. 비정부기구 등과 같이 다른 국제기구들과의 상호협력과 구성적 관계를 연계해야 하는 문제가 있다.

서비스 교역에 관한 일반협정은 우루과이라운드에서부터 항공문제를 서비스 교역자유화의 일환으로 논의하기로 결의하였다. 항공운송서비스는 지상조업, 판매, 정비, 예약전산화시스템(CRS) 등 연성권리

(soft right)와 항공 노선권과 같은 강성권리(hard right)로 분류할 수 있다. 서비스 교역에 관한 협정은 강성권리는 제외하고 첫째의 연성권리에 한하여 지속적으로 논의하기로 하였다. 세계무역기구에서는 서비스에 관한 국제표준화 대상을 총 11가지 유형으로 분류하고 운송과 관련하여 항공 서비스의 개방화와 표준화를 추진하고 있다.

셋째, 항공사들 간의 항공제휴협정(airlines alliance)이다. 이는 서비스의 신속, 정확, 쾌적 등을 목적으로 편리한 서비스 이용을 가능하게 하기 위해서 항공사의 서비스, 운항, 편의성을 제공하여 종합적인 시너지 효과를 얻으려는 전략적 경영의 하나이다. 오늘날 항공사와 이용고객과의 관계관리개선을 위하여 다양한 서비스 제공 특히 실시간제 서비스 제공을 통한 협력방안 구축을 통해서 국제항공사회에서 아주 각광을 받고 있는 경영전략이다.

항공사제휴협정은 오늘날 대표적인 유형이 한국 국적의 대한항공이 가입하고 있는 스카이팀(Sky Team), 아시아나가 가입하고 있는 스타월드(Star world), 주로 영미계 항공사들이 모인 원월드(One world), 이 외에도 화물항공사들의 모임인 대한항공이 주도하고 있는 스카이카고(Sky cargo), 일본항공이 주도하는 와우(WOW) 등이 세계항공업계를 주도하고 있다. 이들 제휴협정에 가담하고 있는 항공사가 전체 운송량의 60% 이상을 차지하고 있는 실정이다.

이들 제휴동맹의 성과와 기대효과는 ① 노선확대에 대한 규제의 극복을 통한 편리한 스케줄 제공, ② 양국 항공시장에서 경쟁축소 및 위상강화로 신뢰 확보, ③ 항공기 및 공항시설 투자비용 절감으로 승객부담 감소, ④ 항공기재 이용률 제고를 통한 운영비용 절감, ⑤ 유통망 우위 및 가격경쟁력 확보, ⑥ 대규모의 네트워크로 규모의 경제 획득, ⑦ 허브(hub)공항 연계를 통한 연결승객에게 편의제공, ⑧ 비채산

노선에 대한 운항경제성 확보 등을 들 수 있다.

이상에서 논의한 세 가지의 구성주의적 국제항공레짐은 국제항공구조가 행위자들인 국가, 항공사, 이용자 간의 상호신뢰와 전문적 지식 등을 바탕으로 서비스 이용자인 고객에 대한 편의제공이라는 공감대를 형성하게 될 때 그 성과는 더욱 클 것으로 예상된다.

2. 항공자유화협정과 한미항공협정의 개정

이러한 구성주의적 국제협력정치에 의한 다자간 국제항공자유화협정의 커다란 틀 속에서 한미항공협정은 1988년 9월 15일에 각서교환으로 협정에 '민간항공안전규정'의 도입을 위한 협정개정을 거쳐, 1998년 6월에 최종개정에 이르게 되었다.

(1) 3차 개정 (1988. 9. 15. 각서교환)

"제11조의 2. 항공안전"을 추가하고 있다.

(2) 4차 개정과 미국의 '항공자유화협정' 추진 (1998. 6. 9.)

4차 한미항공협정 개정노선은 다음과 같이 제한 없이 제7의 자유까지 개방하는 것으로 합의하였다.

"1. 대한민국 정부에 의하여 지정된 단수 또는 복수의 항공사들의 노선:
  - 대한민국의 배후의 제 지점으로부터 대한민국 및 중간 제 지점을 경유하여 미국 내 및 이원의 일 지점 또는 제 지점
2. 미합중국 정부에 의하여 지정된 단수 또는 복수의 항공사들의 노선:
  - 미합중국의 배후의 제 지점으로부터 미합중국 및 중간 제 지점을 경유하여 한국 내 및 이원의 일 지점 또는 제 지점"

노선권의 완전 개방과 함께 전세운항과 컴퓨터예약체제(CRS)에 이르기까지 무차별의 원칙과 경쟁원리를 도입하고 있다. 타방의 국내에서 행사할 수 있는 이른바 카보타지(cabotage) 구간을 제외하고는 모두 개방하는 상태에까지 이르고 있다. 이러한 미국의 항공자유화협정의 추진배경에는 완전개방형태로 방향을 전환함으로써 종래에 항상 일관되게 주장해 오고 있는 다자간 항공협정을 추진하려는 외교전략과 관계되어 있다.

제6절 국제항공레짐의 변화유형

지금까지 검토해 온 국제항공레짐의 형성, 변화를 국제레짐의 변화요인별로 요약하면 다음과 같은 세 가지 유형을 지적할 수 있다.

첫째, 국제항공질서 형성단계의 국제항공레짐이다. 이 시기에는 권력구조적 측면에서는 국제정치의 현실주의에 입각한 패권안정이론에 기반을 둔 국제항공레짐은 다자간에 1944년의 시카고협약, 양자 간에는 1946년의 영미 간 버뮤다협정을 바탕으로 하고 있다. 이 시기에 한미 간의 항공협정의 체결과 개정 내용은, 1949년의 잠정 항공협정이나 1957년의 정식 항공협정의 체결에서 나타나 있다. 한미 간 항공협정에서 나타나는 국제항공레짐은 국가 중심의 국제항공질서 모형으로서 국가는 타국의 항공기가 자국의 영공을 비행하는 것을 통제하고, 국가 간에 엄격한 영공주권주의에 의해 대외적 독립성과 대내적 절대성의 쟁점 서열상의 최상위의 정점에 위치하고 있는 특징을 가지고 있다.

경제적 측면에서는 이 시기의 특징은 항공기업의 이익추구목적이나 소비자 시민에게 서비스 제공을 특징으로 하는 점은 찾아보기 힘든 국가 중심의 국영기업들이 대개의 제2차 세계대전 이후의 국가들에서 항공사 운영양상을 보인다. 양국 간 항공협정(Bilateral agreement)에서 시장에 대한 접근은 국가 간 구체적으로 합의한 지점 간에 제3, 제4의 자유만을 주로 하는 노선운영이었으며, 전세편 운항을 강하게 제한하고 있었다. 지정항공사제는 항공협정에 명시하고 있다. 공급좌석이나 화물공급 스페이스(space)는 양측이 균등하게 공급하는 것이 원칙이었고, 요율은 양국 정부당국의 승인을 얻도록 하는 등 엄격한 제한규정을 두는 조개껍질(hard shell)이나 당구공(billiard ball) 같은 외부에서 침투가 불가능한 특성을 지니고 있었다.(Doganis 2002, 59.) 쟁점영역이나 국제기구 또한 권력구조적 측면에서 위계서열을 형성하고 기구가 설정되고 운영되어 왔다.

둘째, 국제항공레짐의 변화의 단계이다. 첫 번째 변화는 신자유주의적 국제항공레짐이다. 이때의 정치, 경제적 측면에서 신자유주의적 국제정치에서 국제항공자유화 레짐은 미국 중심의 경제적 자유주의에 입각한 국제항공의 경쟁촉진을 위한 규제완화정책과 자유화정책이 국제항공질서를 주도해 왔다. 이러한 미국의 항공규제완화정책은 1979년의 한미항공협정 개정에서 나타나고 있다. 중요한 내용은 항공기업 중심의 국제항공질서 모델로 항공사에 경쟁촉진과 민영화, 자유화의 물결을 불어넣어 국가가 통제와 규제를 목적으로 하던 전 단계의 패러다임에서 벗어나, 항공사에 의사결정을 할 수 있는 재량권이 많이 주어진 것으로 특징된다. 항공사가 영업이익을 목적으로 기업 간의 항공제휴를 활발하게 전개하는 특징을 보이고 있으나, 이는 소비자 시민 중심의 전략적 단계에까지는 이르지 못하고 있는 실정이다.

국제항공의 경제적 측면에서는 국가 간 합의된 노선별 제5의 자유와 전세편 운항의 제한을 완화하여 이를 다소 허용하는 형태를 보이고 있다. 지정항공사 운영은 복수항공사(multiple carriers)를 지정할 수 있도록 하였다. 한국은 1985년 아시아나항공의 설립에 따라 한일노선에 제2민항이 운항하면서 복수항공사제도가 시행되었다. 공급 측면에서는 운항횟수와 공급기종에 제한이 없었고, 요율(tariffs)도 항공 당국이 승인하면 사용되도록 하고 있었다. 또한 항공사 간의 영업목적의 편명공유(code sharing)가 실질적으로 협정상 규정되지 않은 상태에서 기업 간 제휴로 실행되는 특징을 보인다.(Doganis 2002, 58 & 65.)

셋째, 국제항공레짐의 두 번째 발전단계는 구성주의적 국제항공레짐이다. 구성주의적 국제권력구조는 국가 간의 상호협력과 관계를 중요시하는 국제상호협력정치이다. 이러한 대표적인 국제항공질서의 변화는 1992년에 미국과 네덜란드가 체결한 항공자유화협정에서부터 시작한다. 1998년의 한미 간 항공자유화협정은 소비자 시민을 위한 국제항공질서 모형으로 최근 서비스 이용 대상인 일반 시민을 위한 국제항공질서를 전개하는 특징을 가지고 있다. 이런 추세는 향후 특별한 국제항공질서의 변화요인이 발생하지 않는 한 지속될 것으로 예상된다.

양국 간 경제적 측면에서 항공협정은 시장접근에는 제한이 없으며, 제5의 자유제한도 완화되고, 부정기편 운항제한도 사라진다. 제7의 자유까지도 허용하고 있다. 다만 카보타지(cabotage)는 허용을 제한하고 있으나 유럽연합(EU)의 역내 항공사에 허용되고 있는 것과 같이 점차 개방하자는 주장이 강하다. 또한 이용자의 요구에 응하는 서비스 제공을 위해서는 객관성이 있을 경우는 허용하는 방향으로 확대될 필요가 있다. 지정항공사는 통상 복수제로 하고 있고, 운항횟수에 제한이 없으며, 기종공급과 가격, 편명공유를 자유롭게 결정할 수 있게 개방하고 있다.(Doganis 2002, 59.)

이상의 세 가지 유형별 특성을 정리하면 〈표 3〉과 같이 국제항공레짐의 변화유형을 정리할 수 있다.

<표 1-3> 국제항공레짐의 변화유형

구 분	현실주의적 레짐	신자유주의적 레짐	구성주의적 레짐
1. 시장접근	-구체적 지점운항 -제5자유 제한 -부정기편 제한	-합의지점 운항 -확대 제5자유 -부정기편 제한 해제	-제한 없음 -무제한 제5자유 -부정기편 개방 -7자유까지 허용 단, 카보타지 구간은 불허, 허용주장도 강함
2. 지정항공사 (designation)	단 수 (single)	복 수 (multiple)	복 수 (multiple)
3. 공급력 (capacity)	양 측 공히 50 : 50 분할	운항횟수, 공급력 제한 해제	무제한 운항횟수와 공급력
4. 요 율 (tariffs)	양국 정부당국 승인 (double-approval)	일방 정부당국 승인 (double-disapproval)	항공사 자유 가격결정 (pricing)

제7절 결 론: 국제항공레짐의 전망

우리에게 서비스를 제공해 주는 국제항공을 시대적으로 단계별로 개괄해 볼 경우 이들 국제항공레짐을 구성하고 있는 협약과 협정들을 그 목적이 누구를 위한 것인가를 기준으로 보면 다음과 같이 세 가지로 분류할 수 있다.

첫째, 제2차 세계대전 직후에는 국가 간의 규제가 중심이 되어 타국으로부터 자국의 영공을 보호하려는 목적이 제1차적 목표였다. 이는 국가가 중심에서 질서를 규제하는 방향으로 질서를 전개해 왔었다. 이러한 상황의 국제항공질서를 국가 중심의 힘의 논리에 입각한 현실주의적 국제항공레짐으로 규정할 수 있다.

둘째, 1970년대 후반부터는 이와 같은 국가 중심의 규제로는 시장의 자유화와 경쟁의 유발이 어렵다는 판단을 하게 되고, 항공사 간 경쟁을 위한 시장 중심의 항공규제완화법과 경쟁촉진법이 제정되었다. 이러한 시장 중심적 항공자유화의 특징을 신자유주의적 국제항공레짐으로 본다.

셋째, 1990년대에 이르러서는 세계무역기구(WTO), 다양한 국제기구(IGO) 그리고 비정부기구(NGO) 등이 등장하면서, 이들에 의해 항공 서비스의 개방화를 이루고, 소비자의 권리를 주장하는 목소리가 더욱 커져 간다. 이제 국제항공질서를 다자 차원에서 해결하려 하고 있다. 이러한 항공질서를 다자간 국제항공레짐으로 볼 수 있다.

본 연구의 서론 부분에서 제기한 향후의 국제항공레짐의 발전방향은 위에서 정리한 첫째, 현실주의적 국가 중심의 국제항공레짐과 둘째, 신자유주의적 항공기업 중심의 국제항공레짐에 이어서 셋째에 해당하는 소비자 중심의 국제항공질서가 전개될 것으로 전망된다. 1990년대 이후 국제항공레짐을 주도해 온 방향은 주로 이용고객의 편에서 편성, 운영되는 현상을 보이고 있다. 세계무역기구(WTO)가 요구하는 항공 서비스 개방 면에서도 서비스를 제공하는 목적이 이용자의 편의 위주로 재편성되고 있다. 항공 전자상거래를 통해 고객에 대해 실시간 서비스를 제공해 주는 시스템의 구축 역시 고객과 새로운 관계를 모색하는 일환이다. 항공산업 발전에 따른 개발에 있어서 피해자 측을 배려하고 항공 이용자들에게 편의를 제공하는 것을 우선적인 고려의 대상으로 삼는 것이다. 운항관제사의 노동쟁의 등 노동운동 분야 또한 민주화의 노선을 걷고 있는 것이 오늘날의 추세이다. 이러한 현상을 비정부기구(NGO)의 시각으로 보면 국가권력이나 기업의 권력이 아니라 이용고객인 시민요구에 의하여 항공운송질서가 재편성되고 있는 것이다.

참고문헌

박재영, 2000. 『국제정치 패러다임』, 서울: 박영사.

백창재, 2004. "제10장. 국제관계", 서울대학교 정치학과 교수 공저, 『정치학의 이해』, 349-376, 서울: 박영사.

윤덕영, 1992. "국제항공의 환경변화와 그 전망", 『아시아나항공』, 서울: 아시아나항공.

홍순길, 1999. 『신항공법정해』, 서울: 동명사.

Doganis, Rigas, 2001. The Airline Business in the 21st Century, NY: Loutledge.

Doganis, Rigas, 2002. Flying Off Course, NY: Loutledge.

Finlayson, Jock A. and Mark W. Zacher, 1983. "The GATT and the Regulation of Trade Barriers", Stephen D. Krasner, eds. International Regimes. Cornell University Press.

Keohane, Robert O. and Joseph S. Nye, 1989. Power and Interdependence. Second Edition. Harper Collins Publishers.

Krasner, Stephen D. 1983. International Regimes. Cornell University Press.

Lee, Jong-Sik, 2005. "Change of International Aviation Order: From International Regimes Perspective", The Korean Journal of International Relation, Vol.45(5).

Smith, Steve, 2001. "Reflectivist and Constructivist Approaches to International Theory", John Baylis & Steve Smith, eds. The Globalization of World Politics: An Introduction to International Relations, Second Edition. Oxford University Press.

Taneja, Nawal K. 1989. Introduction to Civil Aviation. Toronto. Canada: Lexington Books.

Wendt, Alexander, 1992. "Anarchy is What States Make of It: The Social Construction of Power Politics", International Organization, Vol.46, pp.391－426.

(자료)

미국무성, 2006.

http://www.state.gov/e/eb/rls/othr/2006/22281.htm (2006. 4. 7.)

외교통상부, 2006. 국제민간항공조약 http://www.mofat.go.kr (검색일: 2006. 4. 7.)

외교통상부, 2006. 한미항공협정 http://www.mofat.go.kr (검색일: 2006. 4. 7.)

ICAO, 2003. 세계항공운송회의 합의록 http://www.icao.in (검색일: 2003. 4. 10.)

제2장 유럽연합과 항공질서의 재편성:
EU와 미국간 항공질서를 중심으로

제1절 서 론

유럽석탄철강공동체(European Coal and Steel Community)에서부터 시작한 유럽통합은 이제 유럽공동체(EC)를 유럽연합(EU)으로 바뀌면서 새로운 지배구조의 원리로 확대되고 있다. 유럽공동체가 유럽연합으로 변화, 발전하게 되는 과정에는 파리조약(Paris treaty, 1952), 로마조약(Rome treaty, 1957), 단일유럽법(Single European Act, 1985), 마스트리히트조약(Maastricht treaty, 1992), 암스테르담조약(Amsterdam treaty, 1997), 니스조약(Nice treaty, 2000), 유럽헌법초안(draft treaty for European Constitution, 2004) 등과 같은 유럽의 통합을 위한 조약의 발달을 통하여 확대되어 왔다. 국제기구의 새로운 한 형태로서 유럽연합은 전통적 국제기구와는 크게 다를 뿐만 아니라 또한 근대 민족국가의 패러다임과도 크게 다르다. 이와 같은 맥락에서 유럽연합체제의 운영 메커니즘은 정부 간 활동뿐만 아니라 전 유럽지역의 행위자들의 활동을 모두 포괄하는 다층적 거버넌스(multi-level governance)이다. 그것은 일련의 유럽생활의 원칙, 규칙, 규범 그리고 의사결정방식, 즉 유럽 시민들만의 게임의 규칙이며 유럽이라는 지역을 지키는 규칙이다.13) 마스트리히트조약에 언급되어 있는 두 가지 지배질서의 원칙인 정부간주의(intergovernmentalism)와 초국가주의(supranationalism)는 역시 일종의 운영과 관리의 원칙으로서 각 회원국가 간의 공동생활에 적용되어 왔다. 이와 같은 두 가지의 개념을 이해하게 되면 새로운 거버넌스로서 유럽통합을 연구하는 근본인 역사적 배경과 철학적 원칙을 제공해 줄 것이다.

이들 역사적 배경과 철학적 원칙들은 유럽연합공동체를 지배하는 하나의 '질서체계'로서 이해되는 경제적, 사회적, 문화적, 정치적 레짐(체제)들과 연계되어 있다. 유럽연합통합의 과정에서 그와 같은 지배 원칙들은 세 가지 기둥들(경제통화동맹, 정치적 유럽연합, 사법과 내무치안)로 구성되어 있다. 이 논문에서 취급하고자 하는 항공자유화협정(open skies agreement)도 유럽연합 내에서 통합업무들 중의 하나이다. 따라서 이 글에서는 유럽연합의 항공통합 이른바 'open skies agreement'이라는 국제항공레짐(international aviation regimes)의 차원에서 탐색해 보고자 하는 것이다.14) 이 국제항공레짐은 다음과 같은 세 가지 단계를 통해 국제항공레짐 행위자들에 의해 지금까지 수렴, 개발되어 왔었다.15) 그 세 가지 단계는 첫째, 제2차 세계대전 이후 국가 중심의 현실주의적 국제항공레짐의 단계, 둘째, 1970년대와 1980년대의

---

13) '거버넌스의 개념'과 '거버넌스와 레짐의 차이'를 설명해 주는 글로서는 James N. Rosenau and Ernst Otto Czempiel, *Governance without Government*(Cambridge University Press, 1992) pp.1-9 참조 바람.

14) '국제항공레짐' 이론에 관해서는 Lee, Jong-Sik, "Change of International Aviation Order: From International Regime Perspective", 『국제정치논총』, 영문판, Volume45(5) 2005, pp.57-88과 '국제레짐'에 관해서는 Stephen D. Krasner가 엮은 *International Regimes*(Cornell University Press, 1983)을 참조 바람.

15) Marek Zylicz에 의하면, 국제항공 행위자는 항공사(air transport industry), 이용자(users of air transport services), 국가(the states) 등 이들 세 가지로 규정하고 있다.(Marek Zylicz 1991, 9.)

항공기업 중심의 신자유주의적 국제항공레짐, 셋째, 1990년대 이후 소비자 대중 및 전 지구적으로 연계되는 구성주의적 국제항공레짐의 단계이다.(Lee 2005, 59.)[16] 크라르너(Stephen D. Krasner)의 정의에 의하면, 국제항공레짐은 "정부, 항공사, 소비자와 같은 항공 행위자의 기대가 항공이라는 쟁점영역에서 수렴하는 일련의 묵시적, 명시적 원칙, 규칙, 규범 그리고 의사결정절차"로 재정의할 수 있다. 국제항공레짐에 있어서 행위자들의 기대의 발달과 수렴은 인류생활의 전 세계적인 유형의 보편화 과정과 관련되어 있다.

다른 한편, 최근 지구화는 경제적, 사회문화적, 정치적 영역에서 전 세계적으로 보편적인 유형을 확대해 가는 과정이다. 그와 같은 세계적인 생활양식을 구성하기 위해서는 보다 지리적으로 가까운 나라들이 자신의 생활유형에서 더 많은 유사성(similarity)과 동질성(homogeneity)을 가지고 있다. 우리는 그와 같은 양상을 지역화(regionalization) 또는 지역주의(regionalism)로 부른다. 유럽연합의 통합은 그와 같은 지역화의 한 대표적인 본보기이다.

이 논문은 유럽연합통합의 과정에서 지역 내의 항공통합 과정을 탐색하고, 그 통합의 전 후의 차이점과 미국과의 관계가 어떻게 될 것인가를 확인해 보는 작업이다. 특히 이 논문에서 가장 중요한 질문은 유럽연합과 미국 간의 하늘의 자유의 확대는 가능할까라는 부분이다. 이 연구목표를 위해 본 논문의 구성은 다음과 같이 한다. 제2절은 유럽통합과 그 지배원칙, 제3절은 전통적 국제항공레짐, 제4절은 새로운 국제항공레짐, 제5절은 국제항공레짐의 변화, 제6절은 결론을 간략하게 언급하고자 한다.

---

16) 이러한 국제항공질서를 국제항공레짐으로 파악하고 있는 다음 논문을 참조할 것. Lee, Jong-Sik, "Change of International Aviation Order: From International Regime Perspective", 『국제정치논총』, 영문판, Volume45(5) 2005, pp.57-88.

제2절 유럽연합통합과 그 지배원칙

유럽연합은 유럽공동체 내에서 경제적, 사회적, 문화적, 정치적 삶의 철학적 원칙을 보여준다. 유럽연합은 25개 회원국들의 정부 간 그리고 초국가적 연합이다. 유럽연합은 유럽연합에 관한 조약인 1992년의 Maastricht조약에 의해 설립되었다. 그러나 여러 가지의 연합에 관한 양상들은 일련의 선행했던 제도들의 관계를 통해 이전부터 기존재하고 있었다. 기원을 찾기 위해서는 1951년까지 거슬러 올라갈 수 있다.

유럽연합은 최근 관세동맹, 유럽중앙은행이 관리하는 단일통화, 공동농업정책, 공동무역정책, 공동어업정책 등으로 구성되어 있는 공동의 단일시장을 가지고 있다. 공동외교안보정책은 역시 유럽연합의 세 가지 기둥 중에 두 번째 기둥으로서 설립되었다. 셍겐협정(Shengen agreement)은 여권관리를 폐지하고 세관체크를 유럽연합 각 회원국들 간의 국경에서 폐지하였다. 그래서 유럽연합 시민들이 생활하고, 여행하고, 노동하고, 투자하기 위한 단일한 이동공간을 창조하고 있다.[17]

가장 유명한 유럽연합제도들로는 유럽집행위원회(European Commission), 유럽연합이사회(Council of European Union), 유럽사법재판소(European Court of Justice), 유럽중앙은행(European Central Bank) 그리고 유럽의회(European Parliament) 등이 있다. 유럽의회의 기원은 1950년으로 소급하여 유럽조약의 설립에까지 이른다. 1979년 이래 유럽의회의 의원은 직접 회원국을 대표하는 사람들에 의해 선출되었다. 선

---

[17] 1985년의 Shengen협정은 비자를 포함하여 공동출입국절차에 관한 정책을 유럽연합국가들 간에 합의한 협정문이다. 이 협정에는 아일랜드와 영국을 제외한 회원국은 물론 비유럽연합국인 아이슬란드, 노르웨이, 스위스가 서명하였다. 국경포스트와 체크 표시를 제거하였다. 그러나 이 협정은 비유럽연합 국적인에게 주거 및 노동허가권은 관할하지 않고 있다.

거는 매 5년마다 실시되고 모든 유권자로 등록된 유럽연합 시민들에게 투표권이 부여되고 있다.

유럽연합의 활동은 보건과 경제정책에서부터 외교와 방위업무에 이르기까지 모든 공공정책문제에 걸쳐 커버되고 있다. 문제되는 쟁점에 따라서 유럽연합은 통화문제, 농업, 무역, 및 환경업무에서는 연방제를 그리고 내무업무에서는 국가연합을, 그리고 외교업무에서는 국제기구의 성격을 닮고 있다. 이러한 면에서 유럽연합은 일종의 거버넌스로서 비록 통합의 범위가 크게 다르지만 유럽연합이라는 생활공동체 내에서의 모든 영역들을 두루 커버하고 있다.(Pierre 2000, 3.)[18]

정부간주의(intergovernmentalism)는 국제기구에서 일종의 의사결정 이론의 하나이다. 그 대부분에서는 권력이 회원국가에 있고, 만장일치제를 통해 의사결정을 내리는 그런 국제기구이다. 정부의 독립된 임명자로 선임된 대표자들은 단지 자문적 기능이나 실행기능만을 가질 뿐이다. 이러한 기능은 오늘날 대개의 일반적 국제기구들이 사용하고 있는 기능들이다. 국제기구의 어떤 대안적 의사결정방법이 초국가주의에 의한다.[19] 정부간주의는 역시 신기능주의 사상을 거절하는 유럽통합에 관한 한 가지 이론이다. 호프만(Stanley Hoffmann)에 의하면 개별 회원국의 정부는 유럽통합의 수준과 속도를 통제한다. 호프만은 초국가수준에서 권력의 증가는 개별 회원국 정부에 의한 직접적인 결정에서부터 유래한다. 그는 개별 회원국 정부에 의해 도출되는 통합은 그때의 국내의 정치적, 경제적 문제에 기초하게 된다고 믿는다. 호프만은 신기능주의자가 제안하

---

18) Jon Pierre에 의하면 "거버넌스는 두 가지의 의미를 가지고 있다. 한편, 거버넌스는 20세기 후반에 출현할 때에 외부 환경에 대한 국가적응의 경험적 표현을 의미한다. 또 다른 한편, 거버넌스는 사회체제의 조정의 개념적이거나 혹은 이론적인 대표를 뜻한다."고 본다.

19) http://www.en.wikipedia.org/wiki/intergovernmentaism (검색일: 2006. 7. 13.)

는 특히 하아스(Ernst Haas)가 주장하고 있는 '파급효과'(spillover)의 개념을 거절한다.(Dougherty and Pfaltzgraft 1997, 420-430.)[20] 그는 또 역시 초국가적 기구가 정치적 영향력에 있어서 개별 정부와 같은 수준에 있다는 것을 거절한다.(Hoffmann 1995, 84.)

초국가주의(supranationalism) 역시 일종의 국제기구이론의 의사결정 방법의 하나이다. 여기에서는 권력이 독자적으로 임명된 관리나 혹은 입법기관에 의해 선출된 대표나 회원국 국민들에 의해 장악되어 있다. 회원국 정부는 여전히 이들 권력을 가지기는 하지만 다른 행위자들과 공유하여야 한다. 더욱이 의사결정은 다수결의 원리에 의한다. 따라서 회원국들은 자기 의지에 반한 의사결정을 하도록 강요되는 경우도 있다. 예를 들어서 유럽이사회의 사무총장은 최종적으로 외교안보정책의 발전을 위한 1997년의 암스테르담조약을 활용하기 위해서는 그들 회원국 정부보다 더 높은 대표자로서 행동한다고 한다.(Christiansen 2001, 509.)

특히 유럽집행위원회의 위원회체제(comitology)는 정책 결정자들이 유럽 전체의 공통된 문제와 공공정책을 토의결정하고 입법부의 실천사항을 모니터하도록 하는 일종의 숙의적 초국가주의의 하나다.(Joerges and Neyer 1997, 609-625: Tsebelis and Garrett 2001, 368.) 체벨리스와 개럿은 세 가지의 초국가적 제도(유럽집행위원회, 유럽사법재판소, 유럽의회)와 이들 행위자들과 정부간주의의 각료의사회 간의 관계에 기초한 유럽연합의 정부간주의와 초국가주의의 제도적 기반을 제

---

20) 전통적인 기능주의이론으로서 이른바 가지치기이론은 미트라니(David Mitrany)에 의해서, 신기능주의의 파급효과는 하아스(Ernst Haas)에 의해서, 신기능주의를 비판하는 정부간주의는 호프만(Stanley Hoffmann)에 의해 각각 개발, 발전되었다. 유럽연합의 맥락에서 신기능주의이론은 궁극적으로 연방 혹은 정치적 연합으로 유도하는 통합의 과정에 이르는 중요성을 부여하고 있다.

시하고 있다.(Tsebelis and Garrett 2001, 357.) 위원회체제의 옹호자인 G. Majone도 이러한 위원회체제가 기술적 전문성과 효율성을 가지고 있다고 주장한다.(G. Majone 1996, 73.)

모랍칙(Andrew Moravcsik)의 자유주의적 이론과 단일유럽법(SEA)에 관한 일련의 논문에서 회원국 정부의 대표들이 유럽연합제도가 유럽연합의 발전에서 '대흥정'(grand bargains)으로서 작동하는 법률적 틀을 협상하는 유럽연합의 정부 간 회의를 분석하기 위해 세 가지 단계를 제시하고 있다.(Moravcsik 1991, 1993, 1997, 2002.) 최초의 단계는 유럽집행위원회(European Commission)와 유럽사법재판소(European Court of Justice)의 선호들을 회원국 정부가 이해하는 단계이다. 두 번째 단계는 정부간주의에 의해서 회원국 정부들 간의 협의적이고 협력적인 단계이다. 세 번째 단계가 입법절차를 통해서 초국가주의에 의해 회원국 정부의 제도적 선택과 실천의 단계이다.

오늘날 국제기구들은 초국가주의의 기반 위에서 작동하는 것은 사실 거의 없다. 그런데 그 주요한 예외현상이 바로 이 유럽연합(European Union)과 남미국가공동체(South American Community of Nations)들이 정부 간 요소와 초국가적 요소를 모두 다 가지고 있기 때문에 이른바 초국가연합이라고 불리고 있는 것이다. 초국가주의 요소가 어느 정도 어떤 국제기구에서 존재할 수 있다. 사실 세계연방정부 지지자들도 바로 그와 같은 초국가주의적 요소가 확대되어 나가기를 바라는 것이다.[21]

---

21) http://www.en.wikipedia.org/wiki/supranationalism (검색일: 2006. 7. 13.)

제3절 전통적 국제항공레짐

1. 시카고협약: Multilateralism(하늘의 자유)

기존의 국제항공질서는 제2차 세계대전 중인 1944년 국제민간항공에 관한 시카고협약의 체결에서부터 시작한다. 그 당시의 협약 당사국들은 그 협약의 부속서로서 국제항공업무통과협정(International Air Services Transit Agreement)을 초안하여 연합국의 항공사들이 상대국의 영공에 자유로운 운항과 기술적 접근을 할 수 있는 기반을 마련하였다. 이와 같은 통과협정은 문자 그대로 연합국들의 항공사와 민간항공기들에 대한 당사국 간의 자유로운 개방된 영공을 발의하였다.

통과협정 당사자 측은 첫 두 가지 영공에 대한 제1자유와 제2자유를 상호 교환하기로 하였다. 즉, 제1자유인 상대국의 영공을 통과할 수 있는 자유와 제2자유인 기술적인 목적이나 연료의 공급을 위한 목적으로만 착륙할 수 있는 권리를 허용함으로써 이와 같은 목적 이외의 타국 항공사들의 자국상공 비행을 금지하고 있다. 이렇게 함으로써 이 협정을 통해 자국의 영공에 타국의 항공사의 비행금지 조항을 마련하였다.(Bin Cheng 1962, 14-15.) 즉, 이로 인해서 비로소 국제사회에서 영공에 대한 자국의 상공을 보호할 수 있는 영공주권주의(sovereignty over their own airspace)를 확립할 수 있게 된 것이다.

또한 시카고협약 당사자 측은 역시 다자간 국제민간항공통과협정의 제2부속서로서 기술적 자유 이외에 세 가지의 상업적 자유의 운항권리를 추가적으로 구체화하고 있다. 이로써 시카고협약 당사자들은 다섯 가지 자유를 모두 교환함으로써 자유로운 국제항공운송시장이나 또는 이들 중에서 행사할 권리를 선택할 수 있는 기초를 마련하게 되었다. 제2차 세계대전 이후 경제적 민족주의가 인기가 높았다. 그래서 시카고협약 당사자로 참여한 국가들에도 개별적 국가이익(national interests)이 국제공공이익(international public interests)에 비해 우월성 내지 선호를 갖게 되었다. 따라서 대부분의 협약 당사국들은 양국 간 노선교환을 하는 양국 간 항공협정이 다자간 운송협정에 비해 선호하는 경향이 있었다.

영공에 대한 상업적 자유의 선택은 당사국들에 협상의 대상으로 주어졌다. 주로 외국에 운항할 권리를 교환함으로써 협상 가능성을 부여해 주었다. 항공사가 자국으로부터 출발하는 제3자유와 상대국으로부터 자국으로 운항할 제4자유를 교환함으로써 협상할 권리를 행사할 가능성을 부여해 주었다. 항공 노선상에 있는 제3국에서부터 발생하는 운송권리를 제5자유로 규정하고 이 같은 수송은 출발지 국가와 목적지 국가로부터는 일종의 약탈적 권리(stealing traffic)로 간주되었다.

항공운송규제에 관한 주 경제적 논쟁은 제2차 세계대전 이후 미국과 영국 사이에 있었다. 미국 측은 개방된 항공시장과 자유로운 가격결정 등과 같은 항공자유화를 원했었고, 이에 비해 영국 측은 당사국 간에 정해진 노선과 인가된 운임 등 규제된 경쟁을 원했었다. 이러한 가운데서 영미 양국은 버뮤다 I(Bermuda I)이라고 하는 양국 간 기발한 타협안을 제안하였다. 그 해결의 열쇠는 제3자유와 제4자유를 국제항공업무에 공급설정의 '기본대상'(primary objective)으로 개념을 규정한 것이다. 이는 일방의 당사국은 자국에서 출발하는 수요(제3자유)나 자국으로 들어오는 수요(제4자유)에 대한 운수권을 소유한다는 기본적인 중요한 개념이다. 1944년의 국제민간항공에 관한 시카고협약은 '당사국은 자국의 항공시장에 외국의 항공기가 접근하는 것을 통제할 수 있는 권리를 부여하고, 자국의 영토의 상공에 대한 완전하고도 배타적인 주권'(complete and exclusive sovereignty)을 가진다는 것을 확인하고 있다.(Wassengerbh 2005, 52.)

제5자유 운수권은 장거리노선상에서 항공운항을 수행하는 항공기가 연료공급을 위해 중간착륙을 하거나 장거리를 정지하지 않고(non-stop) 운항할 수 있는 경우에 부여되는 것이다. 장거리노선을 효율적으로 운항할 수 있게 하기 위해서 항공기는 좌석 수(seats)를 제한하여 공석으로 두는 것을 채우기 위해 중간지점에서 제5자유 운수권을 갖도록 경제성을 이유로 부여하는 권리였었다. 이와 같은 영공에 대한 다섯 가지 자유로 운수권을 나누는 기반에는 미국과 영국 간의 타협(compromise)이 있었다. 즉, '국제정기항공업무에 공급결정의 기본대상이 제3자유와 제4자유 운수권 수송이 되어야 한다. 그리고 그 운수권은 관련 당사국가들 자신의 수요이어야 한다.' 제5자유 수송은 기존의 제3자유와 제4자유 운수권 행사항공사를 고려하여 당해 노선에 운항 항공사의 공급범위 내에서 허용되었다.(Wassenbergh 2005, 52.)

하늘의 자유에 대한 옹호자이고 KLM 사장인 플레스만 박사(Dr. Albert Plesman)는 영미 간의 이와 같은 타협안을 '악의 도구'(instrument of the devils)라고 불렀다. 그가 악의 도구라고 한 것은 국제항공 정기업무에 공급력의 기본적인 대상이 당해 국가의 항공사들의 자국수요를 강조한 개념에 대해서 이다. KLM과 같은 자국발생의 수요가 작은 교통량을 가진 항공사는 자사의 발전을 방해하도록 묶어 두고 있기 때문이다. 플레스만 박사는 자국을 중추공항(hub)으로 바꾸어서 그들이 할 수 있는 한 많은 외국의 통과수요(transit)를 자사의 기본적인 수송대상으로 하여 스키폴(Schipol)공항을 경유하여 유치하려고 했던 것이다. 그와 같은 통과수요를 대상으로 KLM이 주요 국제항공사로 발전할 수 있었기 때문이다. 그와 같은 운송유형은 그 밑그림으로서 제6자유를 포함하는 것이 매우 중요하다. 제6자유란 운항 항공사의 본국영토를 경유하여 다른 두 외국을 이동하는 항공수요를 연계수송하는 운수권을 말한다. KLM은 제4자유와 제3자유의 조합인 제6자유가 기본적인 수송대상에 포함되어야 한다고 주장하였다.(Wassenbergh 2005, 52.)

그러나 당시의 미국민간항공당국(USCAB) 내부에서 보호주의적 관점에서는 이 같은 제6자유가 제1차적 수송대상이 아니라 제2차적인 것으로 보고 있었다. 제6자유를 제5자유의 일종으로 보는 것이다. 제6자유는 운송상 공급력 설정에 정당화될 수 없는 것이라고 본다. 영공의 자유에 대한 문제점은 국제노선상에 여행을 하는 탑승객이 여행도중에 중간에 기착하여(stopover) 항공기를 바꾸어 타고 다른 서비스를 이용하도록 하는 운송의 출발지와 목적지에 대한 합의된 정의가 없기 때문이다. 시카고협약에 의해 설립된 국제민간항공기구(ICAO)는 국제항공운송의 이와 같은 출발지와 목적지에 대한 정의에 관해 국제적 합의를 도출하려고 노력하였으나 성과를 거두지는 못하였다.(Wassenbergh 2005, 52－53.)

2. 영미 간 항공협정: Bilateralism(Bermuda Ⅰ, Ⅱ)

전통적 하늘의 자유에서는 양국 간 항공협정이 그들의 중요한 목적으로서 시장접근(운항지점과 운수권)과 시장진입(항공사지정)의 통제권을 갖는다. 비록 많은 경우 그들 역시 공급력과 운항횟수를 통제할지라도 그와 같은 양국 간 협정은 규제적 국제항공레짐의 기본 핵심이 되고 있다. 아직도 그와 같은 규제적 국제항공레짐으로 남아 있다. 이러한 국가 간 양자협정은 1980년대까지도 운임을 통제하는 IATA체제와 그리고 항공사 간 공동계정협정(airline pooling agreement) 등으로 더욱더 규제적인 요소를 강화하고 있었다.

일반적으로 항공협정은 운항조항과 경영관리조항으로 구성되어 있다. 협정운항조항의 대부분은 세금, 항공기부품의 수입, 공항세, 항공사 수입금 송금과 같은 세금면제 등의 항공업무를 촉진시키는 '소프트 라이트'(soft right)를 주로 다루고 있다. 이에 비해 경제조항은 '하드 라이트'(hard right)를 취급한다. 가령, 지정항공사 수, 요율의 설정, 공급량과 운수권, 즉 노선 접근에 관한 것들을 주로 취급하고 있다. 대부분의 전통적인 협정에서는 단지 한 항공사만, 즉 단일항공사 지정제를 주로 채택하고 있었다. 항공사 지정과 지정항공사 수를 개의치 않고, 모두가 지정하는 국가의 국적에 의해 실질적 소유(substantial ownership)와 효율적인 지배(effective control)가 되어 왔다. 이 같은 국적조항(nationality clause)은 국제항공업무의 정상화에 가장 큰 장애가 되어 왔다.(Doganis 2001, 20.) 국적조항과 같은 문제는 1978년 미국의 규제완화법과 1987년 유럽연합의 항공자유화 단계의 첫 단계 (first package)에 도입한 이래 크게 변화되어 왔다.

전통적인 양국 간 항공협정의 핵심적인 양상은 제한적이고 특히 다음의 네 가지 요소에서는 특별히 구체화하고 있다. 그것은 시장접근, 지정항공사제, 공급력 그리고 운임의 가격과 요율문제 등이다. 첫째, 시장접근은 단지 각 항공사가 운항할 지점의 수와 노선이 사전에 설정됨으로써 제한적이고 특정화되어 있었다. 일부분 제5자유가 제한적으로 허용되기도 하였으나 전체적 공급은 주로 제3자유와 제4자유에 제한되어 있었다. 전세운항권도 협정 자체에 포함되지 않고 있었다. 둘째, 항공사 수의 지정은 일반적으로 단일항공사제(single)이었으며 단지 약간의 2개 또는 복수항공사제를 채택하고 있었으나 그 정도는 미미한 수준이었다. 그렇게 지정되는 항공사는 그 항공사를 지정하는 국가의 국적의 실질적인 소유와 효율적인 통제하에 놓여 있었다. 셋째, 운항횟수와 공급력은 제한적이지 않았으나 공급력은 어느 일방의 항공사가 너무 지나치게 행사할 경우 재검토하도록 하고 있었다. 넷째, 요율은 원가와 이윤에 관련성을 가진다. 그래서 양국 정부의 승인을 필요로 하는 이른바 'double approval'제를 채택하고 있었다. 만약 가능하다면 항공사들은 국제항공운송협회(IATA)의 절차를 사용하도록 하고 있었다.

전통적 양국 간 항공협정은 다소간 시장접근에 관해서 제한적이었다. 즉, 운항지점, 공급력과 가격통제 등에 있어서 제한적이었다. 이 중에서는 크게 두 가지 종류가 있다. 버뮤다 I과 같은 보다 자유로운 양국 간 항공협정은 두 가지 면에서 보다 제한적인 사전결정방식인 버뮤다 II와는 차이가 있다. 첫째, 제5자유 행사는 더욱 폭넓게 행사되었다. 둘째, 관련 두 나라 사이의 운항횟수와 공급력에는 사전에 아무런 제한이 없었다. 버뮤다 I 협정은 확대 적용하였으나 그 영향력은 협정에서 정한 만큼 자유롭게 적용되지는 못하였다.(Doganis 2001, 21.)

3. 국제항공레짐의 주요 변화요소들

지금까지 논의해 온 주요한 국제항공레짐의 변화요소를 정리해 보면 다음과 같다. 첫째, 제7자유로서 이는 상대국과 제3국 간에 행사되는 자유이다. 둘째, 제8자유로서 상대국내에서 연장운항할 권리 즉, 연속 카보타지(consecutive cabotage)에 해당하는 권리이다. 셋째, 제9자유이다. 이는 상대국내에서 독립운항권리 즉, 독립 카보타지(stand-alone cabotage)에 해당하는 것으로서 상대국내에서 항공사를 설립하여 국제선과 국내선을 운항할 수 있는 권리이다. 이러한 요소들이 전통적 국제항공레짐을 바꿀 수 있는 요소들이다. 1944년 12월 7일 시카고에서의 국제민간항공에 관한 협약 제1조와 제2조에 명시된 자국영토의 주권을 설명하는 기존의 국적조항 규정들을 포함하여 상기의 세 가지 자유는 결론의 제6절에서 다시 논의할 것이다.[22]

제4절 새로운 국제항공레짐

1. 미국의 항공자유화정책: Bilateralism

항공자유화협정은 국제항공시장을 위한 자유로운 기초규칙을 마련하여, 정부의 개입을 최소화하는 것이다. 새로운 핵심적 조항들에는 여객, 화물, 객화 콤비편에 적용하며 또한 정기편과 전세편을 포함한다. 그 핵심조항은 다음과 같다.[23]

---

22) Article 1 and 2 of Convention on International Civil Aviation of 1944:
Article 1(Sovereignty). The contracting States recognize that every State has complete and exclusive sovereignty over the airspace above the territory.
Article 2(Territory). For the purposes of this Convention, the territory of a State shall be deemed to be the land areas and territorial waters adjacent thereto under the sovereignty, suzerainty, protection or mandate of such State.

23) 미국의 항공자유화협정의 핵심조항은 미국무성 인터넷 http://www.state.gov/e/eb/rls/othr/2005/22281.htm (검색일 2005. 12. 27.) The first 'open skies agreement' was effective between the governments of the United States and the Dutch in September 1992. In brief the key elements of the bilateral are as follows:
(1) open route access—airlines from either country can fly to any point in the other with full traffic rights.

1) 자유로운 시장경쟁(free market competition)의 원리의 도입이
다. 국제항공노선, 지정항공사의 수, 공급력, 운항횟수, 항공기종 등에
제한을 두지 않는다.

2) 시장의 힘에 의한 가격결정(pricing determined by market forces)
원칙의 도입이다. 요율의 결정은 양측 정부가 모두 가격에 대해 부정하는
경우만 허용을 하지 않는다. 즉, '이중불승인가격'(double disapproval
pricing)정책을 적용한다. 그리고 요율은 또한 단지 경쟁을 보장하는 어
떤 특정한 이유에서만이 제한될 수 있다.

3) 경쟁을 위한 공정하고 균등한 기회의 보장(fair and equal oppor-
tunity to compete)이다. 예를 들어 양국의 모든 항공사들, 즉 지정항공
사든 비지정항공사든 상대국내에서 판매사무실을 설립할 수 있으며 수
입금을 환전할 수 있고, 신속하게 그리고 아무 제한 없이 현금으로 지
정구좌에 그 수입금을 입금할 수 있다. 지정된 항공사는 지상조업
(ground-handling services)을 자유로이 자체조업(self handling)을 하
거나, 혹은 경쟁업자들(competing providers) 중에서 선택할 수 있다.
항공사와 화물주선업자들은 항공화물의 지상운송업을 행할 수 있으며
세관업무에 접근을 보장받는다. 이용자 수수료는 무차별적이며 원가에
기초하여 설정된다. 컴퓨터예약시스템의 이용(displays)은 투명하고 무
차별적이어야 한다.

4) 협력적인 시장제도(cooperative marketing arrangements)의 운영

---

(2) unlimited 5th freedom rights.
(3) open access for charter.
(4) multiple designation of airlines.
(5) no frequency or capacity control.
(6) break of gauge permitted.
(7) no tariff controls except if tariffs too high or too low.
(8) airlines free to code share or make other commercial agreements.

이다. 지정된 항공사는 보편적인 규정에 따라 편명공유(code-sharing)나 좌석임대협정(leasing arrangements)를 타방 측의 항공사나 제3국 항공사와 체결할 수 있다. 선택적 조항은 항공사와 지상육상운송회사 간의 편명공유를 허용할 수 있다.

5) 당사자 간의 분쟁해결과 협의를 위한 조항(provisions for dispute settlement and consultation)의 도입이다. 표준 협정에서는 현행 협정에서 야기될 수 있는 차별조항을 해결할 절차를 포함한다.

6) 자유로운 전세협정(liberal charter arrangements)의 도입이다. 운송인은 어느 국가의 전세규정을 따라 운항할 것인지를 선택할 수 있다.

7) 안전조항(safety and security)의 설치이다. 각국 정부는 높은 수준의 항공안전과 안정규정을 준수하는 데에 합의할 수 있으며, 어떤 어려운 환경에 처해 있는 타방에 대해 도움을 제공할 수 있다.

8) 선택적 제7자유 항공화물 운수권(optional 7th freedom all-cargo rights)의 허용이다. 항공사의 본국과 연계되지 않은 편으로 즉, 타방의 국가와 제3국가와의 사이에 화물전용 편의 운항을 1국 1항공사에 한해서 허용할 권한을 부여한다.

항공자유화협정은 항공을 위해 자유로운 시장을 창조하는 것이며, 각국의 경제뿐만 아니라 여행자, 화주들과 지역사회를 위해 실질적인 이익을 제공한다. 양국 간 항공자유화협정은 양국 항공사들에 일국의 어느 지점에서부터 타방의 어느 지점으로 운항할 권리를 부여하는 것이다. 뿐만 아니라 제3국으로 향하는 권리나 제3국으로부터 출발하는 권리도 부여한다. 이 권리는 항공사들에 지구적으로 전략적 지점을 이용할 연결망을 형성할 수 있게 해 준다. 이 협정은 양국 간 협정이나 다자간 협정이 가능하며, 미국은 74개의 양국 간 항공자유화협정을 체결하고 있다. 순수 화물 분야만의 항공자유화는 아르헨티나와 오스트레일리아와 2개 협정을 체결하고 있다. 또한 2000년 11월에 미국, 뉴질랜드, 싱가포르, 브루네이, 칠레 등 5개국이 기존의 그들이 체결하고 있는 양국 간 항공협정을 대신할 '국제항공운송자유화에 관한 다자협정'(MALIAT: multilateral agreement on the liberalization of international air transportation)을 체결하고 있다. 이 다자협정은 2001년 5월 1일에 워싱턴(Washington, DC)에서 서명하고, 나중에 사모아(Samoa)와 통가(Tonga)도 이 다자협정에 가입하였다.[24]

〈표 2-1〉 자유화협정 체결 현황
(Open Skies Partners Updated June 7, 2006)

체결연도	체결국가 명	체결국가 수(76)
1. 1992	the Netherlands	1 State
2. 1995	Belgium, Finland, Denmark, Norway, Sweden, Luxembourg, Austria, Iceland, Switzerland, Czech Republic	10 States
3. 1996	Germany, Jordan	2 States
4. 1997	Singapore, Taiwan, Costa Rica, El Salvador, Guatemala, Honduras, Nicaragua, Panama, New Zealand, Brunei, Malaysia, Aruba, Chile	13 States
5. 1998	Uzbekistan, Korea, Peru, Neth. Antil, Romania, Italy	6 States
6. 1999	U.A.E., Pakistan, Bahrain, Argentina, Qatar, Tanzania, Dom. Repub, Portugal	8 States
7. 2000	Slov. Repub, Namibia, Burkina Faso, Ghana, Turkey, Gambia, Nigeria, Morocco, Rwanda, Malta, Benin, Senegal	12 States
8. 2001	Poland, Oman, France, Sri Lanka,	4 States

---

24) http://www.state.gov/e/eb/rls/othr/2006/22281.htm (2006. 4. 7.) "Open Skies Agreement Highlights."

체결연도	체결국가 명	체결국가 수(76)
9. 2002	Uganda, Cape Verde, Samoa, Jamaica	4 States
10. 2003	Tonga, Albania	2 States
11. 2004	Madagascar, Gabon, Indonesia, Uruguay	4 States
12. 2005	India, Paraguay, Maldives, Ethiopia, Thailand, Mali, Canada, Bosnia and Herzegovina	8 States
13. 2006	Cameroon, Chad	2 States

* Source: http://www.state.gov/e/eb/rls/othr/2006/22281.htm (2006. 7. 12.)

〈표 2-2〉 항공화물만 자유화협정 체결 현황

(Cargo-Only Open Skies Agreements)

체결국가(Partner)	적용(Application)	체결일자(Date Concluded)
1. Argentina	C&R (part)	8/12/99
2. Australia	Provisional	12/14/99

2. 유럽연합(EU)의 항공자유화정책: Multilateralism

(1) 단일유럽하늘(Single European Sky)

단일유럽의 하늘은 유럽의 항공운송통제의 미래를 바꾸게 되는 유럽 집행위원회가 발의한 안이다. 그 목적이 주로 국가경제에 기초한 현존 제도를 사용하기보다 오히려 실제적인 운항패턴에 보다 밀접하게 하고 있는 효율적인 항공운송관리를 하는 데에 있다. 유럽연합에서 항공운 송관리는 현재는 유럽항공운항안전기구(EUROCONTROL: European Organization for the Safety of Air Navigation)를 통해서 협력하면서 회원국가들[25]이 책임지고 있다.(이종식 외 2006. 139-141.) 이 기구는

---

25) 35 Member States: Deutschland, Austria, Belgium, Bulgaria, Cyprus, Croatia, Denmark, Spain, France, Greece, Hungary, Ireland, Italy,

유럽연합 회원국가들과 대부분의 다른 유럽 국가들도 역시 포함하고 있는 정부간기구이다. 유럽의 항공공간은 세계에서 가장 복잡한 지역 중에 하나이다. 그리고 현재의 항공운송관리체계는 몇 가지의 비효율성을 가지고 있다. 가령 국경을 지키는 항공운송통제체제의 사용과 사실 커다란 군사용으로 유보된 유럽항공공간의 소유와 같은 비효율적인 면이 있다.

2001년 10월에 유럽집행위원회는 유럽연합과 노르웨이, 스위스를 포함하고 항공운송관리를 위한 공동체의 조정자를 창설하기 위해 단일유럽하늘을 위한 안(proposals)을 채택하였다. 공동체의 조정자로서 유럽집행위원회는 영공의 유럽항공공간을 합병하게 될 것이다. 이는 현재는 개별·국가별 지역으로 나누어져 있는 상태이다. 공동체의 조정자로서 유럽집행위원회는 이 유럽항공공간을 획일적으로 하여, 항공을 통제하는 지역을 개별 국가의 국경이 아닌 운항상 효율성을 기초로 조직하게 될 것이다. 역시 조정자로서 집행위원회는 민간항공운송과 군용항공운송을 통합하여 관리하게 될 것이다. 그와 같은 발의가 발칸반도의 지중해 국가들을 포함하는 확대의 문제에 관해서도 논의가 있을 것이다. 이러한 유럽하늘의 단일화 작업은 역내 경제공동체 추진의 일환으로 1987년 이래 항공 분야에서도 다음과 같은 3단계로 국가 간의 경계를 풀고 초국가적인 항공자유화를 추진하여 왔다.

유럽연합 내에서의 항공자유화정책은 유럽의 통합과정에서 단계별로 역내의 항공사들에 운항의 자유로운 질서를 형성하자는 것이다. 따라서 이러한 유럽통합과정에는 무엇보다도 종래에 제한하여 두었던

Macedonia, Luxemburg, Malta, Maldives, Monaco, Norway, Netherlands, Portugal, Slovakia, Czech, Romania, United Kingdom, Sweden, Switzerland, Slovenia, Turkey, Albania, Bosnia and Herzegovina, Finland, Poland, Serbia Montenegro, Ukraine.

타국의 국내 구간인 카보타지 운항에 대한 문제가 가장 두드러지게 초점으로 등장하게 되었다. 그 같은 제한을 풀어가는 과정을 다음과 같은 카테고리로 구분하여 해결할 것에 합의하였다.[26]

패키지 Ⅰ(package Ⅰ): 1988년 1월 1일에 발효한 것으로 역내 노선에서 3, 4자유 권리를 개방하는 것뿐 아니라 일정량 이상의 수요에 달하는 노선에는 복수항공사 지정이 가능케 되었다. 그러나 카보타지 구간에 대한 운송은 불가하였다. 또한 보다 자유로운 운임체계를 도입하고 양측의 균등한 공급제공원칙을 폐지하고 새로운 항공사의 자유로운 시장참여를 촉진하고 로마조약의 81조에서 90조의 결정사항의 적용을 인정하게 되었다.

패키지 Ⅱ(package Ⅱ): 1990년 6월 유럽지역 공동체 각료들에 의해 합의된 것으로 가격, 공급, 시장접근에 관한 규제를 더욱 완화하고 1990년 11월 1일 발효를 원칙으로 한 것이다. 1992년 말까지 입국사정과 세관통제를 폐지하고 1992년 6월부터 연속 카보타지(consecutive cabotage)를 제한적 허용 및 제5자유 운수권 50%까지 허용하기로 하였다.

패키지 Ⅲ(package Ⅲ): 1993년 1월 1일 발효. 유럽연합 내 항공사로서 면허를 취득하면 역내 어떠한 노선에서도 운항이 가능하며, 항공사의 완전 자유로운 항공운임을 결정할 수 있게 하고, 항공사의 국적소유는 회원국의 국적을 가질 것을 원칙으로 하나 반드시 항공사가 등록된 국가의 국적이나 그 나라의 항공사일 필요는 없다. 1997년 4월 1일부터는 연속 카보타지까지를 완전허용하면서 유럽하늘의 단일화 작업을 추진해 오고 있다.

---

26) Rigas Doganis, 2001, *The Airline Business in the 21st Century*, UK. London: Routledge, pp.38 – 43.

이러한 과정을 볼 때 최소한 항공 서비스 분야만은 유럽통합과정에서 개별 국가의 주권은 보조성(subsidiarily)으로 하고 초국가주의적 연방주의적 원칙을 앞세우고 있는 다층수준의 관점에서 이해되어야 하는 점을 시사하고 있다.[27]

(2) 유럽단일항공지대(ECAA)

항공업무 단일시장에 관한 조약은 2006년 5월 5일에 오스트리아의 Salzburg에서 서명이 되었다. 그것은 EU 누적법전(Acquis Communautaire)[28]과 유럽경제지대에 바탕을 두고 구축되었다. 유럽공동항공지대는 효과적으로 그들 항공운송산업을 그들 회원국가의 어떤 회사가 모든 유럽공동항공지대 내의 어떤 공항들 간 운항도 가능하도록 허용함으로써 항공운송산업의 자유화를 추구할 것이다. 특히 역내에서는 외국의 항공사가 국내 구간을 항공편을 제공하는 가능성도 포함하게 될 것이다. 이 조약 초기 서명 국가는 EU 25개 회원국들과 불가리아, 루마니아, 노르웨이, 아이슬란드, 크로아티아, 마케도니아, 알바니아, 보스니아 헤르체코비아 그리고 세르비아가 될 것이다. 앞으로 있을 회담에서는 스위스, 터키, 그리고 EUROCONTROL의 잔류 회원국들도 가입하게 될 것으로 기대된다. 2006년 6월 9일에 유럽단일항공지대의

---

27) Peter Willetts, 2001. "Transnational actors and international organizations in global politics", John Baylis & Steve Smith, *The Globalization of World Politics* 2nd edition, New York: Oxford University Press, pp.356–383.
28) The French term "Acquis Communautaire"(or sometimes Acquis) is used in European Union law to refer to the total body of EU law accumulated so far. The term is also used to describe laws adopted under the Schengen treaty, prior to its integration into the European Union legal order by the Treaty of Amsterdam, in which case one speaks of the Schengen acquis.

협정문이 발의가 되었다. 그 협정문은 2010년까지 유럽연합과 비유럽연합 회원국들 간의 항공통합도 완성될 것으로 예상하고 있다. 그러한 합의는 더욱 유럽항공공동체의 지역수준에서 세 항공 행위자(국가, 항공사, 이용자)를 위한 새로운 생활에 대한 지배구조(governance)를 함께 구축하게 될 것이다.(Hirst 2000, 14-19.)[29]

3. 유럽연합과 미국 간의 항공자유화의 차이점

유럽연합과 미국의 항공자유화협정, 즉 'open skies agreements'에 접근은 구조적으로 다르다. 미국의 전략은 근본적으로 양국 간 협정이다. 항공자유화의 실현은 일련의 양국 간 항공협정을 통해서 한 나라씩 추진하고 있다.(Doganis 2002, 66.) 이와는 대조적으로 유럽연합의 전략은 유럽 전역을 단일의 항공시장으로 발전시키는 것이다. 이와 같은 유럽연합의 항공자유화정책, 즉 'open skies agreements'의 실현은 EU 회원국가들에 의해 포괄적인 다자간 협정을 통해서 달성시키려는 것이다.

하늘의 자유를 확대하는 이와 같은 다자간 접근은 유럽인들로 하여

---

29) Paul Hirst argues that the term governance is used in five main areas: 1st, economic development, 2nd, international institutions and regimes. 3rd, corporate governance, 4th, new public management strategies since the early 1980s. 5th, new practices of coordinating activities through networks, partnerships and deliberative forums. Especially, concerned with the second area, he suggests that the recognition of the possibility of 'governance without governments' (Rosenau and Czempiel), of international regimes (Krasner) and the growth of private governmental practices and the 'retreat of the state' (Strange) has led to extensive discussion of the role of international agencies and interstate agreements and common commercial governmental practices as methods of governance.

금 미국의 양국 간 항공협정에서 가능했던 규제완화를 추구하는 이상으로 발전하도록 하고 있다. 소위 1993년 1월 1일부터 시행된 EU 항공정책의 제3단계(Third Package)가 미국의 양국 간 항공자유화협정보다 두 가지 면에서 더 발전적이다. 첫째, 그것은 그저 국가를 쌍방 간이 아니라 전 지역 즉, 25개 궁극의 EU 회원국가들 간에 다자간 제7자유와 제8자유 운수권을 포함하는 하늘을 개방하는 다자간 항공협정이 되는 것이다. 둘째, 양국 간 항공자유화협정은 국적조항을 전혀 변경하지 않지만 유럽연합의 하늘의 지유화의 제3단계는 처음으로 그리고 명시적으로 국경을 가로지르는 다자간 공유를 허용하고 있는 것이다. 그것은 어떠한 회원국의 EU 국적 또는 항공사에도 어떤 다른 EU 회원국가 내에서 항공사를 설립, 운항할 권리와 그와 같은 항공사를 구매할 권리도 부여해 주고 있다.(Doganis 2002, 67.) 이러한 EU 역내의 일방의 국가의 항공사가 타국에서 영업행위를 할 수 있는 권리를 부여하는 영공에 대한 하늘의 자유는 제9자유에 속한다.

제5절 국제항공레짐의 변화

　유럽연합의 통합은 지역주의를 통한 새로운 지구적 거버넌스의 형성이다. 이 새로운 지구적 거버넌스의 형성은 다음과 같은 세 가지의 단계를 그 기둥 축으로 하고 있다. 첫째, 경제적 거버넌스이다. 이는 신자유주의적 경향(자유주의, 낮은 인플레이션, 자유화와 규제완화 등)과 국가의 제한에서부터 시장력에 이르기까지 단일유럽하늘을 지향하는 시장화의 추세를 촉진한다. 둘째, 사회문화적 거버넌스이다. 이는 공동체 내에서 개별 회원국가의 국경을 가로질러서 인구이동을 증가시키고, 유럽의 공동정책화와 제도화를 가속화시킨다. 이와 같은 유형의 거버넌스는 공동체 내의 정당, 이익단체, 사회운동, 비정부기구(NGO)와 같은 다양한 활동을 통해서 초국가적인 제도화를 촉진시킨다. 셋째, 정치적 거버넌스이다. 이는 유럽지역을 넘어서 새로운 삶의 공동체를 형성한다. 예를 들어서 유럽과 미국 간 범대서양공동항공지대를 연계하는 이른바 역세화(rebalization=regionalization+globalization)가 새로운 삶의 공동체를 보여주게 될 것이다.(Calleja 2004.)

유럽연합통합에 관한 항공자유화협정은 두 가지 면에서 차이가 있다. 이른바 'open skies agreements'라고 하는 항공자유화협정은 이를 형성하는 원칙들은 각 회원국들과 흥정과 합의에 기반을 둔 통합을 위한 회원국의 주권과 영토의 원칙을 EU가 이용하는 소위 '정부간주의'를 채택하고 이는 반면, 이들의 실천원칙은 EU 개별 회원국가를 넘어서 권력을 행사하는 '초국가주의'를 따르고 있다.[30] 이러한 원리들은 유럽연합과 미국 간 항공회담 시 범대서양공동항공지대를 형성하기 위해 채택하게 될 것이다. 그러나 정부간주의, 초국가주의 어느 것도 대안이 되는 것이 아니고 EU 내에서의 새로운 경제적, 사회문화적, 정치적 삶의 공동체의 지배원칙을 함께 창조하게 될 것이다. 아래 〈표 3〉은 1944년 시카고협약 이래 국제항공레짐의 변화양상을 보여주게 될 것이다.

---

30) http://www.europa.eu/scadplus/leg/en/lvb/124260.htm (2006. 4. 25.)
   European Court of Justice decided the Regulation No. 847/2004 of the
   European Parliament and the Council of 29 April 2004.

〈표 2-3〉 양자 간 항공협정의 변화와 유럽연합의 다자간 항공협정

	1978년까지 전통적 양국 간 항공협정	1978~1991 양국 간 항공자유화협정	1992 이후 양국 간 항공자유화협정	EU 다자간 항공자유화협정 (1997)
1. 시장접근	각각의 항공사는 단지 특정한 또는 제한된 지점과 노선에만 운항할 수 있다.	각국 내에서 지정된 수의 지점에만 운항할 수 있다(비미국 항공사에는 더 많은 제한이 부과된다).	무제한 지점과 노선에 운항할 수 있다.	
	일부의 제5자유 허용, 그러나 전체 공급력은 노선상 제3, 4자유에 연관된 것에 제한하고 있다.	일반적으로 무제한한 제5자유를 허용한다.	무제한 제5자유와 제6자유를 허용한다.	
	전세편은 불허하고 있다.	전세편 운항은 전면 개방적으로 허용하고 있다.		
	제7자유는 불허하고 있다.		화물전용 편은 허용	유럽연합 역내에서는 무제한 허용
	제8자유는 즉, 국내 카보타지는 불허하고 있다.			
2. 지정항공사제	일반적으로 단일 항공사제이나 일부 복수항공사제를 허용한다.	복수항공사제를 허용하고 있다.		
	실질적 국가소유와 지정항공사의 국적에 의한 효율적 지배를 원칙으로 한다.			역내에서 제9자유 허용
3. 공급력	운항횟수나 공급력에 무제한 그러나 어느 일방의 항공사가 시장흐름에 역행할 경우 공급력 재검토한다.	운항횟수와 공급력에 무제한 허용한다.		무제한 허용

	1978년까지 전통적 양국 간 항공협정	1978~1991 양국 간 항공자유화협정	1992 이후 양국 간 항공자유화협정	EU 다자간 항공자유화협정(1997)
4. 요율	요율은 비용과 이윤과 관련하여 결정하고 양국 정부당국의 승인을 필요로 한다. 가능한 한 항공사는 IATA의 규정을 준수해야 한다.	출발지 국가의 정부당국의 승인만을 허용하는 소위 'double disapproval'제를 채택한다.	자유로운 가격시스템을 채택한다.	

제6절 결 론: '하늘의 자유'의 확대, 그것은 가능할까?

앞의 제3절에서 주요 국제항공레짐의 변화요소라고 지적해 두었던 추가적인 하늘의 자유인 제7자유와 제8자유 그리고 제9자유에 대한 것을 정리해 보기로 하자. 과연 하늘의 자유는 시카고협약에서 설정한 영공주권주의를 넘어서 새로운 '하늘의 자유'의 확대가 가능할 것인가?

첫째, 제7자유의 문제이다. 유럽연합과 미국 간 항공회담에서 제7자유는 유럽연합 항공사들이 유럽연합 내 어떤 지점으로부터 유럽연합과 미국 간 운항할 권리를 갖기를 원하고 있다. 현실적으로도 기존에 항공화물전용 편을 비롯하여 우편물과 소형화물을 위한 운항에 상당 부분 허용하고 있는 실정이었다. 1997년 패키지 Ⅲ 이래 유럽의 하늘의 통합을 이룬 이후로는 지역 내의 국가 간에서는 유럽연합 내의 역내 국가들의 영공주권적 개념은 어느 정도 민간항공 분야에서는 이제 초월적 개념으로 작용하고 있다.

둘째, 제8자유의 문제이다. 유럽연합과 미국 간 관계에서 제8자유는 유럽연합 항공사가 미국 내에 다른 지점들로 미국의 항공수요에 대한 서비스를 확대할 수 있는 권리 즉, 미국의 국내수요를 수송할 권리를 갖기를 원하고 있다. 유럽연합의 소위 'open skies agreement'는 단지 국가 간에만이 아닌 궁극적으로 유럽연합 회원국의 전 지역을 관할하는 '하늘을 개방'하는 다자간 항공협정이다. EU의 'open skies'와 같은 것은 자국의 영토상공에 대한 하늘의 주권을 회원국들 간에 공유를 통해 전개되는 것임으로 기존의 영공주권주의와 같은 국적조항을 크게 바꾸는 것이다. 제7자유가 허용되면 역내에서는 제8자유가 유럽의 역내에서는 종래의 제7자유, 즉 카보타지 구간이 된다. 이를 허용하게 하면 미국 내에서 국내 구간의 수송을 허용하는 경우가 되는 것이다. 우편물과 같은 특수화물에 대해서는 이미 일부 허용하고 있다.

셋째, 제9자유의 문제이다. 제9자유는 국적 항공사가 상대국의 어떤 항공사를 구매하거나 새로운 항공사를 설립하여 그 상대국가 내에서 자체 항공사를 운영할 권리를 갖는 것이다. 그들 새로운 항공사에 상대국내의 국내항공수요를 수송할 권리 즉, 독립 카보타지(stand-alone cabotage)를 허용해 주는 것이 된다. 유럽연합과 미국 간의 관계에서 유럽연합의 항공사가 미국의 국내항공사를 구매하여 미국 내에서 자신의 항공사를 설립, 운영할 수 있게 하는 권리이다. 미국 유형의 'open skies bilaterals'는 국적조항을 전혀 변경하지 않고 있는 반면, 유럽연합 유형의 'open skies multilaterals'는 역내 회원국가의 국경을 뛰어넘는 소유권을 허용하고 있는 것이다.

지금까지 검토한 내용에 따르면 제7자유의 상당한 부분은 이미 유럽연합의 회원국가들과 미국 사이에 양국 간 기존의 'open skies bilaterals'에 의해 허용되어 왔다. 그리고 제8자유는 2008년 3월부터 시행하게 될 미국과 유럽연합간 새로운 항공협정에는 양측 공히 자유로운 권리

행사가 가능하다. 단, 제9자유는 제한되어 외국자본허용률이 25%까지만 용인되었다.[31] 미국 측이 제8자유를 수용하게 됨으로써, 미국은 유럽연합 측 항공사들에 미국의 국내수요를 수송할 권리를 허용하게 되었다. 그 대신에 미국 측은 훨씬 더 폭넓은 유럽의 단일항공시장을 얻게 되었다. 따라서 유럽연합과 미국 간의 새로운 항공 거버넌스에 관한 항공협정체결로 당분간은 2007년 합의체제로 지속될 전망이다.

---

31) 2007. 3. 22. 양 당사자측은 새로운 범대서양 항공개방협정(New Bermuda Ⅲ)에 서명하였다.

참고문헌

이종식, 2006. "국제항공레짐의 변화유형과 전망: 한미항공협정을 중심으로", 『한국정치학회보』, 40집 2호.

이종식, 2006. "유럽연합(EU)통합과 제3국과의 항공관계", 『항공우주법학회지』, 제21권 제1호.

이종식, 홍순길 외, 2006. 『국제항공기구론』, 서울: 한국항공대학교출판부.

Calleja, Daniel, 2004. "EU/US Aviation Policy", *A Speech*. Director-Designate, Air transport Directorate, Energy & Transport Directorate General, European Commission at International Aviation Club, Washington, DC, 16 November 2004.

Cheng, Bin, 1962. *The Law of International Air Transport*. London: Stevens & Sons Limited.

Christiansen, Thomas, 2001. "European and Regional Integration", in John Baylis & Steve Smith. *The Globalization of World Politics*. Second Edition. New York: Oxford University Press.

Doganis, Rigas, 2002. *Flying Off Course: The Economics of International Airlines*. Third Edition. London and New York: Routledge.

Doganis, Rigas, 2001. *The Airline Business in the Twenty-first Century*. London and New York: Routledge.

Dougherty, James E. and Robert L. Pfaltzgraft, Jr. 1997. *Contending Theories of International Relations: A Comprehensive Survey*. 4th Edition. New York: Longman.

Hirst, Paul, 2000. "Democracy and Governance", *Debating Governance: Authenticity, Steering and Democracy* edited by Jon Pierre. New York: Oxford University Press.

Hix, Simon, 1999. *The Political System of the European Union.* New York: St. Martin's Press, Inc.

Hoffmann, Stanley, 1995. *The European Sisyphus: Essays on Europe, 1964~1994.* Oxford: Westview Press.

Joerges, Christian and Jurgen Neyer, 1997. "Transforming Strategic

Interaction into Deliberative Problem-Solving", *Journal of European Public Policy* 4(1). 609-625.

Krasner, Stephen D. 1983. *International Regimes.* Ithaca and London: Cornell University Press.

Lee, Jong-Sik, 2006. "Change of International Aviation Order: From International Regime Perspective", *The Korean Journal of International Relations* Vol.45(5).

Lee, Jong-Sik and Hong, Soon-Kil, 2005. "Restyling of International Aviation Regimes", *Journaal LuchtRecht* Nr 9/10.

Majone, G. 1996. *Regulating Europe.* New York: Routledge.

Marks, Gary(et al.), "European Integration from the 1980s: State-centric v. Multi-level Governance", *Journal of Common Market Studies,* Vol.4(3). 341-378.

Moravcsik, Andrew, 1991. "Negotiating the Single European Act", in Robert O. Keohane and Stanley Hoffmann. eds., *The European Community: Decision-making and Institutional Change.* Boulder: Westview Press.

Moravcsik, Andrew, 1993. "Preferences and Power in the European Community: A Liberal Intergovernmentalist Approach", *Journal of Common Market Studies* 31(4). 473-523.

Moravcsik, Andrew, 1997. "Taking Preferences Seriously: A Liberal

Theory of International Politics", *International Organization,* Vol.51(4), 513－553.

Moravcsik, Andrew, 2002. "In Defence of the Democratic Deficit: Reassessing Legitimacy in the European Union", *Journal of Common Market Studies* 40(4), 603－624.

Peters, B. Guy, 2000. "Governance and Comparative Politics", *Debating Governance: Authenticity, Steering and Democracy* edited by Jon Pierre. New York: Oxford University Press.

Pierre, Jon (ed.), 2000. *Debating Governance: Authenticity, Steering and Democracy.* New York: Oxford University Press.

Rosenau, James N. 1992. "Governance, Order and Change in World Politics", in *Governance without Government: Order and Change in World Politics* edited by James N. Rosenau and Ernst－Otto Chempiel Cambridge: Cambridge University Press.

Tsebelis, George and Geoffrey Garrett, 2001. "The Institutional Foundations of Intergovernmentalism and Supranationalism in the European Union", *International Organization* Vol.55(2), 357－390.

Wassenbergh, Henri, 2005. "Open Skies and a Global Common Air Traffic Market", *Journaal Lucht Recht* Special edition. Nr. 9/10.

Zylicz, Marek, 1991. International *Air Transport Law.* The Netherlands: Martinus Nijhoff Publishers.

(Data)

Convention on International Civil Aviation of 1944.

http://www.state.gov/e/eb/rls/othr/2006/22281.htm (2006. 4. 7./7. 12.)

http://www.europa.eu/scadplus/leg/en/lvb/124260.htm (2006. 4. 25.)

http://www.en.wikipedia.org/wiki/European (2006. 7. 13.)

http://www.en.wikipedia.org/wiki/Intergovernmentalism (2006. 7. 13.)

http://www.en.wikipedia.org/wiki/Supranationalism (2006. 7. 13.)

• 저자 •

이종식   **• 약 력 •**
(李鍾植)

1950년 11월 19일 경주 출생
경북대학교 사범대학교 사회교육학과 일반사회전공 졸업(문학사)
경북대학교 대학원 정치학과 졸업(정치학 석사)
아주대학교 대학원 응용사회과학과 정치학전공 졸업(정치학 박사)
(주)대한항공 25년간(1978~2003) 근무
(현) 사단법인 한국정치학회 정회원
(현) 사단법인 한국국제정치학회 정회원
(현) 사단법인 한국NGO학회 정회원
(현) 사단법인 한국항공우주법학회 정회원
한국 시민사회연감 편찬기획위원(2005년도 판)
(현) 아주대학교 사회과학연구소 전임연구원
(현) 아주대학교, 한국항공대학교에서 정치학개론, 한국정치의 이해,
    국제관계학, 현대민주주의와 시민사회 등 강의 중

• 주요논저 •
『정치학개론』
『한국정치의 이해』
『현대민주주의와 시민사회』
『국제항공기구론』
「Freedoms of he Air and Global Aviation Regimes」
「국제항공레짐의 변화에 관한 연구, 1919~2003」
「Restyling of International Aviation Regimes」
「Change of International Aviation Order」
「국제항공레짐의 변화유형과 전망: 한미항공협정을 중심으로」
「유럽연합(EU) 통합과 제3국과의 항공관계」
「한국의 전통적 거버넌스의 시원적 모델: 호계 이을규의 혁신정치의 가
  설과 실천모델」
외 다수

국제레짐 변화요인을 중심으로

국제항공체제의 변화와 전망

• 초판 인쇄   2007년 12월 10일
• 초판 발행   2007년 12월 10일

• 지 은 이   이종식
• 펴 낸 이   채종준
• 펴 낸 곳   한국학술정보㈜
　　　　　　 경기도 파주시 교하읍 문발리 513-5
　　　　　　 파주출판문화정보산업단지
　　　　　　 전화   031) 908-3181(대표)ㆍ팩스   031) 908-3189
　　　　　　 홈페이지 http://www.kstudy.com
　　　　　　 e-mail(출판사업부) publish@kstudy.com
• 등   록   제일산-115호(2000. 6. 19.)
• 가   격   18,000원

ISBN   978-89-534-7775-9 93340 (Paper Book)
　　　　 978-89-534-7776-6 98340 (e-Book)